사회주의, 생동하는 유토피아

Socialism: The Active Utopia
by Zigmunt Bauman

Copyright ⓒ 1976 Geroge Allen & Unwin Ltd
All rights reserved.

Authorised translation from the English language edition published by Routledge,
a member of the Taylor & Francis Group.

Korean translation ⓒ 2016 by Maybooks

사회주의, 생동하는 유토피아

'저 너머'를 향한 대담한 탐험

지그문트 바우만 지음

윤태준 옮김

Zygmunt Bauman

오월의봄

차례

"자연상태에서는 그 누구도 어떤 특별한 요구를 할 수 없다. 그러나 사회 속에서 빈곤은 즉시 이 계층 또는 저 계층에게 불공평한 일이 된다."
― 헤겔

1장 — 유토피아와

현실

"사회주의는 유토피아의 모습으로 19세기 유럽을 갑자기 덮쳐왔다."

위의 명제가 불러올 수 있는 반응은 언제나 단 두 가지 종류뿐이다. 인간의 자유의지라는 마법의 양탄자를 타고 날기보다는 역사적 필연성이라는 튼튼한 사륜구동차를 타고 달리는 것이 더 안전하다고 느끼는 사람들의 분노에 찬 반발, 또는 만일 우리가 평등을 추구하던 실패한 모험의 망령에 시달리지 않아도 되었다면 우리가 사는 이 세상이 훨씬 더 행복한 곳이 되었을 것이라고 느끼는 사람들이 짓는 우호적인 미소. 나는 사람들의 마음속에 자리 잡은 '유토피아'라는 개념의 의미가 이러한 반발과 미소를 어느 정도 이상으로 정당화한다고 본다. 그러나 내가 제안하려는 유토피아의 의미는 그것과 다르다.

일상적인 대화에서 '유토피아'라는 단어는 어떤 아이디어나 계획, 또는 전망 등을 '그저 유토피아적일 뿐'이라는 표현으로 비난하는 맥락에서 가장 자주 등장한다. 그 표현은 논의의 시작이 아니라 끝을 나타낸다. 물론 그 평결이 특정한 사례에 적용될 수 있는지 계속해서 언쟁을 이어갈 수는 있다. 그러나 일단 그런 평결이 내려졌다면, 문제가 되고 있는 그 아이디어가 가질 수도 있는 가능한 장점들에 대해 더 깊이 생각해봤자 별 의미가 없을 것이다. 어떤 아이디어가 유토피아적이라고 기소하는 것은 그것이 비과학적이고 절제되지 않은 공상의 산물이이서 현실과 조화를 이룰 수 없으니 기각한다고 경솔하게 확정해버리는 것이나 다름없다. 다시 말해서 그 아이디어에 그러한 속성을 부여함으로써 학문적인 논의로 다가오지 못하게 선을 그어 안전거리 밖에 머물도록 하는 것이다.

이러한 작업은 이제 최초의 정당화 논거를 언급할 필요조차 없을 만큼 완전히 형식적이 되어버린 절차를 밟는 것만으로도 충분히 수행되곤 한다. 유토피아적인 생각에 주어진 오명은 마법과 종교, 그리고 연금술에 주어진 것과 같은 종류라고 말하기만 하면 되는 것이다. 그러한 것들은 모두 인간의 정신이 정도를 벗어나 걷는 진창길로서, 현대의 과학이 인간 행동의 지도에서 마지막으로 한 번 더 철저히 제거해버리기 시작한 것들이다. 현실에 그다지 기반을 두지 않은 비현실적이고 아무 쓸모도 없는 것으로 처음부터 정의되고 시작됨으로써, 유토피아는 인간의 노력을 이성적이고 합리적인 길에서 벗어나게 만들어 사실상 인류의 진보를 방해하는 그릇된 관념들 사이로 돌이킬 수 없을 만큼 멀리 던져져버렸다. 토머스 모어(1478~1535)의 용어에서 그가 의도했던 애매성을 제거해버리고, 서로 엮여 있던 최초의 두 가지 의미 중 한 가지 의미, 즉 유토피아라는 단어에 '존재하지 않는 곳'이라는 의미만 남겨두고 '갈망해야 할 곳'이라는 의미는 더 이상 떠올리지 않는 방식으로만 이 용어를 사용함으로써 유토피아가 역사와 무관하다는 사실을 용어 자체가 스스로 증명하게 만들었다. 사후약방문식으로, 실제로 구현된 청사진들은 예측이었던 것으로 분류하면서 '유토피아'라는 이름은 구현되는 데 실패한 것들만을 가리키는 말로 남겨두었다.

정도의 차이가 있기는 하지만 인류 역사의 모든 순간들은 언제든 새롭게 해석될 여지가 있는 현상이라는 데 동의한다면, 즉 어떤 상황은 단지 그 자신의 과거 체계에 의해서만 결정되지 않으며 그로부터 일어나는 사건의 연쇄가 (단순히 우리 지식의 한계를 전제로 한 주관적인 의미에서만이 아니라, 완벽한 연구와 데이터 처리 기술에 의해서만 얻을 수 있는 과거와 현재에 관한 완전한 지식을 전제로 한 객관적인 의미에서도) 한 가지 이상이라는 데 동의하기만 한다면, 유토피아를 틀렸다고 판명된 예언 또는 현실성을 증명하는 데 실패한 계획으로 취급하는 것이 얼마나 불충분한지 분명해질 것이다. C. 라이트 밀스(1916~1962, 미국의 급진적 사회학자)는 다음과 같이 말한다. "(사람들은) 그들의 행동에 관한 예언을 알게 되면 그에 따라 행동을 달리할 수 있으며 실제로 종종 그렇게 한다. 그들은 예언을 부정할 수도 있고 충족시킬 수도 있다. 사람들이 앞으로 어떻게 행동할지에 관한 것은 좋은 예언 대상이 되지 못한다. 인간이 어느 정도의 자유를 가지는 한 그들이 무엇을 할지 예측하기란 쉬운 일이 아니다."[1] 밀스가 말하고자 하는 바는 (행동주의 패러다임과 함께 인간은 '반응하는 존재reacting'라는 이미지가 지배적이던 그 시기에 대단히 급진적으로) 미래에 관한 이야기란 앞으로 일어날 것이라고 공공연하게 예견된 사건의 진행과 비교되기 위해서 책꽂이에 꽂힌 채 수동적으로 기다리기만 하는 예언 따위가 아니라, 처음부터 미래를 만들어가는 능동적인 요인이라는 사실이다. 미래에 관한 이야기의 내용만이 역사가 어느 쪽으로 방향을 틀 것인지에 영향을 미치는 것도 아니다. 그 방향을 결정하는 것은 결국 본질적으로 예측이 불가능하고 통제하기도 어려운, 말하자면 인간의 실천praxis이라고 할 수 있다. 그렇다면 예언, 또는 조금 더 일반적인 표현으로 '미래의 비전'에 관해 우리가 던져야 할 올바른 질문은 그 비전이 이후에 일어난 사건들에 의해 검증되었는지 반박되었는지가 아니라, 대중의 인식 속에 미리 자리 잡은 그 비전의 존재가 어떤 방식으로 또 어느 정도로 사건들에 영향을 미쳤는지가 되어야 한다. 토머스 칼라일(1795~1881, 영국의 비평가 겸 역사가)은 역사를 가리켜 '감금된 예언'이라고 칭했다. 오스카 와일드(1854~1900)는 "유토피아가 표시되지 않은 지도는 쳐다볼 가치도 없다. 인간성이 늘 자리 잡고 있는 단 하나의 나라가 생략되어 있기 때문이다"라고 말했다. 아나톨 프랑스(1844~1924, 프랑스의 소설가 겸 평론가)는 과학에 중독되다시피 했던 그의 동시대인들에게 "지난 시대에 유토피아를 꿈꾸었던 사람들이 없었더라면 인류는 여전히 벌거벗은 채로 동굴 속에서 비참하게 살고 있었을 것"임을 상기시켰다. 그리고 가브리엘 타르드(1843~1904, 심리학적 사회학파를 대표하는 프랑스의 사회학자)는 "나는 더도 말고 덜도 말고 이젠 지나버린 과거보다 아직 오지 않은 미래가 현재에 더 많은 영향을 끼쳐야 한다고 생각한다"고 순진무구할 정도로 적절한 화두를 던졌다.[2] 이 사상가들이 단순히 유토피아의 개념과 그것이 역사 속에서 어떤 능동적인 역할을 수행했는가라는 이슈에만 머물지 않고, 인간 역사의 본질에 관한 훨씬 더 광범위한 문제를 해결하기 위해 고심했다는 걸 알 수 있게 해주는 말들이다.

문화를 학습으로 축소시켜 결국에는 창조성마저 해치고 마는 보수성에 대한 근본적인 반대는 인간의 존재 양식이 특히 미래라는 독특한 현상에 근거를 둔다는 전제에서 출발한다. 미래란 완전히 결정되어 있지 않은 동시에, 가장 두껍게 쌓인 습관적인 패턴마저도 몇 번이고 되풀이해서 파괴할 수 있을 만큼 충분히 강력하다는 점에서 과거와 질적으로 완전히 구별되는 시간의 양상이다. 문화가 가진 독특한 특징들 중에서도 가장 극적인 부분은 (비록 과학의 모험이 궁극적으로 성공을 거두리라고 믿는 수많은 과학자들이 격렬하게 반대하고 있기는 하지만) 배움을 거부하고, 길들이려는 압력에 저항하고, 상상 가능한 어떠한 의미에서도 실질적으로 존재하지 않는 '자극'에 '반응'하는 인간의 악명 높은 특징이다. 인간을 규정하는 데 풍부한 창의력과 거의 방종에 가까운 독창성 또한 최소한 무언가를 배우는 능력과 길들여지는 재능만큼 중요한 특징이다. 테야르 드 샤르댕(1881~1955, 프랑스 예수회 신부이자 고생물학자, 지질학자)과 같은 사상가들은 인간에게 덧씌워진 '학습하는' 존재라는 이미지에 반발하며 앞에서 묘사되었던 기존의 사고방식과 정반대되는 태도를 취하기도 한다. "결국 과학적으로 이치에 맞는 쪽은 '현실주의자'가 아니라 유토피아를 꿈꾸는 사람들이다. 비록 그들의 말도 안 되는 생각이 우리를 웃게 할 때도 있지만, 적어도 그들은 인간이라는 현상을 제대로 바라볼 줄 아는 능력을 지니고 있다"[3]라는 식으로.

사람들이 이야기하는 인간의 본성이라는 것이 어떤 것이건 간에, 유토피아적인 방식으로 생각할 줄 안다는 것은 습관적인 연상을 깨는 능력, 즉 얼핏 압도적인 것처럼 보이는 평범하고 틀에 박힌 '정상normal'의 지배에서 스스로를 해방시키는 능력이 있다는 의미이다. 레이먼드 뤼에(1902~1987, 프랑스의 철학자)는 이러한 의미에서 유토피아적인 사고가 발명과 같은 범주에 든다고 강력하게 주장한 바 있다.[4]

과학기술적인 완벽성과 효율성이라는 이상 위에 건설된 우리의 문명, 즉 "어떤 일이 사람들 적성에 맞는지 묻는 대신 사람들이 그 일에 적합한지"[5] 묻고, 목적을 이루기보다 그것을 도구화하는 데만 열중하는 이 세계에서, '과학기술적' 이상과 '목적Zweck론적' 완벽성만을 유일하게 용인될 수 있는 이상으로 받아들이는 이 문명에서, 발명이란 전적으로 정당하고 진정으로 칭찬할 만하며 명망을 안겨주는 일이다. 그러나 유토피아는 기존의 패턴에 순응하지 않고 저항하는 성향과 심리학적 구조를 발명과 똑같이 공유하고 있음에도 사정이 전혀 다르다. 다시 한 번 뢰에의 표현을 인용하여 말하자면, 유토피아적인 사상가는 그가 추구하고자 하는 방향에서 벗어나지 않기로 굳게 마음먹고 어느 시점엔가 '(정해진 길 위로 저절로 굴러가는—옮긴이) 정신적 경험의 수레'⁶에서 내리기로 결심하는 것을 제외하면 그저 평범한 사회학자일 뿐이다. 이렇게 '정신적 경험의 수레에서 내리는 것'은 발명가와 유토피아주의자들의 공통적인 특징이다. 그러나 발명가는 지배적인 가치 기준들이 그려놓은 골조 안에서 과학기술적인 완벽성을 추구하는 반면 유토피아주의자들은 그런 기준 자체에 저항한다. 바로 이 점이 목적합리성Zweckrationalität(목적을 달성하기 위한 최선의 수단을 찾아 실행하는 태도 또는 원리—옮긴이)에만 집착하는 이 세계에 일대 변화를 가져온다. 비르질리오 멜키오레(1931~ , 이탈리아의 철학자)는 유토피아적인 상상력을 칸트 철학에서 '절대 존재를 인식하는 것'과 '역사적 상황을 지각하는 것' 사이에 길쳐 있다고 말하는 '매개의 영역'에 둔다.⁷ '절대 존재'란 우리 문명에서 별로 쓸모가 없는 개념이다. 니체가 말하는 '멀리 있는 자에 대한 사랑Fernstenliebe'으로 인한 고통을 피할 길이 없는 사람들은 인간관계에 관한 부족한 상상력과 어떠한 제약도 없는 환상적인 과학기술이 놀라운 방식으로 혼합된 것으로 유명한 공상과학의 경이로운 세계로 초대되어 마음을 달랜다. 사람들이 자기가 사는 현실 세계와 얼마나 많이 다른 미래 세계를 상상할 수 있는지를 기준으로 그들이 실제로 어느 정도의 자유를 누리고 있는지 측정할 수 있을지는 의문이지만.

이것이 바로 우리가 '단지 유토피아에 불과하다'는 조소 어린 문구로 대표되는 견해를 단호하게 거부해야 하는 이유이다. 이 문구에는 이제는 여러 나라에서 통용되는 화폐가 되어버린 사회 체제의 본질이, 평가하는 척만 하는 유토피아의 가치보다 더 많이 반영되어 있는 것처럼 보인다. 나는 유토피아가 수행하는 엄청난 역할에 마땅히 기울여야 할 만큼의 주의를 기울이지 않고서는 사회적 삶을 사실상 이해할 수 없다고 생각한다. 문화 전체가 그렇듯이, 조지 산타야나(1863~1952, 스페인 태생의 미국 철학자)의 말을 다르게 표현하여, 유토피아는 칼날을 미래로 향하는 나이프와 같은 속성을 지닌다. 유토피아는 미래로 하여금 끊임없이 현재에 반응하게 하고, 그렇게 함으로써 인류의 역사라고 불리는 화합물을 생산해낸다.

이제 일반적으로 유토피아가, 특히 현대 사회주의가 수행해온 기능들을 간단하게 정리해보겠다. 나는 이 기능들이 유토피아와 현대 사회주의가 역사의 발전 과정에서 중요하고 건설적인 역할을 수행한다는 주장을 입증한다고 생각한다.

1. 유토피아는 현재를 상대화한다. 누구도 절대적이라고 믿어지는 것에는 비판적일 수가 없다. 현재의 현실에 대한 편애를 폭로함으로써, 현실이 그 속에서 아주 작은 영토를 차지하고 있을 뿐인 가능성의 세계를 유심히 살핌으로써, 유토피아는 비판적인 태도와 비판적인 행동으로 나아가는 길을 닦는다. 그러한 비

판적인 태도와 행동은 그 자체만으로도 현재 인간이 처한 곤란한 상황을 완전히 바꾸어놓을 수 있다. 따라서 유토피아의 존재, 당장 인간을 구속하는 문제들에 대한 대안이 되는 해결책을 생각하는 능력은 역사적 변화를 이루기 위한 필요조건인 것으로 보인다.

유토피아는 선거 공약은 물론이고, 유토피아를 실제로 구현 가능한 것으로 생각하지도 않는 장기적인 정치적 계획과도 분명히 구별된다. 유토피아는 인간의 상상력을 자극하고, 그것을 정치적 게임이 강요하는 대로 붙들려 있었더라면 결코 닿을 수 없었을 멀고 광활한 곳으로 이끌어간다. 유토피아가 아니라 정치적 게임이 논리와 합리성의 의미를 정의하기 때문에 "유토피아는 논리적이지도 않고 바로 지금 눈앞에 존재하지도 않는 것처럼 보인다. …… 그런 점에서 유토피아의 비전은 역사적 연속성을 단절시킨다".[8] 그러나 유토피아가 현실적인 사고방식을 지닌 사회 개혁가들에게 아무 쓸모도 없다는 의미는 아니다. '실현 가능성'에 집착하는, 즉 사회를 하나하나 단편적으로 개선하는 데 몰두하는 냉철한 이성은 유토피아를 향해 조소밖에 보낼 것이 없다는 의미 또한 아니다. 한 나라의 주요 정치 단체들이 국제수지와 바람직한 수준의 은행 금리를 두고 논쟁이나 벌이는 것이 최선이라고 생각하는 상황이라면 그것은 사실상 유토피아적인 생각의 저수지가 위험할 정도로 바짝 마르고 있다는 신호이며 문제가 심각하다는 뜻이다. 현재가 지니고 있는 모든 가능성을 철저히 조사하여 진정으로 실현 가능한 정책들을 위한 기초를 닦는 것은 오히려 아직 모습을 드러내지 않은 미래를 유토피아적인 시각으로 바라보는 대담성, 얼마든지 비현실적이 될 수 있고 거리낌 없이 이야기할 수 있는 능력이다. 그러한 유토피아적인 생각들이 존재하고 그것들이 생명력을 지니고 있다면 그것은 사회가 커다란 발전을 이루어 크게 요동을 칠 징후로 봐도 좋을 것이다. 루이스 멈포드(1895~1990, 미국의 철학자이자 역사가, 문명비평가)의 말을 빌리면, "이상적인 모델은 이데올로기적으로 물리적인 틀과 같은 역할을 한다. 이것은 변화가 인간이 추구하는 목적의 범위 내에서만 이루어지게 한다. 이상이 존재함으로써 공동체는 수많은 가능성 중에서 자신의 본성과 일치하거나 인간의 더 나은 발전을 약속해주는 것들을 선택할 수 있다. 이것은 아리스토텔레스의 생물학에서 말하는 엔텔레케이아entelechy(형상의 원인이 되는 정신. 생명의 목적—옮긴이)의 역할과도 일치한다".[9] 인류의 모든 대안을 기꺼이 검토하고자 하는 마음과, 자신에게 도취되어 있건 환멸을 느끼건 간에 상식적인 관점에서 볼 때 그것이 아무리 환상적으로 보이더라도 고려하기를 거부하려는 마음 사이로, 진정한 현실주의와 냉철함을 가장한 순전한 보수주의를 구분하는 가느다란 경계선이 놓여 있다.

2. 유토피아란 어떠한 인간 조건을 기술한 것이라기보다 그 자체가 하나의 프로그램이라고 할 수 있는 문화의 양상으로서,

그 안에서 현재의 여러 가지 가능한 추정들이 검토된다. 유토피아가 당장의 현실보다 훨씬 더 높은 수준으로 그려지는 일은 거의 없다. 오히려 동시대인들의 갈망과 경험에서, 그리고 바람직한 변화를 이루기 위한 수단으로서 어떤 구체적인 제도를 선택하고자 하는 열망을 통해 놀랄 만큼 현실적인 그림이 그려진다. 마르크스는 어떤 시대도 해결할 수 없는 문제를 내놓지는 않는다고 말했다. 조르주 소렐(1847~1922, 프랑스의 철학자이자 혁명적 생디칼리즘 이론가)은 이러한 역사철학적인 일반화에 심리학적인 설명을 덧붙여, 지성이 어떤 생각을 내놓았을 때는 그런 생각이 이미 팽배해 있기 때문이라고 주장했다. 그렇지 않은 경우를 찾기가 더 어려울 것이다. 문화가 늘 그렇듯, 한 세대의 유토피아적 이상은, 그러니까 그 세대가 그런 이상을 품을 수 있을 정도로 충분히 자유롭고 운이 좋다면, 어디에나 존재하는 골치 아픈 현실의 고통스러운 압박과 끓어오르는 박탈감이라는 이중의 압력 아래에서 형성되기 때문이다. 한편 프랑크 마뉴엘(1910~2003, 미국의 역사학자)은 "유토피아는 사람들이 간절하게 원하는 것을 제공한다"[10]고 말하고, 프레드 찰스 이클레(1924~2011, 전 미국 국방부 정책 차관)는 "우리는 그저 우리 뱃머리의 불빛을 따라갈 수 있을 뿐"[11]이라고 말한다. 둘 다 옳은 이야기이다. 유토피아 인식론의 두 가지 상호 보완적인 특징에 초점을 맞추고 있기 때문이다.

스스로 겸손하게 이야기하건 유토피아가 바로 목전에 있는 것처럼 이야기하건, 유토피아는 이론과 실제의 차원을 초월한다고 말할 수 있다. 유토피아는 사람들이 매우 고통스럽게 경험하는 사안들에 대답을 제시한다. 그러나 유토피아가 대답하고자 하는 질문은 "무엇을 알 수 있는가?"와 같은 철학적인 질문도 아니고, 정치가와 이론적 지도자들의 영역인 "무엇을 해야 하는가?"와 같은 질문도 아니다. 유토피아는 "무엇을 희망해야 하는가?"라는, 아마도 칸트라면 '실천이성'과 '이론적 이성'을 동시에 사용해야 한다는 이유로 적법하지 않은 질문이라고 선언했을 골치 아픈 질문에 대답한다. 이 질문에 대답하려면 두 가지이성의 구조와 잠재력이 서로 상반된다는 사실을 억지로 잊고이론적 이성을 실천이성에 종속시켜야 한다. 유토피아를 모색하게 하는 원동력은 실천이성도 아니고 이론적 이성도 아니며, 인지적인 관심도 아니고 도덕적인 관심도 아니다. 그것은 바로희망의 원리이다. 에른스트 블로흐(1885~1977, 독일의 철학자)가 깊이 분석한 바 있듯이, 비록 살짝 감추어져 있기는 하지만 이성의신비를 파헤친 칸트의 이론 속에도 이런 생각이 분명히 드러난다. 희망은 이론적인 관심과 실천적인 관심 사이의 단절된 고리를 이어준다. 희망이란 본질적으로 자신이 뿌리를 내린 현실에비판적이기 때문이다. 다시 한 번, 희망은 '현실주의'의 의미를가능한 모든 선택지 전부를 아우르는 것으로 확장시킨다.

3. 유토피아는 모두가 공유하는 현실을 일련의 경쟁적인 사업평가들로 나눈다. 유토피아가 뿌리를 둔 현실은 사회 갈등이 낳

은 서로 상충하는 인지적 관점들에 대하여 중립적이지 않다. 이용 가능한 재화들이 불공평하게 분배되고, (비판적으로 행동할 수 있는 능력을 포함한) 사회적 행위의 수단도 평등하게 허락되지 않은 차별화된 집단들로 사회가 구성되어 있는 한 현실에 대한 비판은 피할 길이 없다. 어떤 분석가는 비록 그 자신의 사회적 위치가 상당히 우연적이며 초당파적인 환상을 품고 있기도 해서 그 관계가 모호해질 수 있기는 하지만, 이런 비판을 특정한 사회 계급이나 계층들이 자신들의 불만과 열망을 표출하는 것으로 보기도 한다.

유토피아는 인간의 다양한 사고들 사이에서 어떤 계층을 이루는 대신, 언제나 자신의 경험을 대변하고 변함없이 당파적인 열망을 드러내는 특정한 집단의 형태로 구체화되는 비판적인 태도의 필수적인 요소가 된다. 한 집단에게 유토피아로 보이는 비전이 다른 집단에게는 디스토피아로 보일 수 있다. 사회와 정치사상을 공부해본 학생에게는 그렇게 새로울 것도 없는 현상이다. 따라서 유토피아는 사회의 주요 이익집단들을 분명하게 볼 수 있도록 드러내준다. 사회적 정치적 주요 세력들을 구체화하여 보여주는 데 기여함으로써 상태의 차이들을 행동의 차이들로 전환시키는 것이다. 유토피아는 역사의 현 단계에서 사회가 선택할 수 있는 여러 선택지들을 철저히 검토한다. 그러나 그 선택지들이 다양한 집단들이 겪고 있는 고충과 어떤 관계가 있는지 드러냄으로써 그 계급적 본질을 폭로하기도 한다. 다시 말해서, 유토피아는 미래를 계급적 문제들의 해결책들의 묶음으로 상대화하고, 현재로부터 오직 단 한 가닥의 실만을 뽑아낼 수 있다는 보수적 환상을 떨쳐버린다. 현실 방어적인 이데올로기가 역사를 자연과 같은 것으로 왜곡하려고 든다면, 유토피아는 그와 반대로 역사에 씌워진 자연이라는 지위의 가면을 벗겨버린다. 유토피아는 미래를 서로 경쟁하는 여러 프로젝트들의 집합으로 그려내고, 그럼으로써 미래를 구상하고 이루어내려는 인간의 자유의지와 결연한 노력의 역할을 밖으로 끌어낸다. 보수적인 관점은 '유력한 것the probable'이라는 표현으로 미래를 이야기한다. 반면 유토피아적인 관점에서는 설사 그 미래가 편의상 '피할 수 없음the inevitable'이라는 가면 뒤에 숨기를 선택한다고 하더라도 '가능한 것the possible'이라는 표현을 더 좋아한다. 보수적인 관점은 어디에나 존재하는 틀에 박힌 일상과 습관의 힘으로 곧 되돌아온다. 현재 상황에서 부당한 대우밖에 기대할 것이 없는 사람들이 스스로를 해방하도록 노력하게 유도하기 위해서, 유토피아는 특정 집단을 위한 이상을 실현 가능한 완전한 사회 체제의 모습으로, 과학적 순수주의자들이 비난하기 좋을 정도로 그럴듯하게 구체화하는 위험천만한 모험을 시작할 수밖에 없다. 그러나 정당화되지 못한 이러한 환상이야말로 상식적인 생각과 일상적인 행동이라는 이중의 힘에 과감하게 도전하는 생각이 놓인 불리한 위치를 만회할 수 있는 유일한 수단이다. 현실주의의 지배적인 정의들은 지배적인 가치의 기준으로 화제를 돌리는 경향이 있다. 습관적인 것과 '정상적인 것'들을 지킴으로써 자신들의 우세를 지키겠다는 의미이다. 유토피아는 습관의 방어벽을 약화시켜서 응축된 반대의 극적인 공격을 한 방 먹이거나 유토피아 사상의 신랄한 해결책으로 서서히 부식시켜서 벽을 무너뜨릴 준비에 들어간다.

4. 유토피아는 역사적 사건들의 흐름에 실제로 막대한 영향력을 행사한다. 때로는 (제임스 해링턴[1611~1677, 권력분립주의의 원형을 마련한 영국의 정치사상가]의 저서 《오시아나 공화국Oceania》에 감명받은 사람들이 미국헌법을 제정했을 때처럼) 유토피아적이라는 상표에 발린 접착제가 마를 시간도 없을 만큼 아주 빠른 속도로 정치적 실천으로 구현된다. 유토피아가 현실에 구현되었다고 선언된 다음에는 미처 눈치 챌 틈도 없이 보수적인 이데올로기 속으로 병합되어버리기도 한다. 그러나 대부분의 경우 유토피아는 그저 대중의 인식 속에 어떤 사회적 행동으로 이끄는 지침, 사악한 것들에서 선한 것을 구별하는 기준, 그리고 유토피아의 필수적인 구성요소인 이상들을 따라잡기에는 행보가 너무 더딘 탓에 생기는 약속과 현실 사이의 결코 메워질 수 없는 격차를 집요하게 상기시키는 역할로만 남는다. 유토피아는 이러한 세 가지 역할을 수행함으로써, 정신 나간 지성의 일탈로서가 아니라 인간의 행위의 원인이 되는 현실의 가장 중요한 본질 내부에서 작동하는 강력한 요인으로서 현실에 참여한다. 다니엘 벨(1919~2011, 미국의 사회학자)

은 미국 역사의 논리를 추적하여 "이 나라 건국의 기저를 이루는 평등의 약속 실현과 토크빌이 요약한 미국의 민주주의의 구현은 아직은 소수에게만 허락된 혜택이며, 앞으로 많은 사람들이 요구하게 될 것"[12]이라는 결론에 도달했다. 프랑수아 블로흐-레네(1912~2002, 프랑스의 고위 관료이자 사회운동가)는 가스통 베르제(1896~1960, 프랑스의 철학자)가 제기한 의미론적 차이를 적용하여 목표 지향적인 제도의 비전이 일으키는 집단적인 행동을 '예상 행동prospective action'이라는 용어로 지칭하자고 제안한다. "우리가 자발적인 미래를 지닌다면, 즉 과거에 지나치게 사로잡힌 채로 남아 있는 대신 현재에 영향을 미치는 미래 지향적인 관점을 지닌다면, '결코 피할 수 없는 것이 아닌' 미래를 우리가 결정할 수 있다는 생각이 그 출발점이다."[13]

유토피아가 지닌 이러한 인간의 행위를 '활성화시키는 존재'로서의 면모는 유토피아의 내용이 얼마나 '현실성' 있는지 실제로 시험하고 검토하는 유일한 수단이 되기도 한다. 유토피아가 '진실'인지 '허위'인지 사전에 규명할 수 있는 방법은 존재하지 않는다. 유토피아의 운명은 미리 결정되지 않고, 알맞을 만큼 막대한 사회적 활동이 일어났을 때 크게 좌우된다는 단순한 이유에서 그렇다. 유토피아를 지지하거나 방해하는 요소들의 목록은 인간의 적합한 행동을 구성하는 결정적이고 예측 불가능한 요소들 없이는 불완전하기 마련이다. 그러므로 유토피아의 '현실성' 또는 '실행 가능성'은 오직 행동을 통해서만 드러날 수 있다(또는 더 정확하게 표현해서 행동을 통해서만 보장될 수 있다). 유토피아는 그런 행동을 요청함으로써 어떤 결과를 가져올 수 있는 세력들에게 활기를 준다. 이런 관점에서 보면, 이러한 계획을 우리가 처음에 논의했던 저급한 의미에서 '유토피아적'이라고 선언하는 것은 유토피아가 '실제적으로 검증'되지 못하도록 방해할 수 있는 수단들 중 하나임이 드러난다.

요약하면, 이 책에서 앞으로 사용될 의미의 유토피아란 미래와 더 나은 세상의 이미지로 정의할 수 있다. 구체적으로는 다음과 같다.

1) 아직 충족되지 않았으며, 더 많은 노력이 필요하다고 느껴진다.

2) 바람직하다고 여겨지지만, 반드시 실현되어야 할 단 하나의 세계로 인식되지는 않는다.

3) 기존 사회에 대하여 비판적이다. 사실 사고체계가 여전히 유토피아적이므로 이것이 기존 체제와 상반되지는 않는다 하더라도 본질적으로 다른 어떤 체제를 나타낸다고 인식되어야만 어떤 행동을 촉발할 수 있다.

4) 상당한 위험을 내포하고 있다. 미래의 이미지에 유토피아의 특징이 포함되어 있기 때문에 일련의 행동들이 신중하고 끈기 있게 이루어지지 않는 한 결코 실현되지 않으리라는 점을 반드시 알아야만 한다. 조직화된 행동만이 사회적 예측들을 '검증'할 수

있는 유일한 방법이라는 안토니오 그람시(1891~1937)의 유명한 견해가 유토피아의 이러한 속성에도 아주 잘 맞아떨어진다.

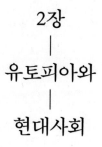

2장
—
유토피아와
—
현대사회

앞에서 이야기한 네 가지 특성은 유토피아가 어떤 특정한 사고 유형들에 속한다는 것을 보여주는 본질적인 특징이다. 사회주의는 최소한 한 세기 반 동안 그런 사회 유형 중에서 가장 눈에 띄는 존재였다. 유토피아를 이런 방식으로 정의하면 인류 역사의 특정한 단계와 유토피아가 어떠한 관계를 맺고 있는지 한눈에 드러나지 않는다. 우리의 정의는 오직 인류의 속성과 그 지적인 산물들이 자신의 시효를 넘기지 않는 한에서만 적용될 수 있으며, 항상 똑같은 정도로 인간의 삶에 동반되는 것으로 볼 수 있다. 그러나 유토피아는 철저하게 현대적인 현상이다. 채드 월시(1914~1991)는 플라톤《국가론》의 각주만으로 유토피아의 역사 전체를 그릴 수 있다고 말한다.[1] 확실히 그럴 수도 있다. 그러나 서구 문명 전체가 플라톤의 동시대인들과 그의 제자들의 중심 사상들을 더 정교하게 발전시킨 것에 지나지 않는다는 견해에 동의하는 의미에서만 그렇다. 어떤 현상이 인류가 유사 이래로 늘 생각해온 주제에 빚을 지고 있다고 해서 그것이 꼭 아주 오래되었거나 영원한 현상이라는 의미는 아니다. 또한 유토피아가 어디에서 영감을 받았건 간에, 일반적으로 현대성의 출현을 의미하는 것으로 여겨지는 사회적이고 지성적인 일련의 발전이 역사의 무대를 완성한 다음에야 유토피아가 그 무대에 올라 중요한 배역을 맡을 수 있다는 강력한 논변을 제기할 수도 있다. 지금부터 앞에서 4중으로 이루어진 정의에 상응하는 유토피아가 나타나기 어려울 것처럼 보이는 일이 없도록 하면서, 이러한 현상들의 가장 중요한 점들을 정리해보겠다.

1. 이러한 현상들을 어떤 방식으로 나열하건 간에 그 목록의 맨 첫 줄에 쓰여야 할 것은 사회적 변화의 속도가 엄청나게 빨라졌다는 점이다. 변화가 한 사람의 수명 안에서 확인되고 측정 가능해지기 시작했을 때부터 결정적인 문턱을 넘어선 셈이다. 한 사람이 자기 인생을 살아가는 과정 속에서 인지적 도덕적 기준을 극단적으로 재조정해야만 할 만큼 명백한 변화가 일어나기 시작하면서부터 말이다. 되돌릴 수 없는 변화들의 끝없는 연쇄라는 역사의 새롭고 신기한 의미 속에 이 점이 반영되는 건 당연한 일이다. 진보—더 나은 변화를 가져오는 발전—라는 개념도 그런 변화들과 함께하지 못할 만큼 느리지 않다. 요란하게 눈에 띄는 증거를 무시할 수도 없고, 현대인들이 그렇게 열광적으로 모방해대던 과거의 천재들보다 더 적게 알거나 기술이 부족하다고 주장하기가 거의 불가능해지도록 현대의 정교한 과학기술이 화려하게 날아오르기 전에는 그런 변화가 일어나지 않았다는 건 분명하다. 프랜시스 베이컨(1561~1626)은 '현재의 완성

도'에 자신할 수 있게 되자 "수많은 시대를 지나오는 동안 기술과 발명품들이 얼마나 부족하고 부재했는지를" 바라보며 비로소 "인류가 처했던 상황을 측은하게 여길" 준비가 되었다고 느꼈다. 갑자기 인류가 그동안 기회를 놓쳤던 것처럼 보였던 것이다. 도로 위에서 조용히 기다리는 돈을 줍는 아주 작은 노력을 기울이는 대신 계속해서 비참한 상태에 머무는 쪽을 선택한 허레이쇼 앨저(1832~1899, 미국의 아동문학가)의 소설 속 가난한 남자처럼, 베이컨이 바라보는 인류는 자신이 지닌 능력들을 감히 신뢰하지 않는 겸손에 빠지는 길을 선택했던 것이다. "새로운 일에 착수하지 못하게 방해하고 과학이 진보하지 못하도록 막는 가장 거대한 장애물은 그 일이 불가능하다고 생각하는 사람들의 마음속에 있다."[2]

베이컨의 이야기 뒤에는 발전에 관한 지배적인 개념과의 치열한 논쟁이 도사리고 있다. 발전이란 각각의 유형에 대하여 운명적으로 완전히 정해져 있는 완벽성을 안정적이고 불변하는 상태로 획득하고자 하는 노력이라는 생각이다. 사실 베이컨이 제안했던 것은 서로 다른 유형들에 각자 정해져 있는 '이상적인 형태들' 사이의 경계를 허물어뜨리려는 일체의 시도를 비난하는 '완벽perfection'이라는 개념을 버리고, 종착지에 집중하기보다는 움직임을 강조하고 발전에 어떤 한계도 두지 않으며 최종적인 한계의 가능성에 대해서는 거론조차 거부하는 '완벽하게 될 수 있음perfectibility'이라는 개념을 택하자는 것이었다. (이 구분은 존

패스모어[1914~2004, 오스트레일리아의 철학자]가 설득력 있게 설명한 바 있다.)

오직 이 '완벽하게 될 수 있음'이라는 개념만이 유토피아로 가는 길을 닦을 수 있다. 사실 아직 존재한 적이 없는 더 나은 사회 체제의 윤곽을 그리기 시작하려면 원칙적으로 넘을 수 없는 경계 같은 것은 존재하지 않는다고 여기고, 가장 가파른 성벽을 오를 수 있는 힘이 있는지는 비록 전적으로는 아닐지라도 상당 부분 인간의 상상력이 얼마나 대담한지에 달려 있다는 사실을 믿어야 한다. 이 새롭고 해방적인 믿음은 17세기와 18세기 전체에 걸쳐 수없이 다양한 양상으로 번창해나가서, 셀 수도 없이 많은 유토피아와 이데올로기와 정치적 프로그램들을 그리기 위해 늘 존재하는 배경막과도 같은 상식의 일부가 될 때까지 유럽인의 정신에 단단히 뿌리를 내렸다. 베이컨이 이런 메시지를 전달하기까지는 지적으로 현대적인 풍조를 가져온 많은 저술가들의 도움이 있었다. 헤르더(1744~1803, 독일의 철학자)는 지구상에 존재하는 모든 생명체 가운데 인간이 최종 목적지에 도달할 수 있는 수단에서 가장 멀리 떨어진 것처럼 보인다는 사실에 대해 그가 느끼는 엄청난 놀라움을 아주 잘 표현해냈다. 퐁트넬(1657~1757, 프랑스의 사상가)은 인류가 늘 퇴보할 수 있다는 견해에 격렬하게 반대하고, 인류의 지혜가 어디까지 성장할 수 있는지 그 한계를 상상할 수도 없다는 자신의 확고부동한 신념을 드러냈다. 콩도르세(1743~1794, 프랑스의 철학자이자 수학자)는 아마도 이들 중에서도 가장 많은 이야기를 했던 사람으로서, 자연에는 인간을 위축

시키거나 희망의 끝을 예상하게 할 수 있는 것이 존재하지 않는
다는 주장을 지치지 않고 반복했다. 콩도르세는 그 어느 때보다
도 나은 시기가 도래해 그것이 보편화되리라고 너무나도 확신
한 나머지 미래를 아주 사치스러운 문양과 화려한 색으로 그리
고자 했다. 그가 제시했던 것은 예측과 유토피아를 향한 선언이
혼합된 형태로서, 가장 유망한 미래를 '예상하는' 사고방식의 한
사례가 될 수도 있다. "인류의 미래에 관한 우리의 희망은 다음
세 가지 중요한 점으로 요약할 수 있다. 모든 국가 간 불평등의
파괴, 한 나라 안에서의 평등의 진전, 그리고 마지막으로 인류를
진정으로 완벽하게 만들어가는 것."[3] 마지막 사항의 악명 높은
탄력성을 감안하더라도, 사회의 발전에 활기를 불어넣고 힘을
다시 모으기 위해서 다음 세기 내내, 사실상 지금까지도 계속해
서 반복되어 전개되는 주제들의 거의 완벽한 목록이 이 진술에
담겨 있다고 볼 수 있다.

2. 자연과학의 놀라운 성취는 한때 무시무시한 지배자와도 같
았던 자연을 마음대로 구부리고 늘려서 모든 종류의 유용하고
실용적인 것들을 만들 수 있고 또 만들어야 하는 재료의 지위로
떨어뜨렸다. 그리고 그것은 사회적 영역에서도 비슷한 성취를
찾기 시작하도록 대중의 마음을 부추겼다. 인간 환경은 '자연적'
측면과 '사회적' 측면 모두에서 인간이 만들어 빚어주기를 수동
적으로 기다리고 있는 것처럼 보였다. 그것은 탐구하는 정신에

기꺼이 자신의 비밀들을 드러내 보여줄 것이며, 그런 다음 인간의 필요에 더 가깝게 만드는 수술에 순순히 자기 자신을 내어줄 것처럼 보였다. 따라서 자연과 씨름하는 과정에서 처음으로 구축된, 의도적이고 계획적인 변화를 가져오는 테크네techne(예술을 포함하는 기술의 영역. 아리스토텔레스는 테크네가 무언가를 만드는 데 관계되는 사고의 일종이라고 보았다—옮긴이), 즉 자연을 솜씨 좋게 조작하겠다는 태도는 더 이상 깊이 생각할 것도 없이 인간관계까지 포용하기 위해 뻗어나갈 수 있었다. '사회공학'이라는 개념은 이러한 일반화의 자연스러운 산물이다. 그리고 채드 월시가 대단히 훌륭하게도 '부르봉(1589~1792, 1814~1830 사이에 프랑스를 지배한 왕가—옮긴이)'의 반대말로 표현한 '자코뱅(프랑스혁명기의 정당 중 하나. 로베스피에르의 주도로 급진적 혁명을 추진했으며, 국민공회의 왼쪽 자리에 앉음으로써 '좌파'의 어원이 되었다—옮긴이)' 유형은 가장 급진적이고 독실한 전도사가 되었다. 월시가 말하는 자코뱅이란 "뛰어난 이론가, 설계자, 백지설白紙設, tabula rasa(아무것도 경험하기 전 인간의 마음은 백지와 같다는 견해. 어떤 이상적인 관념이 태어날 때부터 인간의 마음속에 존재한다는 견해를 부정한다—옮긴이)의 주창자이다. 그는 왜 우리가 사회를 몇 가지 사소한 방법으로 어설프게 손봐야 하는지 의문을 품는다. 자리에 앉아서, 사회의 모습을 오랫동안 관찰하고, 기본 원칙들을 조정하여 새로운 청사진을 그리는 건 어떨까?"[4] 자기 과신과 성급함의 자코뱅식 조합이 마지막에 가져올 결과가 아무리 해롭다고 하더라도 이런 세계관에는 인간을 해방시키는 힘이 있다. 이것이 결국에는 인간이 자신의 운명을 결정하고 '현실'과 '현실적인 것'의 권위를 단호하게 거부할 권리를 선언하는 것이 되기 때문이다. 자코뱅이란 인간에게는 역사가 있지만, 역사의 주체에게 더 크게 이롭도록 의식적으로 역사의 방향을 정할 수 있다고 주장하는 사람이다. 그리고 그는 그냥 단순히 완전하게 될 수 있는 정도가 아니라, 그 자신의 완벽성이 어떤 형태를 띠어야 할지 스스로 정할 수 있는 경지에 오를 수 있을 정도로 완전하게 될 수 있는 사람이다.

앞에서 '사람man'이라는 단어를 사용했다고 해서 그것이 (자코뱅 유형이 문화공학에 대한 신념과 성급함, 그리고 '내가 더 나은 걸 안다'는 전제의 조합이므로 더 넓은 의미에서 '문화공학적' 태도라고도 말할 수 있는) 자코뱅적 태도가 자신의 목적과 이상적인 모범을 전적으로 자기 스스로 정할 수 있는 개인에 관한 것이거나, 개인에 의한 것이라는 뜻으로 이해되어서는 안 된다. 사실 자코뱅은 인간 각자는 근본적으로 무엇이 자신에게 최선인지 잘못 이해하는 재주를 지녀서 결국에는 역사적 선택지들의 미로 속에서 길을 잃고 마는 아주 골치 아픈 존재라는 불편한 견해를 부르봉과 공유한다. 여러 해 후에 에밀 뒤르켐(1858~1917, 프랑스의 사회학자)이 사회학 전체의 이론적 체계를 구축하기 위해 이용한 생각은 최소한 블레즈 파스칼(1623~1662) 때부터 사실상 유럽인들의 사고 속에 존재해왔다. 그것은 위험한 욕망에 휩싸인 무능하고 무력한 개인은 오직 뛰어난 초인적 이성에 의해서만 구원받을 수 있다는 생각이다. 사실신, 역사, 그리고 사회가 우주 섭리의 역할을 번갈아 수행하면서 인간을 '억지로 행복하게 만든다'는 개념이 유럽 철학의 전통 속에 굳게 자리 잡고 있다. 사회주의도 아니고, 가장 급진적인 사회공학적 모험인 자코뱅적 사고방식만으로는 결코 지지를 얻을 수 없다. 예를 들어, 19세기 이데올로기적 대립 속에서 보수 진영에 섰던 것으로 정확하게 분류되는 오귀스트 콩트(1798~1857)의 저술에서도 그 개념을 완전하게 설명하는 부분을 발견할 수 있다. "개인의 욕망을 충족시키는 것보다 사회적인 능력을 꾸준히 갈고닦는 것을 더 중요하게 여기고, 그와 동시에 개인을 점점 더 종 자체와 동일시함으로써 우리의 모든 열정을 억눌러 극도로 강화된 지성이 부과한 규칙들에 복종하게 하는 것이 최종 목적이다."[5] 이 인용문 하나만 보면 (그리고 만일 이 저자에 대해서 알려진 바가 전혀 없다면) 누구나 조금도 망설이지 않고 콩트를 자코뱅파의 일원으로 인정할 것이다. 요는 유토피아를 추구하는 태도를 유럽의 상식적인 사고방식과 구별 짓는 것은 테크네와 그 초인적 기반에 대한 믿음 같은 것이 아니라, 행동주의와 수용주의 사이의 다소 미묘한 차이, 이성 또는 사회가 이상적인 모델의 메시지를 억지로 주입시키도록 도우려는 열망이라는 점이다. 이것은 아무리 미세한 형태로 아무리 느리게 나아가더라도, 어쨌거나 이성이 그 흔들림 없는 행보로 세상을 뒤덮는 날이 오리라고 1,000년 동안이나 수동적으로 기대해온 것과는 정반대되는 태도이다. 리처드 거버도 이와 같은 이야기를 한다.

유토피아적인 상상력은 더없는 행복과 완벽함에서 멀리 떨어져 있는 채로 만족할 수가 없다. 이것은 폭력적인 수단을 써서 천국을 지상으로 끌어내리려는 끝없는 욕망으로 특징지어진다. 단지 이곳에 근본적인 변화를 가져오기를 원할 뿐만 아니라 가능하다면 바로 지금 그렇게 하기를 원한다. 그러므로 유토피아가 그려서 보여주는 상상의 사회는 일반적으로 저자가 보기에 어린 독자들의 세대가 죽기 전에, 또는 최소한 이미 기록된 역사의 시간보다 더 길지는 않은 기간 안에 그 기준에 도달해야 하거나 도달할 수 있는 것이어야 한다. …… [따라서] 가까운 미래의 유토피아 사회에 관해 저술하려는 사람이라면 점진적인 신화의 창조자에게는 알려지지 않은 방식으로 현실과 타협하는 수밖에 없다.[6]

아마도 모든 인류를 통틀어서, 유토피아주의자들이야말로 인간을 바라보는 하이데거주의적인 시각에 가장 충실하게 다가선 사람들일 것이다. 그들에게 인간이란 미래보다 더 중요한 것이 없는 생명체이다. 미래란 인간이 자신을 투영하고 그 속에서 자신의 존재를 정의하는 영역이기 때문이다. 윌리엄 배럿(1913~1992, 미국의 철학자)의 이야기를 조금 풀어서 말해보자면, 유토피아주의자들은 "언제나 정면을 바라보고, 열려 있는 미래의 영역을 향하며, 그러면서 스스로 과거의 짐을 짊어진다(또는 과거의 산물을 자신이 상속받은 유산으로 선택한다). 그렇게 함으로써 자신을 어떻게든 자신의 현실과 삶의 실제 상황으로 향하게 하는 것이다".[7] 유토피아주의자의 정신은 자기 자신을 비이성과 비도덕성의 오물을 완전히 씻어낸 유일하게 '순수한' 상태인 미래로 향하게 함으로써, 자신이 아는 만물의 '진정한' 또는 '올바른' 모습에서 단호하게 행동할 수 있는 기백과 힘을 끌어내며, 또 그렇게 함으로써 '바로 지금 여기'라는 현실이 내놓을 수 있는 가능한 반증을 묵살하거나 맞서 싸울 수 있다. 현실에 너무나도 깊이 젖어들어 있어서 미래를 바라볼 능력이 없고 또 그러려고 하지도 않는 일반 대중의 저항에 대한 저 악명 높은 오만과 경멸 어린 태도. 사람들이 자신의 행복에 대해 마땅히 보여야 할 열정을 보이지 않는 현상은 이상의 결함이 아니라 사람들의 무지를 증명한다.

3. "식물이 재배로 자라듯 인간은 교육으로 형성된다." 장 자크 루소가 자신의 신념을 천명한 유명한 문구이다. 교육이란 인간에게 적용된 테크네이다. 마땅히 갖추어야 할 올바른 모습을 이루기 위해서 인류는 무엇보다도 먼저 뜯어고쳐져야 하고, 다리 건설 계획이 엔지니어의 머릿속에 먼저 존재하듯이 (비록 이성의 요구에 응답하는 것이기는 하지만) 오직 교육자의 정신 속에만 먼저 존재하는 모범에 보조를 맞추게 해야 한다. 물론 이것은 즉시 모든 사회적 개선이 지닌 가장 골치 아픈 딜레마를 불러일으킨다.

만일 인간은 선하건 악하건, 쓸모가 있건 없건 간에 그저 교육받은 대로의 존재라는 로크의 주장이 옳다면, 사람들이 자신을 가르친 교육자를 제외한 다른 어딘가에서 새로운 생각을 이끌어내기를 기대하기란 대단히 어려워진다는 점이다. 그러나 마르크스는 유베날리스(1세기~2세기경 고대 로마의 풍자시인)의 의문 "감시자를 누가 감시할 것인가?"를 현대식으로 재해석해 교육자는 누가 교육할 것인지를 묻는다. 교육자들은 옳고 그름, 참과 거짓에 대한 지식을 어디에서 배울 것인가? 다양한 시대에 여러 가지 표현으로, 그럼에도 늘 같은 주제로 단조롭게 제기된 이 성가신 질문에 해줄 수 있는 대답은 단 한 가지뿐이다. 바로 모든 인간은 평등하지만 어떤 사람들은 다른 사람들보다 더 평등하다는 것, 또는 모든 인간은 교육이 가능하지만 어떤 사람들은 스스로 교육할 수 있다는 것이다. 현대에 접어들면서 이성 숭배의 울타리 안에서 발전해온 유럽의 사상은 처음부터 본질적으로 엘리트주의적인 태도를 띠었으며, 이런 태도는 다시 그것 없이는 유토피아적인 생각이 불가능할 어떤 중요한 요인 한 가지를 만들어냈다.

이제 사람들은 공공연하게 인정된 두 개의 상호 모순적인 신념들을 조화시켜야만 했다. 첫째는 테크네를 통해 인간의 인격을 마음대로 형성하고 개조할 수 있다는 믿음이다. 이러한 인격들 속에는 오직 교사가, 또는 그 인격의 주인이 처한 삶의 조건들이 모르는 사이에 교사의 역할을 수행하여 주입한 내용들만이 존재하며 여기엔 어떠한 예외도 없다. 두 번째 신념은 여전히 교육자들이 사람들을 현재 처해 있는 상황에서 들어 올려서 새로운 세계로 옮겨 심을 수 있다는 것이다. 그 교육자들 또한 똑같은 상황에서 옮겨졌으며 당연히 그 지배하에 남아야만 하는 사람들이다. 진보라는 대의에 적극적으로 헌신하는 사람이라면 누구도 이 이율배반을 피해갈 수 없다. 그리고 엄청나게 다양한 대답들을 내놓긴 했지만 실제로 아무도 그것을 피해가지 못했다.

다양한 대답들 중 한 유형은 단호하고 솔직한 엘리트주의였다. 자비로운 전제 군주, 입법자, 철학자, 과학자 등은 모두 다 초인의 범주에 드는 사람들로서 기적적인 힘, 불가능한 일이 없는 기술, 또는 역사의 비밀들을 억지로 밝혀내는 능력을 이용하여 그들보다 능력이 부족한 동시대인들에게 어떤 의미에서 '이 세상의 것이 아닌' 생각들을 가져다주고 설명해줄 수 있는 사람들이라는 것이다. 이 대답은 20세기의 상식 속에 깊이 자리 잡아, 과학과 과학자들이 더 훌륭하고 더 좋은 미래로 가는 길을 닦을 능력을 지니고 있다는 거의 무비판적인 신뢰 속에서 그 존재를 드러내는 등 여전히 우리 곁에 아주 가까이 남아 있다. 그리고 이것은 또 과학이라는 이 철저하게 기술적이고 기계적인 수단이 어떻게 선과 악을 구별해줄 수 있느냐는 새롭지만 여전히 성가시고 이율배반적인 질문을 던진다.

두 번째 유형의 대답은 인간이 교육의 수동적인 대상이라는 이미지를 강력하게 거부함으로써 비롯된다. 개인, 또는 하나의 전체로서의 사회, 또는 개인을 초월하는 실체로서의 이성 중 어떤 것을 매개로 삼건 간에, 이런 유형의 대답은 존재가 외부의 힘이 활기를 불어넣어주지 않더라도 스스로를 초월할 능력을 지니고 있다고 믿는다. 겉보기에는 굳어버린 것 같은 환경의 자궁 속에서 새로운 조건들이 환경의 급진적인 재건을 예고하며 성장해가고 있다는 것이다. 그리하여 자본주의는 자신의 무덤을 팔 존재를 낳는다. 억압은 자기 스스로 언젠가 자신을 무너뜨릴 힘을 고무시킨다. 여전히 이것들 전부를 혼자서 해낼 수는 없다. 출산의 비유를 완성시키려면 산파도 있어야 한다. 산파는 해방적인 선택지들이 숨어 있는 장막을 억압된 편의 급진적인 관점에서 관통해 들어가는 사회과학자의 옷을 입고 느릿느릿 도착한다. 또는 손쓸 길이 없는 개인의 연약함을 혁명적인 실천의 집단적인 지혜로 벌충하는 헌신적인 안내자들의 공동체라는 신군주의 옷을 입고 있을 수도 있다. 그러므로 유토피아적인 태도를 구성하는 요소에 대한 질문에 어떤 대답을 내놓든 결국에는 여전히 같은 생각이 제시되게 마련이다. 강제력을 동원하든 사람들 스스로는 결코 건설하지 못할 모범을 보여주든 그들을 더 나은 삶으로 이끌어야 한다는 것이다. 후자는 지적 엘리트들만의 전유물이며, 양쪽 모두 그들에게 뮌히하우젠(18세기 독일의 실존 인물 뮌히하우젠의 전설을 소재로 한 이머만의 장편소설. 작가는 기이한 거짓말로 사람들을 미혹하는 뮌히하우젠 남작을 무의 세계로 사라지게 한다—옮긴이)의 해결책을 재연할 능력이 있을 것 같지는 않다.

4. 교육활동이 지니는 피할 수 없는 약점은 그것이 실패로 돌아갈 것이라는 사실이다. 그리고 모든 교육자들은 그 실패의 책임을 자신의 부족함이 아니라 제자들이 게으르고 정신이 없었기 때문으로 돌리는 특징이 있는 것으로 악명이 높다. 유토피아를 추구하는 사람들이 미래를 만들어가려고 할 때는 실패할 위험이 아주 크다. 빛나지만 깨지기 쉬운 신념이라는 무기 하나만을 가지고 상식과 습관이라는 이중의 힘에 맞서야 하기 때문이다. 우리는 이미 성급함이 유토피아적 태도의 필수 요소임을 알고 있다. 그러므로 유토피아주의자들이 자신들의 목소리에 대중이 그다지 관심을 보이지 않을 때 가장 쉽게 보일 법한 반응이 바로 사람들의 어리석음과 우둔함을 격렬하게 비난하는 것이리라고 예상할 수 있다. 유토피아적인 계획을 통해서 행복해질 법한 바로 그 사람들이 이제 곧 그 프로그램을 지금 당장 충분히 구현하는 데 실패한 책임을 추궁당하게 될 것이다.

일반 대중이란 비참함 속에서 뒹굴며 자기 발로 일어설 생각도 하지 않는 나태하고 무기력한 무리라는 이미지는 엘리트주의라는 동전의 한쪽 면이나 다름없으므로 당연히 현대의 이성 숭배와 불가분의 관계에 있을 수밖에 없다. 최악의 경우에는 대중이 사회를 퇴보시키는 몽매주의 세력과 역행의 지지 세력이었다고 맹렬하게 비난받을 수도 있다. 최상의 경우에도 대중은 현자들이 제공해주는 목발의 도움이 없으면 제대로 걷지도 못하는 절름발이 동물과 같은 존재로 여겨지며 동정이나 받을 뿐이다. 토크빌의 증언에 따르면, 인간을 사랑하는 프랑스 계몽주의 철학자들도 "거의 그들이 신을 경멸하는 만큼이나 진심으로 일반 대중을 경멸했다".[8] 존 패스모어는 최근 사회의 진보가 더딘 이유는 대중이 게으르고 비겁하기 때문이라고 열을 올리는 철학자들의 인상적인 진술들을 모아서 토크빌의 증언을 더욱 상세하게 보여주기도 했다. 따라서 디드로(1713~1784, 프랑스 백과전서파 철학자)가 말했듯이 "대중people은 모든 인간men 중에서 가장 어리석고 사악한 존재이다". 달랑베르(1717~1783, 프랑스의 수학자이자 철학자)에게도 대중이란 "무지하고 어리석은" 존재였으며 "강력하고 너그럽게 행동할 힘이 없는" 집단이었다. 콩디약(1715~1780, 가톨릭 신부이자 프랑스 계몽기의 철학자)은 '대중'과 '흉포한 동물' 사이에서 어떤 차이점도 찾지 못했다.[9] 유럽 지성사의 다음 단계에 대해서는 "프랑스혁명이 그들이 품었던 희망들에 부합하는 데 실패한 이후로 줄곧 뛰어난 재능과 영향력을 지닌 수많은 작가와 예술가, 음악가들이 좋은 사회로 나아가기를 가로막는 장애물들을 부르주아, 속물, 평균적인 육체노동자homme moyen sensuel, 교양 없이 돈벌이만 찾는 사람들, 그리고 군중 속에서 찾고 있다"[10]는 크레인 브링턴(1898~1968, 미국의 역사가)의 추정을 받아들이지 않을 수 없다. 19세기 후반 대중의 인기에 영합하는 분위기에 맞게 표현 방식은 많이 변했지만, 분노에 찬 비난과 경멸의 대상은 여전히 계몽되기를 거부하는 문화적으로 뒤처진 대중으로 예전과 전혀 달라지지 않았다. 대중이 '어쩔 줄 몰라하며 낙심할' 가능성은 스튜어트 휴즈(1916~1999, 미국의 역사학자)의 표현으로 "지식인들이 그들 자신을 민주주의 또는 사회주의와 동일시하기 시작하고, 보통 사람들이 어떤 문화를 추구하는 데서 가치를 찾을"[11] 때 특히 더 커진다. 마르크스는 물론이고 거기서 훨씬 더 확장된 레닌의 사상에서도, 부르주아 사회의 썩어빠진 구조를 무너뜨리는 데 결코 흔들림이 없고 두려움을 모르는 거인이라는 노동자계급의 이미지가, 상상력 없고, 기회주의적이고, 부르주아가 규칙을 정하는 부르주아의 게임에 뛰어들기를 갈망하는 실제 노동자들과 노동조합들의 결코 칭찬하기 어려운 모습과 공존한다. 부르주아 사회의 구조를 무너뜨리려는 시도가 실패에 부닥칠 때마다 노동자들의 실망스러운 모습은 매번 되살아난다.

레닌의 책망은 극심한 인지적 불협화cognitive dissonance(인간의 인지 시스템이 요구하는 일관성을 위협하는 정보—옮긴이)로 생긴 정신적 상처를 치료하기 위한 도구이다. 그러나 이것을 사회를 원하는 방향으로 재건하기 위한 대의로 밀고 나가기는 대단히 어렵다. 더욱 실용적인 치료 방법은 사회를 재건하고자 하는 사람들이 완벽한 사회로 가는 길을 '단축시키려고'[12] 노력하는 것(그들이 사실상 곧 시도할 수밖에 없는 방책)일지도 모른다. 언젠가 에릭 홉스봄(1917~2012, 영국의 역사학자)이 이런 태도에 관하여 기술했던 것처럼, 대중도 해방의 가치는 확실히 인정할 테지만 그것을 가져오기 위해 노력하기는 대단히 어렵기 때문에 누군가가 그들을 위해서 대신 해주어야만 한다. 따라서 소수 혁명이라는 아이디어는 최초의 결정적인 행동을 권력의 중심을 손에 넣는 순수하게 정치적인 과제에 한정하고, 그런 다음 획득된 재화를 완벽한 사회를 유지하고 그 안에서 살기에 적합한 신인류를 낳기 위해 교육의 전체 과정을 바로잡는 데 사용한다는 것이다.

　누구였는지는 잊어버렸지만, 다수라면 혁명을 일으키지 않고도 원하는 바를 이룰 수 있을 것이므로 '소수 혁명minority revolution'이라는 문구는 쓸데없는 단어 하나가 더 들어간 군더더기 표현이라는 논평을 내놓은 사람이 있었다. 심오하고 재치 있는 논평이기는 하지만, 프랑수아 바뵈프(1760~1797, 프랑스혁명기의 급진적인 혁명가)에서부터 오귀스트 블랑키(1805~1881, 프랑스의 사회주의 혁명가)를 거쳐 표트르 트카초프(1844~1886, 러시아의 사회주의 이론가), 표트르 라브로프(1823~1900, 러시아의 사회사상가), 그리고 레닌에 이르도록(마지막 세 명이 지적으로 밀접하게 연관되어 있다는 사실이 최근 아주 설득력 있게 우리의 주의를 끌고 있다[13]) 점점 더 범위를 넓혀간 유토피아 사상은, 다수가 전향하기를 기대하는 길고 무의미할 수도 있는 기다림에 대한 대안으로 소수가 구체적으로 싸워서 쟁취하는 형태로 이루어지는 혁명의 개념을 고수했다.

　따라서 '소수'라는 단어가 군더더기이건 아니건 이 표현은 너 나은 사회를 옹호하는 사람들의 교육적 자가당착이라는 짜증스러운 인지적 불협화에서 벗어나는 구체적인 방법과, 사회 변화의 어떤 구체적인 철학을 전달하는 중요한 의미를 추가적으로 지니고 있다. 블레즈 파스칼은 인간이 자기 눈앞의 무시무시한 곤경을 직시하지 않고 눈을 돌리기 위해 보편적으로 채택하는 두 가지 방편으로 습관과 오락을 꼽았다. 유토피아주의자들이 그로부터 벗어나게 해주고 싶어하는 그 상태들에 대해서 보통 사람이 가장 자주 보일 법한 반응이라고 예상한 것이라면 타당한 이야기이다. 정교한 사회과학 이론들은 사회 체제가 자신의 가장 중요한 양식들 위로 습관과 오락이라는 보호망을 펼치고, 수많은 경고 신호들과 사소한 방해물로 보통 사람들을 에워싸고, 그리고 하찮은 보상을 많이 안겨주고 그것들이 가치 있다고 말하는 도덕률을 완비함으로써 유지된다는 사실을 보여주기 위해서 발전했다. 이런 과정으로, 사회는 복종이 정상이고 어떤 의미에서 자기 충족적인 행동이며, 반대는 일탈인 동시에 영웅적인 행동인 환경을 만드는 것으로 보이게 된다. 따라서 사회 양식을 급격하게 개혁하려고 기를 쓰는 사람이라면 이 패턴 안에서 발전하는 자발적인 과정들에서 많은 것을 기대하지 말라는 조언을 듣게 될 것이다. 무언가가 있다고 해도, 그것들은 계속 반복해서 같은 패턴을 재현하는 경향이 있을 것이다. 유토피아 신봉자들은 다시 한 번 뮌히하우젠 딜레마에 직면하게 된다. 그리고 그들은 사람들을 습관적인 비굴함의 수렁에서 들어 올리기 위해 필요한 지렛대로 강압coercion을 선택할 것이다.

여기서는 강압이라는 단어가 현재의 사회 양식이 자신을 재생하는 단조로운 패턴을 멈추게 할 수 있는 특별한 수단을 의미한다는 것은 분명하다. 최소한 이 단어가 논의에 처음 등장했을 때는 그렇다. 이러한 의미에서 이것은 베버주의의 '카리스마' 또는 인류학자들의 '문화적 확산'과 같은 과에 속하는 단어이다. 이들은 기존 체제에 비해 상대적으로 '외부적'이라는 공통점을 지니며, 따라서 체제 그 자체가 결정하는 인지적 관점에서는 본질적으로 설명과 예측이 불가능하다. 현상적 용어들에 의해 정의되기 전에는 강압이 현실의 방어벽을 무너뜨리거나 균형을 잡아주기에 충분할 만큼, 즉 '규칙적인 패턴'을 깨트리기에 충분할 만큼 강력한 요인을 의미한다. 강압은 흔히 미래의 전령 혹은 선봉과도 같이 행동하는 소수가 휘두르는 것으로 이해되며, 실제로 그런 것이어야 한다. 기술적인 도구로서 혁명은 전혀 새로운 것이 아니다. 혁명이란 사회를 개조하는 명목으로 권력을 휘두를 수 있는 상황을 만들기 위한 수단을 지칭하는 말이다.

그러나 강압은 전술한 단어들 중에서도 아주 특별한 위치를 차지한다. 그것이 모든 '정상적인' 사회 속에 늘 존재해왔고, 현재 체제가 살아남기 위해 필수적인 것으로 여겨지는 모든 양식을 강화하고 확산시키는 데 계속해서 이용되어온 요인으로 보이는 한 그렇다. 그와 동시에 강압은 어떤 의미에서 체제 '내부의' 요인이지, 체제'의' 필수적인 요인은 아니다. 그러니까 말하자면 분리가 가능한 것이라는 이야기이다. 또는 강압이란 누가 어떤 의도로 휘두르느냐에 따라서 사회를 이롭게 할 수도, 그만큼 해를 끼칠 수도 있는 도구와도 같다고 말해도 좋을 것이다.

배링턴 무어(1913~2005, 미국의 사회학자)는 사회 변화를 다루는 현대 철학에서 강압에 부여된 이 특별한 역할에 대하여 훌륭하게 설명해주었다. 그의 표현을 따르면, 문화적 연속성과 사회적 연속성은 둘 다,

> 세대마다 새롭게 재현되어야 한다. 가치 체계를 유지하고 전달하기 위해서 인간을 때리고, 괴롭히고, 감옥에 가두고, 강제수용소에 던져 넣고, 회유하고, 매수하고, 영웅으로 만들고, 신문을 읽도록 독려하고, 벽을 향해 세운 다음 총으로 쏴버리고, 때로는 사회학을 가르치기까지 하는 것이다. …… 억압당하던 사람들이 예전 주인을 향해 무력을 행사한다는 것은 거의 보편적으로 비난의 대상이었다. 그러는 동안 '정상적인' 사회가 그날그날 가하는 억압은 거의 모든 역사책의 배경에 흐릿하게 떠돈다.[14]

요점은 강압적인 힘과 마주친 인간은 벽을 향해 서서 총에 맞기보다 회유되고 매수되고 사회학을 배우는 쪽을 더 찬성한다는 것이다. 따라서 누가 어떤 목적으로 권력을 쥐고 있는지가 중요하다. 혁명을 통해 권력이 이양되면 사회에는 새로운 가치 체계를 안전하게 유지하고 전파하기 위해 새로운 길이 깔린다. 파워게임을 강렬하게 극화함으로써, 혁명이란 통상적으로 치러야 할 대가가 극적으로 응축되는 것을 의미하게 된다. 그러나 혁명

을 도덕적으로 반대하는 유일한 근거인 이러한 착시 현상도, 혁명을 막기 위한 불가피한 강압으로 인해 인명 피해가 생기게 된다면 사라져버릴(또는 사라졌다고 이야기될) 것이다.

5. 우리는 질서를 향한 갈망이 어느 정도로 크게 현대 사상을 이끌어왔는지 최근에 와서야 깨닫기 시작했다. 문학 속의 유토피아들이 자신의 이상을 극도로 깔끔하고 정돈되고 규칙적인 세상으로 그리려는 강박에 시달리는 모습이 분명 자주 목격된다. 유토피아 문학의 저자들은 대중의 상상력이 완벽하게 질서 정연한 이미지에 가장 가까이 접근할 수 있도록 상징들을 활용하는 능력이 특히 뛰어나다고 지적되어왔다. 루이스 멈포드는 유토피아 문학에 등장하는 섬들은 원형이고, 건물은 직사각형이고, 도로는 직선이라는 점을 지적했다.[15] 채드 월시는 "가장 선호되는 유토피아 예술은 건축이다. 건축은 그 특징 자체가 거대하고, 기능적이고, 번쩍이며 깨끗하다. 도시들은 직선 자와 제도용 T자를 이용해 설계한 것처럼 보인다. …… 유토피아는 종종 지나치게 멀끔함만 강조하다가 자연과 인간적인 모습까지 깔끔하게 정리해버리곤 한다"[16]고 말했다. 그러나 바로 이러한 유토피아 설계자의 집착은 대개 유토피아적 사고가 본질적으로 주변적인 것이라는 가장 큰 증거로 지목된다. 사실 그들은 끊임없는 변화와 모험의 과정을 즐기는 것으로 인식되는 세계에서 멀리 벗어나 있는 것처럼 보인다.

그러나 원과 직사각형은 특히 건축에서는 또 다른 동기로 읽힐 수도 있다. 건축의 개념은 사람이 살기 힘든 자연에 인간에게 알맞은 규칙성과 일관성을 부여하기 위한 인간의 다면적인 노력을 나타내는 가장 중요한 상징이라고 볼 수 있다. 게다가 이 부분에서 인간이 거둔 성공은 자연의 비밀을 밝혀내고 그것을 이용하는 데서 거둔 성공과 비례한다. 그러므로 건축은 현대적 과학적 태도와 철저하게 경계가 맞닿아 있다. 무엇보다도, 자연을 지배하고 필요에 맞게 활용하는 인간의 끝없는 능력이라는 것은 바로 과학의 모든 것이다. 현대에 와서 서서히 제기되기 시작한 과학의 바로 그러한 목표는 자연을 인간이 살아가는 세계, 즉 인간의 계획적인 활동들의 대상으로 이루어진 세계로 정의하고, 그런 활동의 성과를 단순히 적절한 과학기술적 문제로 받아들이는 태도에서 시작된다. 적어도 프랜시스 베이컨의 시대 이후로는 그런 활동 목적이 인간에게 필요한 기준에 잘 맞지 않는 것이 명백한 자연을 인간이 바라는 대로 인간이 만든 질서로 대체하는 것과 밀접하게 관련되어 있다고 전제되어왔다. 질서를 추구하는 유토피아적인 방식은 현대적 사고와 분리되기는커녕 오히려 현대 과학의 실천으로 점철된 태도를 농축시키고 강화할 뿐이다. 이것은 과학 자체가 무엇을 목표로 하는지 드러내지만, 치밀하게 구축된 과학의 가치중립성이 취약해지지 않도록 그것을 분명하게 보여주려고 하지는 않는다. 유토피아적인 태도와 과학적인 태도 사이의 차이를 질서의 영역에 둠으로써 비평가들은 사실 그 둘이 실제로 어떤 점에서 다른지 잘못 이해한 것이다. 유토피아와 과학은 인간이 행하는 과학기술적인 노력의 목표들을 정해놓을 것인지 그러지 않을 것인지로 나뉜다. 유토피아주의자들은 과학이 제공하는 기술력을 그들이 최상으로 여기는 어떤 질서를 가져오는 수단으로 활용할 것이다. 과학자들은 자신들이 어떤 특정한 종류의 질서에 결부되지 않도록 주의를 기울일 것이다. (그렇지 않으면 스키너[1904~1990, 미국의 행동주의 심리학자]가 그랬던 것처럼 유토피아에 대해 이야기하거나.) 대신에 과학자들은 자신들의 프로그램을 혼돈으로 가득 찬 자연에 더욱더 많은 인간적 질서를 가져오기 위한 도구들을 고안하고 갈고닦는 일에 한정 짓기를 고집한다. 그리고 그들은 그 도구들의 효율성이 하나의 구체적인 질서를 같은 종류의 다른 상상 가능한 질서들과 차별화하는 어떤 가치 같은 것들과 독립적이 되도록 유지한다.

현대성의 도래는 산업혁명 이전의, 주로 농경사회의 '눈앞의', '명료한' (따라서 자연적인 것으로 인식되는) 질서를 파괴해버렸다. 습관과 반복에 의해 지탱되던 종류의 질서, 산업혁명 이전의 인간이 정서적 안정감을 얻고 자기가 자신의 삶을 완벽하게 통제하고 있다는 환상을 이끌어내던 그러한 질서는 이제 더 이상 존재하지 않는다. 그러므로 예전의 질서가 '자연적으로' 발생했거나 어떤 초인적인 힘에 의해 정해졌던 것처럼 보였던 만큼, 언젠가 그것을 대체하게 될 질서는 이제 누군가가 고안한 인공적인 창조물이 될 수밖에 없다는 것도 명백해 보였다. 인간의 질서는 자연계의 한 부분이나 구획이 되는 것에서 벗어나 테크네의 영역으로 옮겨갔다. 불안과 불확실성으로 고통스러워하는 여러 집단들이 어떤 질서를 이상으로 옹호하건 간에, 그것은 그런 질서가 '조직'되거나 '관리 운영'되지 않는 한 오지 않으리라는 식의 논의를 이미 넘어서버렸다. 이러한 관점에서 볼 때나 다른 여러 관점에서 볼 때도 마찬가지지만, 유토피아 사상은 그저 현대 사회의 일반적인 분위기에 충실했던 것뿐이다.

미래 질서의 청사진을 그리는 데는 두 가지 태도가 있을 수 있다. 첫째는 현재의 무너진 삶의 질서가 인간사를 도덕적으로 타락하고 무능력하게 관리한 결과로 초래된 일시적인 문제들로 보는 태도이다. 이러한 태도를 취하는 사람은 현재의 시스템을 유지시키는 모든 강력한 요인들을 바람직한 진보 또는 '약진'을 위한 필수적인 부분으로 보고 기꺼이 포용할 준비가 되어 있다. 그러나 그 길의 끝에, 또는 조금만 더 가다보면 새로운, 한 번도 시도되지 않은, 더 나은 질서가 기다리고 있기를 바라며 그 요인들을 다른 방식으로 체계화해야 할 것이다. 두 번째 태도는 현재의 무질서를 더 단순하지만 더 인간적인 삶의 방식에서 벗어난 최초의 일탈이 가져온 영구적이고 피할 수 없는 결과로 인식하는 것이다. 따라서 이러한 태도는 새로운 체제에서 모든 장식적인 요소를 거부한다. 또한 진보를 위한 요인들을 자유롭게 내버려두었다가는 더 큰 폐해만 돌아올 뿐이라는 생각에 진보라는 관념 자체를 거부한다. 이들은 아직 철저히 검토되지 않은 해결책들을 신뢰하지 않고, 인간사의 '자연스러운' 구성이라는 말로 표현될 수 있는 지점으로 돌아가고 싶어한다. 그리고 그러기 위하여 현존하는 체제가 제공하는 문제의 소지가 많은 혜택들을 기꺼이 포기할 자세가 되어 있다.

두 가지 태도 모두 현대 유토피아 사상에서 쉽게 찾아볼 수 있다. 생시몽(1760~1825, 프랑스 공상적 사회주의의 대표적 인물)에서 시작해 마르크스를 지나 벨러미(1850~1898, 미국의 유토피아 소설가)에 이르기까지 미래를 설계하는 수많은 사람들은 다가올 새천년의 가장 확실한 보증으로서 현대의 산업과 과학기술을 열렬히 포용했다. 그들 대부분은 인간이 새롭게 발견한 막대한 힘을 잘못 관리하여 오용하는 것을 혐오했다. 그들은 산업혁명 이전의 삶에서 벗어난 것을 되돌릴 수 없는 결정적인 선택으로 보았으며, 무엇보다도 그것을 전폭적으로 환영했다. 이 점에서는 사상가들 사이에 정치적으로 제레미 벤담(1748~1832, 영국의 공리주의자)과 카를 마르크스 사이만큼 상대적으로 사소한 차이점들이 존재한다. 벤담은 (그가 감옥과 거의 동일한 것으로 솔직하게 인정했던) 현대의 공장을 완벽한 사회질서를 위해 이미 주어진 모범으로 보았고, 마르크스는 사회주의를 자본가 없는 공장으로 정의했다. 이러한 암묵적인 동의는 너무나 광범위하고 무조건적이어서 마르크스는 그보다 앞선 선배들과 영감의 원천들 중에서, 심지어 최초의 사회주의자들 중에서도 부상하는 자본가계급의 음유시인이었던 생시몽의 이름을 꼽기를 주저하지 않았다. 많은 유토피아 사상가들 사이의 이러한 동의는 과학기술적 진보에 대한 인도주의적이고 심미적이고 딜레탕트적인 반대에 대하여 즉시 강력한 반감과 의혹을 품는 거의 통일된 상식적 태도를 반영한다.[17]

한편, 산업혁명 이전의 잃어버린 낙원을 향한 향수 어린 꿈들은 단 한순간도 멈추지 않고 계속되었다. 최근에 등장해 압도적인 승리를 거둔 자본주의 시장이 만든 삶의 세계가 그런 꿈이 겉으로라도 실현될 것처럼 보이게 해주지도 않았는데도, 혹은 말하자면 그 꿈들이 대중의 상상력에 불을 붙일 수 있을 만큼 매력적으로 보이게 해줄 어떠한 것도 가져다주지 않았는데도 그랬다. 그 꿈들의 지적인 영향력은 유토피아가 보내는 메시지의 '표면'만 대충 훑어보고 생각하는 것보다 사실 훨씬 더 폭넓었다. 새로운 산업 세계의 가장 열렬한 전도사들조차 인간 행위의 반복과 규칙성에 기초한 안전하고 예측 가능한 상황이라는 질서의 정의를 아직 생생한 과거의 기억에서 이끌어내야만 했다. 현재 존재하는 체제는 그런 설명을 전혀 제공해주지 않았기 때문이다. 혹자는 과연 이용 가능한 경험들과 공통된 기억들을 넉넉하게 이용하지 않고, 오직 즉흥적으로 있는 대로 그러모은 것들만으로 미래를 위한 청사진을 그려낼 수 있느냐고 정당한 질문을 던질 수 있다. 그래서 '앞으로 다가올' 유토피아와 '과거로 돌아가야 할' 유토피아를 구별하는, 진보를 향한 열정과 보수적인 향수를 구분하는 경계선이 얼마나 가는지 자주 지적되는 것이다. 실제로는 그 구분선은 더 큰 복잡성의 전도사들과 (개념의 정의에 따라 언제나 다시 그곳으로 돌아가야 할) 단순성의 신봉자들 사이에 놓여 있다.

현대적인 맥락에서 단순성이란 언제나 인간의 삶의 규모와 같은 공동체를 의미한다. 그것은 더 큰 사회를 통합하고 유지시키는 제도들을 몰아내거나 약화시킴으로써만 이룰 수 있는 공동체이다. 모든 중요한 인간관계들이 직접 얼굴을 대면하는 관계로 돌아간다면(일과 의사소통과 영향력이 만들어내는 인간의 상호 의존망이 공동체 크기로 줄어들 때만 가능한 일이지만) 개인의 삶의 세계가 '직접성'과 '반투명성'을 회복하며, 덕분에 구조적인 불안정에 따라오는 모든 압박도 사라지리라 추정된다. 독립성을 잃을 위기에 직면한 기능공들은 개인 생산자들로 이루어진 작은 규모의 자치 공동체의 변치 않은 가치를 칭송하며 프루동(1809~1865, 프랑스의 사회주의 저술가)과 그의 생디칼리즘(노동조합주의. 공장 등 생산시설을 그 속에서 일하는 사람들이 직접 소유하고 경영해야 한다는 사상—옮긴이) 분파의 신봉자들 편에 설 것이다. 세상에서 가장 부유한 국가의 중산층은 거의 모두가 전원의 목가적인 아름다움과 도덕적 활력을 극찬하는 목자를 적어도 투표소까지는 따라갈 것이다. 엄청나게 번영하는 또 하나의 산업국가에 사는 부유한 가정의 자녀들은 "참여민주주의는 에너지 절약 기술을 전제한다"[18]라는 메시지에 주의 깊게 귀 기울일 것이다. 같은 가정의 또 다른 자녀들은 그들의 부모가 물려주고 싶어하는 불안과 긴장을 떨쳐버리고, 부족 생활의 원초적인 즐거움을 맛보려고 할 것이다.

'위대한 단순성'이 '돌아올' 근거는 분명히 어떤 시각적 환상이다. 아무리 이상화하더라도, 결코 착취당하는 러시아 농노의 지방 공동체가 단순함을 꿈꾸는 사람들이 '돌아가고' 싶어하는 곳이 될 수는 없다. 인간에게 비우호적이고 잔혹했던 원시시대 사냥꾼과 채집인의 세계도 물론 아니다. 이제는 라블레(1494~1553, 프랑스의 풍자 작가)의 텔레마(라블레의 풍자소설《가르강튀아Gargantua》에 등장하는 가상의 도시 텔렘 대수도원이 추구하는 가치. 이 도시는 어떠한 통제도 받지 않고 자유로이 쾌락을 추구한다—옮긴이)가 그 어떤 다른 기성의 모범들보다 더 영감의 원천이 되어준다. 상위 중산계급이 지닌 '시골 저택의 환영'[19]에서 볼 수 있듯이, 이제 가장 중요한 쟁점은 힘든 일이 아니라 수동적으로 즐거움을 누리는 것이다. 단순화하려는 사람들이 힘든 일에 따라오는 대가를 포기하는 것은 사실이다. 그러나 그들은 식도락가의 쾌락주의적 이상과 관능적인 황홀감을 판단을 위한 최상의 기준으로 유지한 채, 단지 물질의 축적을 이벤트의 축적으로 대체하는 것뿐이다. 즐거움의 추구를 제한하는 유일한 요인은 아마도 청교도적 성취의 반감일 것이다.

단순성의 유토피아를 현대의 강력한 힘들을 자신의 삶을 향상시키는 편리한 도구로 사용할 수 있을 만큼 충분히 높은 자리에 오르지도 못했고, 정부가 집행하는 정의만이 의지할 수 있는 유일한 희망일 정도로 밑바닥까지 떨어지지도 않은 현대사회의 중산층과 결부시키려고 할 수도 있다. 만일 그들이 더 높이 올라 갔다면 결코 유토피아의 꿈에 젖어들지 않았을 것이다. 만일 그들이 더 아래로 떨어졌다면 자신들의 생존을 보장하기 위해 꼭 필요한 만큼의 복잡성을 선택했을 것이다. 모든 법이 다 약자에게 필요한 게 무엇인지 주의를 기울이는 것은 아니다. 그러나 법이 없으면 분명히 강자가 더 강해진다. '자연스럽게' 흘러간다면 자신들에게 아무런 희망의 여지도 남겨주지 않을 분쟁에, 그들 편에 서서 개입할 수 있을 만큼 충분히 강하고 단호한 권력을 가장 간절히 꿈꿀 만한 이들은 이 세상에서 가장 약하고 불쌍한 사람들이다.

지금까지 우리는 유토피아 사상이 다른 특성에서 그랬던 것처럼 질서에 대한 악명 높은 갈망이라는 점에서도 현대사회와 이질적이지 않다는 걸 살펴보았다. 유토피아 사상은 이 현대의 지적인 게임에 규칙을 정하고 주심까지 맡아 보는 과학과 같은 태도를 공유한다. 비록 유토피아 사상은 과학이 아주 꼼꼼하게 구별하는 '순수한' 이유와 '실용적인' 이유 사이의 차이는 인식하지 못하지만 말이다. 마침내 여기서 유토피아적 태도가 과학과 대립하는 한 가지 관점을 우연히 발견한 셈이다.

물론 이것은 여러 차원으로 분리되는 이슈로서, 따로따로 논의될 수 있고 실제로도 종종 그렇게 논의되지만 논쟁이 되는 모든 쟁점들의 기원은 중심이 되는 하나의 충돌에서 찾을 수 있다. 유토피아 사상은 과학이 인간을 인지하는 과정에서 순수하게 인식론적이고 사색적인 실체로 축소시키는 것을 거부한다. 타당한 지식 속에 '가능성'이라는 지위를 부여함으로써 그러한 축소에 저항한다.

'개연성'이라는 개념과의 관계는 과학적 사고방식과 이 범주의 가장 가까운 지점이다. 그러나 때로 일상적인 담론에서 부당하게 혼동되곤 하는 이 두 범주는 서로 매우 다르고 조화를 이루기 어려운 실존적 양상을 향유한다. 어떤 사건이 일어날 확률을 언급하는 판단은 그 사건이 발생할 것인지에 관하여 어떤 정보도 전달해주지 않으며, 그저 발생할 확률을 이야기할 뿐이다. 그 진술은 논의되고 있는 그 사건이 특정 시점 또는 특정 장소에 실제로 구체화되느냐 그렇지 않느냐가 아니라, 그 확률을 검증함으로써 입증되거나 반박된다. 만일 그렇지 않았다면 과학은 확률의 세계를 다룰 방법이 없었을 것이다. 미래의 일futura들이 아니라 오직 사실facta들밖에 다룰 수 없게 되기 때문이다.[20] 확률은 이미 일어난, 즐기거나 후회할 수는 있지만 바꿀 수는 없는 사건의 영역, 사실의 영역에 속한다. 일어난 사건들과 관련하여 인간은 행동의 자유도 의지도, 힘도 영향력도 갖지 못한다. 사실은 바로 이렇게 인간을 수동적인 사색으로 빠뜨리는 특성을 지니고 있기 때문에 과학적인 방식으로 '알 수 있는' 것이 된다. 그리고 그건 확률도 마찬가지이다. 확률 또한 '이미 그렇게 되어져왔고', 철저히 검토하고 검증되어야 할 현실들 사이에 우리가 감지할 수 있는 방식으로 지금 여기 존재하는 사실에 속한다. 확률에 관한 진술은 이미 우리가 가지고 있는 데이터를 나타내며, 그것들에 관하여 검증되거나 반박될 수 있다. 그런 진술은 우리의 지식이 현재 어떤 상태인지에 관한 정보를 담고 있다.

그러나 내가 제안하는 정의의 가능성의 경우에는 입장이 완전히 달라진다. 나도 내가 제안하는 정의가 상상할 수 있는 유일한 정의는 아니라는 사실을 알고 있다. 실제로 확률이란 가능성의 척도라는 취지의 진술들을 몇 번이고 반복해서 발견할 수 있다. 확률이란 다름 아닌 바로 그러한 개념들의 집합에 속한다는 것이다. 이러한 용례에 따르면 우리는 어떤 것을 수학적으로 표현할 수 없을 때마다(즉 측정할 수 없을 때마다) 가능성이라는 개념에 만족하고 그래서 확률로 나타내야 한다. 때로 과학은 어떤 사건의 법칙성을 알지 못하거나 그것의 발생을 반박하는 사전 지식을 갖지 못했을 때마다 그 사건이 일어날 확률을 단지 하나의 '가능성'으로 보기도 한다. 첫 번째 경우에는 가능성이 확률의 약화된 버전에 지나지 않는다. 두 번째 경우에는 '아직 반박되지 않은 것'이라는 순수하게 소극적인 개념일 뿐이다. 이 용어가 이렇게 사용되고 있기 때문에, 우리가 정의하여 사용할 또 다른 개념이 어쩌면 약간의 혼란을 불러일으킬지도 모른다. 그럼에도 이런 정의를 고집하는 것은 오직 '가능성'으로부터 그 개념이 지닌 전혀 다른 양상을 박탈하는 것이 현대의 자의식을 지배하는 실증주의의 불쾌한 부산물이라는 확신에 의해서만 정당화된다. 실제로도 그것은 개인과 그를 통제하는 현실 사이의 겉으로만 그럴싸한 화해라는 최종 목적지에 도달하기 위한, 또는 그것을 자연스러운 역사적 과정으로 받아들이게 하는 여러 단계 중 하나였다.

과학으로 흡수될 수 없는 (에밀 메이에르송[1859~1933, 프랑스의 과학 비평가]의 표현을 빌려 말하자면, "이성은 그 자신으로부터 발생하지 않는 것에 대하여 설명할 수 있는 수단을 단 한 가지밖에 가지고 있지 못한데, 그것은 그러한 대상을 존재하지 않는 것으로 환원해버리는 것이다"[21]) 가능성이라는 범주는 이제 사건이 발생할 확률이 아닌 사건 그 자체를 나타낸다. 가능성은 아직 일어나지 않았으며, 이론적으로 그 미래의 출현을 사실들의 데이터를 근거로 확립할 수 없는 사건을 의미한다. 그것을 확립할 수 없는 이유는 이용할 수 있는 지식이 불충분하기 때문이 아니라, 가능성이라고 명명하는 것 자체가, 뒤따르는 인간의 행위와 함께, 그 가능성이 영구적으로 구체화될지 여부를 궁극적으로 결정지을 결정적인 요인들 중 하나이기 때문이다. 레셰크 콜라코브스키(1927~2009, 폴란드의 철학자)가 간결하게 이야기한 바 있듯이, 유토피아가 유토피아로서 존재하는 것은 유토피아가 유토피아로서 사라질 가능성을 위한 부인할 수 없는 조건이다. 이러한 의미에서의 가능성이 인간 세계, 즉 충분한 정보를 가진 인간의 자유의지가 결정적인 영향력을 행사하는 사건들의 세계에 적용될 수 있는 유일한 범주이다.

우리가 자연적인 것으로 접근했던 대상들과 그런 접근에 저항하는 인간 실존의 그 부분 사이의 중요한 차이는, 자연의 일부분인 어떤 속성으로 '존재하는 것'과 이 세계에 존재하는 인간만의 유일한 방식이 '되는 것' 사이의 차이와 같다. 이것은 영원히 끝나지 않고 결정되지 않으며, 지금까지 단지 인간의 노력의 결과로서, 바람직한 상태로서, 이상적인 모범으로서, 향수로서, 계획으로서, 꿈으로서, 위협으로서, 희망 또는 위험으로서 관념적으로만 존재했던 사건들의 원조 아래 살아남고 평가되고 수정된 미래를 향해 열려 있는 인간 실존의 본질에 속한다. 이러한 사건들은 모두 일상적인 현실 속에 관념적으로 말고 다른 방식으로는 존재하지 않으며, 따라서 의식의 수준에 다다른 순간에만 나타나고, 사람들 사이의 의사소통의 주제가 되고 그렇게 이름 지어지는 가능성들의 집합에 포함된다. 이 집합의 독특한 의미는 이것이, 그리고 오직 이것만이 인간의 현실로 들어가는 새로운 형식을 위한 기회와, 그 인간의 현실이 스스로 자기 안에 내재된 잠재력을 역동적으로 펼쳐낼 기회를 만들어낸다는 사실로 이루어진다. 인간의 생명활동이 이루어지는 삶의 세계는 가능성들의 집합을 포용한다. 그것 없이는 인간 세상으로서 불완전하다고밖에 할 수 없다. 그것은 사실상 더는 인간 세상이라고 할 수도 없다. 유일하게 합리적인 태도는, 가능성의 집합으로 완전해진 이 삶의 세계를 인간의 생명활동을 구분하여 이해하고, 분석적으로 기록하는 적절한 준거 틀로 삼아야 한다고 가정하는 것뿐이다.

그러나 우리가 그런 가정을 따른다면, 지금까지는 그 의미가 과학 내부에서의 용도에 의해서만 결정되어왔던 용어들의 중요한 수정들이 반드시 뒤따라와야 할 것이다. 가장 명백한 변화는 합리성의 개념에서 이루어질 것이다. '합리성'은 순수하게 인간적인 역사적 가능성의 차원으로 바라보아야 하는데도, 사실들을 참조하는 것만으로 현 상황에서 정확하게 측정 가능한 것이라고 다소 비인간적으로 축소된 개념이다. 블로흐는 가능성의 범위를 상세하게 설명하는 유토피아는 현재의 인간 현실을 위한 지평을 그린다고 말한다. 허용된 지식의 영역을 이미 가로질러와 뒤에 남겨진 인간 세상의 일부분에 한정 지어버리는 과학적인 태도는 질적으로 저하되었기 때문에 인간의 인식과 추론과 의사결정이 이루어지는 실제 세계를 왜곡되게 그린다. 인간은 자신이 처한 상황을 오직 가능성으로만 존재하는 지평선에서 얼마나 떨어져 있는지를 통해 이해한다. 그리고 인간 행동의 합리성 정도에 대한 우리의 분석도, 우리가 인간의 행동이 얼마나 합리적인지 분석할 때도, 합리성이라는 개념을 도구 지향적인 과학이 포착할 수 없는 '가능한 현실'과 '손에 닿는 실제 현실' 사이의 격차를 줄이려는 끝없는 노력으로 이해하지 않는 한 이성이 수행하는 역할을 완전히 이해하지 못할 것이다. 과학의 가장 근본적인 규범을 거부하는 것처럼 보이는 이러한 접근 방식은 본질적으로 비판적이고 (블로흐의 표현으로) "초월성 없는 초월함"을 끊임없이 계속하며, "스스로 규범적인 입장에 서서 실제 상황과 거리를 유지하고, 기존의 성과를 상대적인 것으로 바라보는" 인간 실존의 양상과 더욱 유사하다.[22] 특수하게는 유토피아, 그리고 일반적으로 말해서 가능성의 범주는 인간 양상에 관한 이러한 기술을 올바르게 반영하는 것처럼 보인다. 테오도르 아도르노(1903~1969)가 지적했듯이, 사회는 사람들이 그 사회와 다른 사회를 상상할 수 있을 때에만 뭔가 '문제가 있는 것(즉 지적이고 실천적인 비판 대상)'이 될 수 있다.[23]

우리가 가능성이란 이런 의미를 지닌다는 데 동의한다면, 이제는 선포된 유토피아의 수와 그에 대한 대중의 열광을 비합리성이 증가하고 이성의 법칙에서 떨어져 나온 증거로 볼 게 아니라, 그 시대의 창조적인 활력과 생명력의 척도로 바라봐야 한다. 이것은 마틴 플라텔(1921~)이 최근에 언급—새로운 유토피아는 극심하게 부족하고, 예전에 신뢰하던 유토피아의 꿈에서는 깨어난 상황—했던 비합리주의와 반-계몽주의의 정상으로 향하는 길을 닦는 상황과 정반대된다. 유토피아의 결여는 현실이 원활하게 확장해야 할 자리에 공백을, 불투명하고 끝이 없는 심연을 만든다. 이 불가해한 공백의 무서움은 이것이 사람들을 비합리주의의 신화 속으로 도피하게 만든다는 점이다. 그것은 서구 사회의 레닌 지망생들이 "자기 자신을 소규모 광신적 집단의 지도자로 바라보거나, 혹은 그보다도 더 나쁘게 국회의원이나 학자가 되려 하는"[24] 어떠한 지평도 없는 현실에 존재한다.

본론에서 다소 장황하게 벗어난 이야기지만, 이것은 내가 유토피아의 분석 틀을 현대 사회주의의 사회학적 분석과 특별히 밀접한 관계가 있는 것으로 바라보는 이유를 설명하기 위해서 꼭 필요한 이야기이다. 사회주의는 오랫동안, 그리고 어떤 관점에서는 지금도 여전히 현대의 유토피아이다. 톰 보토모어 (1920~1992, 영국의 사회학자)의 말을 인용해 말하자면, 반문화의 의미가 현재의 현실을 (상대화를 통해) 해방적으로 비판하기 위한 버팀목으로 이해될 수 있다면, 사회주의는 자본주의 사회의 반문화였다. 이제 사회주의를 유토피아로 분류하는 것이 그 막대한 역사적 의미를 평가절하하는 건 아니라는 점이 명확해졌을 것이다. 오히려 나는 사회주의가 그 유토피아적인 성격 덕분에 당당하게 어깨에 힘을 줄 수 있는 동력을 얻는다는 사실을 이어지는 장들에서 보여줄 수 있기를 희망한다. 사회주의는 다른 모든 유토피아들과 함께, 가능성의 영역에 살고 있을 때에만 생식력을 유지할 수 있다는 불편한 특성을 공유한다. 그것이 성취되었다고, 경험적 실제라고 선언되는 순간 창조력을 잃는다. 그렇게 되면 더 이상 인간의 상상력에 불을 지피지 못하여, 자신의 한계를 초월하고 상대화할 수 있게 해줄 수 있을 만큼 충분히 멀리 떨어져 있는 새로운 지평이 강력하게 요구된다. 리처드 거버는 이상은 그것이 실현된 것으로 인식되어버리면 더 이상 이상이 될 수 없다고 말한다.[25] 2세기에 걸친 현대 사회주의의 역사는 유토피아의 옷을 입고 장엄하게 출현했다가, 그것이 실현되었다는 주장에 의해 무력해져버린다.

마지막으로 남은, 아마도 가장 논쟁적일 질문은 유토피아 또는 '가능성'의 범주를 분석의 틀로 삼는 연구를 어떻게, 그리고 어느 정도까지 사회학적이라고 말할 수 있느냐는 것이다. 유토피아라는 현상을 사회학적으로 접근하는 분명한 방법은 그것을 인간 사고의 객관화된 인공물인 것처럼, 하나의 '대상'으로 다루는 것이다. 아마도 같은 종류의 다른 표본들보다는 상궤에서 더 벗어나 있겠지만, 그것은 여전히 사회학이 '사회적 배경'과 연관시키고, 그 분포를 통계적으로 평가하고, 그것이 인간 행동에 미칠 수 있는 영향력에 관한 몇 가지 가설을 공식화하지만 그것에 대하여 충분히 탐구할 수 있다고 생각하는 대상들의 집합에 속하는 원소임에 분명하다. 그러나 그것은 그 문제에 대해 내가 제안하는 접근 방법과 다르다. 나는 사회주의 유토피아를 어떤 특정한 존재론적 양상의 역사적 실현 사례와는 구별되는 하나의 대안적인 사회적 실체로서 연구하고자 한다. 그 가능성을 말이다. 로버트 니스벳(1913~1996, 미국의 사회학자)은 "첫눈에 보기에는 유토피아주의와 진정한 사회과학이 양립하기 어려운 것처럼 보인다. 그러나 그건 그렇지 않다. 유토피아주의는 결정론을 제외한 그 무엇과도 양립 가능하며, 다른 어떤 창의적인 시각 못지않게 쉽게 사회과학의 전체 맥락 속으로 들어갈 수 있다"[26]고 말했다. 나는 그 말에 전석으로 동의한다.

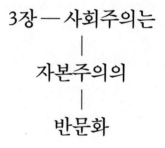

3장 — 사회주의는
|
자본주의의
|
반문화

현대성이란 명확한 정의를 강력하게 거부하는 다면적인 현상이다. 이 현상이 인간과 자연 사이에 펼쳐진 인공적인 중개 영역을 급격히 진해지게 한, 흔히 자연에 대한 인간의 지배력이 극적으로 강화되었다고 설명되는 '과학기술적 혁명'과 밀접하게 연관되어 있다는 것은 널리 받아들여지고 있는 사실이다. 그러나 그와 동시에 이 현상을 단순히 과학기술적인 폭발로 환원할 수는 없다는 점에도 이견은 없다. 현대성은 사회적이고 심리학적인 현상이기도 하다. 이것의 출현은 인간의 활동이 이루어지는 일련의 환경들 못지않게 사회 체제에도 중대한 변화를 가져왔다. 현대성의 출현이 유토피아와 그를 향한 동경의 내용과 크기에 얼마나 큰 영향을 미쳤건 간에, 그 충격을 다른 무엇보다도 많이 중재해준 것은 아마도 유토피아들이었으리라고 짐작할 수 있다. 무엇보다도 현대성이란 인간의 이상을 위한 영감의 원천이자 배경으로서, 인간관계의 현대적 네트워크를 의미한다.

이 네트워크의 주요 특징을 설명하기 위해 먼 길을 떠난 라인하르트 벤딕스(1916~1991, 미국의 사회학자)의 방법론은 이상적인 베버주의 행동 방식의 가장 훌륭한 전형으로 꼽힐 만하다. 벤딕스는 현대사회가 전제하는 최종 형태에 무엇보다도 더 크게 공헌한 두 가지 과정이 있다고 주장한다. 첫째는 현저하게 부상하는 '비인격주의impersonalism'이다. 이것은 개인을 사회적으로 정의된 역할에 한정시키기고 행동 규범의 네트워크 안에 묶어두기 위한 수단을 통제하는 가장 중요한 원리이다. 둘째는 권위의 작업 규정이자 그와 동시에 입법의 기조인 '국민투표주의plebiscitarianism'의 출현이다.[1]

　'비인격주의'는 보호자patron와 추종자client 사이의 가족적인 관계를 대체하기 위해 등장했다. 파슨즈(1902~1979, 미국의 사회학자)의 용어로 이야기해보자면, 추종자는 보호자의 특수주의particularism(전 근대적 사회의 사회관계 행동 양식. 지위나 신분 등에 따라 특정한 사회적 관계를 특정한 사람에게만 적용하는 것—옮긴이)와 광범성diffuseness에 대비되어 보편주의universalism(보편적인 기준에 입각한 근대사회의 사회관계 또는 행동 양식. 지위나 계급 대신 업적이나 능력 등 객관적이고 합리적인 근거로 사회적 관계가 형성되는 것—옮긴이)의 양식과 한정성specificity에 종속되는 것으로 묘사된다. 인간관계의 비현대적인 양식들은 철저하게 개별적이고, 어떤 두 사람 사이의 관계는 다른 두 사람 사이의 관계와 크게 차이가 난다. 이 두 관계는 똑같이 널리 퍼져 있고, 두 쌍의 관계가 얽혀 있는 삶의 과정 전체를 포용하려고 한다. 이러한 특징들은 모두 현대성의 출현과 함께 사라져버리고 반대편의 특징들로 대체되었다. 밴딕스는 현대성이 '시민'의 의무와 권리를 성문화하면서 시작되었다고 말한다. 개인은

'호모 폴리티쿠스로서$_{qua\ homo\ politicus}$', 즉 정치적으로 조직된 사회 '폴리스$_{polis}$'의 구성원이다. 한편으로 이 '개인'은 그러한 '성문화' 과정을 거친 특성들이 규격화되고 일련의 통일된 규칙들에 종속될 때만 사회 속으로 들어가거나 사회에 이익이 된다. 현대적 네트워크에 의해 정의되고 주조된 개인은 그렇게 함으로써 해결할 수 없는 역설에 빠진다. 그의 '개인성$_{individuality}$'이란, 자신을 누구도 따라 할 수 없고 대신할 수도 없는 독립된 존재로 만들어주던 모든 특이한 성격과 별난 점들, 순수하게 개인적이고 진정으로 독특한 속성들을 모두 포기하는 대가로 얻은 것이기 때문이다. 이 괴상한 개인성에는 이름도 없고 얼굴도 없다. 순수한 보편성의 뼈대만 남도록 깎여나가고, 어리석거나 독특한 것 그리고 다른 '개인'과 완전히 같아지지 않도록 막는 개인적인 능력마저 깨끗이 제거된 개인성이다. 물론 현대인들이 정말로 이와 같다는 의미는 아니다. 단지 그들이 이러한 자격으로서만 현대성으로 들어오기를 허락받는다는 이야기이다. 표준 규격에 맞추지 않은 인간적 특성은 확실히 현대사회에서 아무런 쓸모가 없다. 주체의 영역으로 분류되는 그러한 특성들은, 그것들이 성문화된 영역에 방해가 되지 않는 한 사회적으로 아무런 상관도 없는 것으로 선언된다. 그와 동시에 그들은 개인적 자유의 영역을 한정 짓는다. 사회의 불간섭은 궁극적으로 그러한 초개인적 질서에서 벗어나거나 의도적으로 면제되어온 모든 것에 대한 계획적인 무관심에 기반을 둔다. 비인격주의 원리는 개인의 사회적 본질을 한정 지을 뿐만 아니라, 그렇게 한정된 개인들과 조화를 이루고 그들의 마음에 드는 생활공간을 형성하는 데도 역할을 다한다. 개인의 사회적 실존을 둘러싼 영역도 마찬가지로 평균화되고, 인간미 없고, 특징도 없는, 따라서 정량화할 수 있는 개인들로 구성된다. 이것은 순수하게 수치적인 용어들로 효율적으로 다루어지고, 가늠되고, 평가될 수 있다. 그 속에 거주하는 개인들을 먼저 질적으로 축소시켜둔 덕분에, 그 영역은 사실상 정량화 가능하고, 따라서 합리성의 경제학이 통제하는 경영에 따라 수정 가능하다. 다시 말하지만, 현대의 사회적 환경 속에 사는 인간의 삶의 과정이 일련의 합리적 계산과 선택들로 졸아 들었다는 의미는 아니다. 이것은 단지 그러한 계산과 선택의 연쇄들이 사회적으로 적합한 것으로 인식되고, 그럼으로써 사회적으로 보호되고 또 그렇게 의도된다는 뜻일 뿐이다. 나머지 유산이 아무리 막대하고 누군가에게는 중요한 것일 수 있다고 하더라도, 그것은 사회적 인식에서 외면되어 영원히 '사적인 것'이라는 반그림자로 남을 것들 속에 남겨진다. 인간 삶의 광대한 영역—실제로 가장 친밀하고, 열정적으로 살아가고 감성적인 영역—은 사회적으로 가공된 중심핵의 규칙성을 위해, 다시 말해서 그것의 확실성과 예측 가능성을 위해 '출입 금지 구역'으로 선포되었다.

여기서 주목해야 할 아주 중요한 점이 한 가지 있다. 적어도 19세기에 헨리 메인 경(1822~1888, 영국의 법학자)이 그 유명한 구분을 한 이후로, 비인격주의-특수주의의 양분이 '이것 또는 저것'이라는 말로 분석되는 경향이 있으며, 그 점은 밴딕스의 연구에서도 예외가 아니라는 사실이다. 우리의 관심이 오직 사회구조의 형태, 즉 개인이 사회적으로 가치 있는 재화에 접근하는 것을 허락하고 제한하고 영향을 미치는 인간의 상호 의존 네트워크에만 한정되어 있다면, 그러한 접근 방식도 전적으로 타당하다. 그러나 이러한 의미에서 사회구조는 개인의 삶의 세계의 총체를 대신하지 않는다. 나는 현대사회는 전통적인 삶의 세계 위에 더 큰 사회의 비인격적인 구조가 '고명'처럼 올려졌다고 말하는 편이, 그 구조가 특수화된 예전 사회를 대체했다고 말하는 것보다 더 낫지 않을까 생각한다. 삶의 세계는 아주 넓은 부분이 여전히 서로 얼굴을 맞대는 다면적인 관계들, 그리고 아직 얼마든지 그 의미를 협의할 여지가 있는 자주성으로 빽빽이 가득 찬 모습으로 상당히 '특수화된' 채 남아 있다. 후자의 의미에서 그 세계는 여전히 '자유'롭다. 그 자유는 더 깊고 새로운 차원으로 주어졌으며, 철저히 표준 규격화되고 미리 예시된 관계들로 이루어진 새로운 세계와 대비되어 더욱 눈에 띄도록 만들어졌다. 삶의 세계의 이러한 부분을 뒤덮는 '자유'는 오직 이렇게 상대적인 의미에서만 이해되어야 한다. 그렇지 않으면 이것은 환상이 되어버린다. 지금 논의하고 있는 삶의 세계의 영역, 더 큰 사회의 '비인격적' 통제를 받지 않는 그 구역도 여전히 (구성원들을 가까이에서 얼굴을 대면하는 개인적 통제하에 둘 수 있는 집단이라는 뜻으로 정의되는) 공동체의 엄격한 통제 아래에 놓여 있기 때문이다. 의미를 협의하는 행위는 결코 영점에서 출발하지 않는다. 패는 이미 나누어주었고 배분은 공평하게 이루어지지 않았으며, 현재 게임에 참가한 사람들이 게임의 규칙을 협의하기란 대단히 어렵다. 지난 10년은 이렇게 왜곡된 관점이 가져오는 귀결을 보여주었다. 소위 '청년 봉기(1968년 5월 혁명—옮긴이)'는 스스로 '비인격 사회'와 싸우고 있다고 확신했으나 사실은 공동체 차원에 부여된 제약들을 떨쳐 내려는 시도였다. 공동체의 통제력을 전복하는 데 성공할수록 자연히 ('더 큰 사회'를 전통적으로 무시되어왔던 영역으로 이끄는 새로운 법을 통한) 비인격적 규제와 간섭의 영역이 넓어진다.

밴딕스가 말하는 현대성의 두 가지 파라미터 중 두 번째인 국민투표주의는 대중을 정치 과정으로 포함시키는 것으로 이루어진다. 대중은 이제 군주의 신하가 아니라 국가의 '시민'이 된다. 이제 그들의 집단적 의지가 왕좌가 되고 최상의 입법이 된다. 양이 질로, 지혜가 수적인 힘으로, 양도할 수 없는 권리가 이해관계로, 속성이 능력으로 대체된다. 그러한 치환은 하나의 가치가 다른 가치를 대신했다기보다, 불변하는 예전 가치의 귀납적 정의를 개선한 것으로 너무나도 자주 인식된다. 그리하여 양은 질을 나타내는 최상의 척도로, 지지자의 수는 어떤 결정이 얼마나 지혜로운지 보여주는 참된 지표로, 이익을 추구하는 것은 빼앗을 수 없는 최소한의 인간 권리로 이해된다. 그러나 사회학적인 주제의 관점에서 볼 때 그 가치의 변화는 엄청나고 급진적이다.

가장 참신한 점은 민중을 정치적 통일체의 '몸통'으로 보는 그 개념이다. 대대로 왕위를 물려받은 통치자를 떠나 민중의 통치로 가는 길은 단순히 통치 집단의 수를 소수에서 다수로 늘린 것으로 보이지는 않는다. 시민으로 전환된 민중은 사회적으로 인식 가능한 사람으로서 정치의 영역으로 들어가는 이전 통치자의 능력을 이어받지 않는다. 오직 비인격화 과정을 수행하고 그것을 완료함으로써만, 세습 권력의 통치자의 신하들이었던 그들이 권위의 현대적 표현으로 확실하게 자리 잡은 민중으로서 다시 나타날 수 있다. 민중은 각자의 다면적인 특성과 욕구와 흥미를 갖춘 특정한, 질적인, 뚜렷이 구별되는 사람들의 무리가 아니다. 그들은 시민으로서 수행하는 역할이 모두 완전히 동류이고 양적인 차이만 있어서 각자가 서로 역할을 바꾸어서 수행해도 상관이 없다. 민중이란 그런 전제하에서 성립하는 양적인 의미로만 묘사될 수 있으며 그렇게 이해되어야 하는 집단이다. 시민의 현대적 개념을 통해 이루어진 이러한 환원 덕분에 여론은 통계적 분포의 계산으로 환원되고 민주주의는 수적인 우세라는 조잡한 산술적 척도로 판단될 수 있게 되었다. 시민은 그들이 서로 구별되지 않는 한 평등하다. 각자를 서로 다르게 만드는 것은 그게 무엇이건 간에 정치적 통일체의 이해와 정치의 영역 바깥에 남겨진다. 그러므로 현대적 언어에서 비인격주의와 국민투표주의는 단순히 동시에 발생할 뿐인 병렬적인 과정이 아니라는 걸 알 수 있다. 그들은 상호 보완적이며 서로를 인증하고 지지해주는 동전의 양면과도 같다. 시민으로서 개인의 비인격적 평등은 국민투표 유형의 정치적 통일체를 통해서만 만들어지거나 혹은 규격화될 수 있다. 그리고 국민투표주의는 비인격적 유형의 평등, 즉 시민의 역할 속에 담긴 평등 없이는 그 어떤 것도 장담하거나 설명할 수 없다.

그러나 이게 다가 아니다. 국민투표주의는 합당한 시민권의 영역 너머에서 생기는 시민들 사이의 차이를 단순히 무시하기만 하는 것이 아니다. 이것은 비정치적 불평등이 시민의 역할에 영향을 주지 않는다는 전제를 확립하는 데 공을 들인다. 시민들은 정치적 통일체의 문턱에서 어떻게든 비정치적 굴레를 떨쳐낸다는 것이다. 시민권이라는 부문을 개인의 총체적인 지위에서 이론적으로 분리시킴으로써, 국민투표의 적법성은 사회적 현실에 대한 수술이라는 개념적인 특성을 얻는다. 이것은 개인이 정치적인 영역 이외에는 여전히 불평등한 채로 남아 있는 상태에서도 평등한 정치적 권력을 즐길 수 있다는 믿음에 기초한다.

프랑스혁명이 가져온 지속적인 성과와 일시적인 후퇴 속에 서서히 등장한 현대사회에서 불평등의 뿌리가 정치적이지 않은 건 사실이다. 그 뿌리는 그 시기의 시민사회를 구성한 의사소통의 그물망과 경제적 의존의 관계망 깊숙이 파고들어갔다. 그러나 이렇게 저절로 지속되는 불평등의 기초들을 그대로 놔두면 국민투표주의의 정치적 평등이 순전히 형식적인 법의 범주에 머물 수밖에 없다는 것 또한 사실이다. 바로 이러한 형식 속에서 현대사회의 자본주의적 자유주의 문화라는 지배 가치가 평등의 이상을 그렇게 정해왔다. 그리고 바로 이러한 형식 속에서 순수한 정치적 평등이라는 이상이 시험대에 오르고 사회주의자들의 반문화에 의해 거부된 것이다. 정치적인 영역에만 한정된 평등의 개념을 받아들이지 않겠다고 단호하게 거부하고, 그 영역이 불평등한 채로 남아 있으면 정치적인 평등도 공허해지고 마는 영역들과의 수많은 관계들의 중요성을 강조하고, 그리고 평등의 이상을 호모 폴리티쿠스homo politicus 너머로 확장시키려는 강렬한 갈망은 모든 색깔의 사회주의 반문화가 공유하는 유일한 문화적 전제조건이 되었다.

이러한 의미에서, 사회주의 반문화는 자유주의적-자본주의 문화에 대한 반대인 만큼 그것의 연속이기도 하다. 베벨(1840~1913, 독일 사회민주당 창설자)은 1890년에 이미 사회주의가 빚을 지고 있음을 공식적으로 인정했다. 그 누구도 자유주의자들보다 인간의 평등에 대한 갈망을 더 많이 불러일으키지 못했다는 것이다. 정치적 민주주의라는 자유주의적 개념은 보통 사람들의 마음속에 평등의 비전과 현실성을 가져다주고 상상력에 불을 붙인 첫 번째 형태였다. 토크빌은 "불만이 있어도 그것이 바로잡힐 수 없을 것처럼 보이는 동안에는 참을성 있게 견뎌내지만, 일단 그것을 없애버릴 수 있다는 생각이 머릿속을 스치고 지나가면 그것이 도저히 참을 수 없는 것이 되어버린다"[2]고 말했다. 자본주의의 문화적 혁명은 전근대적인 신념 체계의 두 개의 기둥을 한꺼번에 제거해버렸다. 하나는 인간의 불평등은 이의를 제기하거나 거부해도 소용없다는 믿음이었고, 다른 하나는 그것이 운명적으로 정해져 있기 때문에 인간의 힘으로 바꿀 수 없다는 것이었다. 자유주의-자본주의 문화는 이러한 신화 파괴적인 활동 속에서 금세 돌아올 수 없는 지점까지 도달해버렸다. 이제부터는 불평등이 부당한 것이고, 인간이 만들어낸 것이며, 따라서 인간의 행동으로 변화시킬 수 있다는 믿음에 의문을 제기할 수 없게 되었다. 사회주의 반문화에게 남겨진 일이라고는 자유주의 이데올로기가 이끌어낼 수도 없고 이끌어내고 싶어하지도 않았던 결론을 이끌어내는 것뿐이었다. 그 결론이란 정치의 영역에서 이루어진 일이 인간이 박탈감을 느끼는 다른 영역들에서도 반복되어야 한다는 것이다. 남독일 인민당the South German People's Party의 대표자 중 한 명은 1868년 전당대회에서 이 점에 대하여 "민주주의는 만일 그것이 진정으로 민주주의가 되기를 바란다면 사회민주주의가 되어야 한다"는 말로 표현했다.[3]

다시 말해서 사회주의란 자본주의적 자유주의의 급진적이고 논리적인 확장이라고 할 수 있다. 그러나 자유주의의 중요한 점들의 확장이기만 한 것은 아니다. 여기에는 자유주의의 실증적인 측면에 대한 단호한 거부도 동시에 포함되어 있다. 자유주의는 시민의 평등이 개인의 자유의 기초라고 보고, 그것으로 자유가 보장된 것으로 여긴다. 즉 개인의 자유는 정치 이외의 다른 영역들에서는 불평등해지는 것이다. 사회주의는 그와 대조적으로 정치적 평등의 확립이 개인의 총체적 삶을 평등한 사람들의 공동체 속으로 통합시키기 위한 수단이자 그 첫 번째 단계라고 생각한다. 다시 말해서, 자유주의는 공동체를 개인의 자유로 가는 길을 가로막는 가장 큰 장애물로 보고, 정치적 통일체를 오직 시민이라는 개념 하나만을 연결 고리로 삼아 새로운 사회적 차원으로의 초개인적 통합을 이루는 것을 유일하게 바람직한 형태로 이해하는 반면, 사회주의는 사회적 차원에서 공동체 유형의 통합을 재건하려고 한다.

지난 2세기 동안의 사회주의 사상들을 살펴보면, 비판적 자유주의의 급진적인 버전과 실증적 자유주의에 대한 거부라는 두 개의 줄기가 서로 긴밀한 관계를 맺고 있음을 알 수 있다. 장 자크 루소가 플리니우스(23~79, 로마의 정치가, 박물학자)의 입을 빌려 트라야누스(53?~117) 황제를 향해 던진 "우리에게 군주가 있다면 그것은 그로 하여금 우리에게 주인들이 생기지 않도록 지켜주게 하기 위함"이라는 말은 정치적 통일체의 사회주의적 개념에 계속해서 반복되는 주제로 남아 있지만, 자유주의적 해석의 경계 안으로 들어서지는 못했다. 모렐리(생몰연대 미상, 18세기 프랑스의 사회사상가)가 1755년에 벌써 지적했듯이, 그러한 경계를 드리우는 것은 "주인이라는 존재는 누군가가 권리를 강탈당함으로써 생기는 것이 아니라, 어떤 자원들을 강탈당함으로써 생겨난다. 그것은 모든 정치에 우선하며, 그것을 빼앗긴 인간은 힘이 절실해진다"는 생각이다. 모렐리가 특히 분명하게 해두기 원했던 것은 입법자들이 그 주인들을 만들어낸다기보다 지원한다는 점이었다. 입법자들은 그런 자원의 강탈을 허용하고, 뒤이어 벌어지는 상황을 옹호함으로써 주인들을 지원한다. 인류 모두가 공동으로 소유해야 할 그런 자원들이 강탈당하는 순간 심각한 재앙이 발생하며, 그것은 사교성의 가장 기본적인 고리를 끊어버린다. 그러므로 공동체의 파괴는 곧 불평등을 의미한다. 그리고 공동체를 재건하는 것과 정치적 평등 이상의 평등을 확립하는 것 또한 같은 일이 된다.

그라쿠스(프랑수아) 바뵈프는 더욱 세심하게 주의를 기울였다. 사회주의 역사에서 바뵈프가 수행한 역할은 매우 독특하고 어쩌면 아주 결정적인 것이었다. 그는 확실하게 서로 독립적으로 발전해온 두 개의 전통을 마침내 한데 모아 혼합했다. 하나는 플라톤, 토머스 모어(1478~1535)와 토마소 캄파넬라(1568~1639, 르네상스 시대 이탈리아의 철학자. 옥중에서 유토피아 소설 《태양의 나라》를 집필)의 유산이라고 할 수 있는 하나의 추상적인 도덕의 원리이자 이성의 평결로서의 사회주의 전통이고, 다른 하나는 불의에 대항하여 항거하는, 바뵈프가 그의 별명을 빌려온 그라쿠스 형제(기원전 2세기경 로마의 정치가 형제. 농민에게 토지를 마련해주는 토지개혁을 추진했으나 귀족들에게 살해되어 실패로 돌아갔다―옮긴이)의 시대까지 거슬러 올라가는 평민의 전통이었다. 어떤 의미에서 바뵈프가 사회주의에서 한 역할은 과학에서 갈릴레오가 한 역할에 비교될 만하다. 갈릴레오가 논리적 진리를 추구하는 철학자의 합리주의적 전통과

장인의 경험주의와 테크네를 추구하는 평민의 전통을 결합시킨 사람이기 때문이다.

바뵈프는 프랑스혁명 과정에서 부르주아의 개인주의적 평등주의로 이어지는 탯줄을 끊고자 분투했던 상퀼로트(프랑스혁명 당시 과격 공화주의자들의 별명으로, 당시 귀족들이 입던 반바지 퀼로트를 입지 않는 사람들이라는 뜻—옮긴이)들의 유토피아를 하나의 독립적이고 일관적인 사상 체계로 설명한다. 이제 시작 단계인 자본주의 문화가 정치적 평등을 방어벽으로 삼아 완전무결하고 무제한적인 개인주의를 지키려고 하는 동안, 상퀼로트들은 공동체의 이름으로 개인을 통제하고 제한하는 실질적인 힘을 지닌 국가라는 개념에 기울고 있었다. 정치적 권리의 평등이라는 지점에 도달하기 전까지는 두 개의 조류가 함께 하나의 강바닥 위로 흐를 수 있었다. 그러나 그 지점을 지나면서 두 개의 흐름으로 나뉘는 건 피할 수 없는 일이 되었다.

바뵈프의 획기적인 성명 '평등주의자의 선언Manifesto of the Equals'(1796)에서 이러한 필연적인 분리의 실현이 처음으로 명확하게 드러났다. 프랑스혁명은 또 다른 혁명의 서곡에 지나지 않았다. 〈인간과 시민에 관한 권리 선언〉은 올바른 방향으로 내딛은 한 걸음이었을 뿐, 결코 그 과정의 끝은 아니었다. 사실 그것은 단지 시작에 불과했다. 그 선언이 선포한 평등을 "우리는 우리 한가운데에, 우리 집 지붕 아래에 가져야만 한다". 어떻게 하면 그것을 가져올 수 있을까? 그 선언이 침묵하는, 그 선언이 당연한 것으로 받아들이는 평등의 해석에 실질적으로 대항하는 새로운 혁명의 목표를 강령으로 삼아야 한다. 그 목표란 끔찍한 빈부격차와 주종관계를 끝장내버리는 것이다. 이 목표가 이루어지지 않는 한 평등이란 겉만 번드르르하고 실속은 없는 법적 허구 이상의 그 무엇도 아니다.

바뵈프는 몇 년 후 방돔 재판(쿠데타를 기도한 혐의로 바뵈프에게 사형을 선고한 1797년 재판—옮긴이)에서 스스로를 변호하며 이런 생각들을 더욱 정교하게 설명했다. '인간의 복지'라는 개념이 처음으로 전면에 나선 것도 그 변론에서였다. 바뵈프는 그것을 '유럽의 새로운 사상'이라는 표현으로 강조했다. 거기서 뒤따라 나온 것은 부르주아의 평등이 내세우는 가장 자비로운 약속마저도 이미 넘어서는 엄청난 진전이었다. 나라에 가난하거나 불행한 사람이 존재한다는 사실을 참을 수 없게 된 것이다. "불행한 사람들이 이 땅의 권력자이다. 그들은 자신들을 무시하는 정부의 주인이 될 권리가 있다." 여기서 중요한 점은, 부와 재화의 분배가 개인이 지닌 양도할 수 없는 권리라는 이유로 그것에 개입하기를 거부하는 국가는 바로 같은 이유에서 가난한 사람들을 무시한다는 사실이다. 가난한 사람들에게 필요한 것은, 자유주의 유토피아가 기쁜 마음으로 개인의 재량에 맡겨둔 영토를 국가가 침범하기로 결정해주는 것이다. 다시 말해서, 그들에게는 호모 폴리티쿠스를 넘어설 준비가 된 국가가 필요하다. 사실상 바뵈프는 다음 세기의 사회주의 프로파간다의 내용 전체를 실질적으로 완벽하게 보여주었다. "모든 토지를 하나로 묶는 것이 필수적이다. 운이 좋은지 행복한지 불리한 환경에 있는지 따위와 관계없이 구성원들에게 토지를 제공해주기 위해서. 그리고 모든 사람들 그리고 그들의 후손들에게, 그 양이 얼마나 많건 간에 그들이 필요한 만큼 주고 필요한 만큼보다 더 많이 주지는 않기를 보장하기 위해서." 그런 상황을 가능하게 하는 유일한 방법은 공동 관리뿐이다. 데모스demos(고대 아테네의 최소단위 행정구역—옮긴이)가 다스리는 정치 상황이다. 바뵈프가 제거하고자 했던 것은 정확하게 말해서 부르주아 유토피아가 찬미하고 신성시한 고립된 개인의 고독이었다. 국가는 '서로 대등한 조건에서 싸울 권리'라는 미심적은 권리를 보호하는 대신, 모든 개인의 사적인 그리고 공동의 복지에 관심을 기울여, 경쟁이 필연적으로 가져올 미래의 고통스러운 불확실성과 공포로부터 그들 모두를 마지막으로 한 번 더 자유롭게 해주어야 한다. 오직 그러한 상태만이 "사회 전체로건 우리 각자 간의 사적으로건, 우리의 노후에, 아이들에게, 그리고 그들의 아이들에게 내일 또는 적어도 내년에 어떤 일이 벌어질지 걱정하는, 끝없이 우리를 갉아먹으며 이어지는 근심을 멈출 수 있다". 바뵈프의 사상은 경쟁의 제로섬 게임에서 패자가 되고 말 사람들을 위한 복지국가를 요청하는 것이다.

바베프의 유토피아 사상 속에는 사회주의 사상에서 끝없이 반복되는 주제가 또 하나 있다. 공동체는 모든 사람에게 "필요한 만큼 주되 필요한 것보다 더 주지는 않도록" 보장해야 한다는 것이다. 이 생각은 때로 산업혁명 이전 시대에 가졌던 인간의 생산력에 대한 불신의 결과로, 단순히 모어와 캄파넬라식의 방어적인 '빈곤의 평등'을 반복하는 것으로 취급받으며 묵살되곤 한다. 그러나 여기에는 그 이상의 것이 있다. 인간의 본성과 그 도착적인 면에 관한 철학 전체에 못지않은 것이다. 그 기원은 아마도 세네카(기원전 4년 추정~65년, 고대 로마의 스토아 철학자이자 정치가)의 금욕적인 회의주의에서 찾을 수 있겠지만, 바뵈프와 그의 후계자들에게 영향을 끼친 것은 아마도 루소가 새롭게 제안한 개념이었을 것이다. 인간에게 '자연적으로' 필요한 것은 한정되어 있고, 그것들은 적정한 범위를 넘어서지 않고 완벽하게 충족시킬 수 있다. 사람들을 사치에 젖게 하고 과도하게 즐기게 만드는 것들은 그들에게 필요했던 것이 아니라, 인공적으로 만들어진 인간 조건의 치명적인 영향일 뿐이다. 루소는 저서 《인간불평등 기원론》(1755)에서 "소비 욕구, 상대적 부를 늘리고자 하는 열정은 진정한 필요보다 남들보다 더 두드러지고 싶은 욕망과 더 깊은 관련이 있다"고 말했다. 필요는 '자연적'이고 인간관계는 인위적이다. 인간관계란 변할 수 있는 것이고, 적절하게만 변한다면 인간이 부를 추구하는 유일한 동기를 제거하여 인간을 자신의 진정한 필요가 충족된 데서 비롯되는 '자연적인' 행복의 상태로 되돌려놓을 것이다.

개인주의가 걷잡을 수 없이 퍼져나가는 새로운 세계의 문제는, 장관을 이루는 풍요로움에 굴복하지 않으려 안간힘을 쓰는 사람들조차도 이제 단순히 적당한, 정도를 벗어나지 않은 필요를 충족시키는 것으로는 만족을 느낄 수 없게 되었다는 점이었다. 어제 행복했던 사람이 오늘은 가난하고 심한 박탈감을 느끼는 사람들이 되었다. 그는 "아무것도 잃지 않고" 가난해졌다. "그를 둘러싼 모든 것이 변했으나 그 자신은 전혀 변하지 않았기 때문이다." 이 품위 있고 겸손한 사람들이 행복하기 위해서는 변화에 어떤 제동을 걸어야 한다. 그 제동이 반드시 재화의 생산량이 더 늘어나지 않도록 막는다는 의미일 필요는 없으나(그러한 해석이 사회주의 문헌들에 몇 번이고 되풀이되어 나타난다는 점은 그리 놀랄 일도 아니지만), 인간관계의 네트워크에 모종의 지속성과 안정성을 가져오는 것이어야 한다. 혹자는 다소 현대화된 용어를 이용하여, 신분이 보장된다면 인간은 그것을 유지하려는 노력과 더욱 상승시키려는 갈망에서 생기는 근심걱정에서 자유로워질 것이라고 말할 수도 있을 것이다.

여기서 우리는 사회주의 유토피아와 자유주의 부르주아 유토피아의 더 멀고 운명적인 이별을 목격하게 된다. 그 이별은 가장 열정적인 생시몽주의자 중 한 사람이었던 생아망 바자르(1791~1832, 프랑스의 사회주의자)가 자기 스승의 사상에 대하여 행한 첫 번째 강연(1828년 12월 17일)에서 명백해지기 시작했다. 그는 그 강연에서 인간이 행복해지기 위해 필요한 것은 다른 무엇보다도 '지속적인 사회질서'이지만, 그런 질서는 인류 역사상 고대와 중세 단 두 차례밖에 나타나지 않았다고 지적했다. '지속적인 질서'의 세 번째 차례는 아직 돌아오지 않았다. 그것은 분명히 앞선 두 번의 질서와는 다를 것이다. 그러나 "질서와 통합이라는 점에서는 예전 것들과 깜짝 놀랄 만큼 유사할 것이다". 즉 질서란 사회적 패턴의 안정에 의해서만 얻을 수 있는 확실성이다. 그리고 통합이란 자신의 신분을 위협하거나 경쟁할 필요에서 자유로워지는 것을 의미한다. 로버트 오언(1771~1858, 영국의 사회주의자. 1824년 미국 인디애나에 협동촌을 건설하지만 실패하고 영국으로 돌아감―옮긴이)은 자신의 사회주의 공동체 모델의 주민들에게 연설하기 12년 전부터, 영속성이야말로 현명하게 조직된 인간 공동체가 제공할 것으로 기대되는 행복의 두드러진 특징이라고 강조했다. 바자르와 오언은 둘 다 이성의 아틀리에에서 디자인하여 사회에 당장 입힐 수 있는 어떤 패턴을 꿈꾼 관념적인 이론가였다. 그러나 그들의 관심은 분명히 포괄적인 것이었다. 자칭 군주와 권력자의 조언자이기보다 혁명적 투쟁의 실천가였던, 누구라도 주저 없이 사회주의 스펙트럼의 정반대쪽 끝에 있는 사람으로 지목할 루이 오귀스트 블랑키는 '계속되는 내일에 대한 불확실성'이 바로 사회 혁명을 위한 가장 중요한 이유라고 보았다.

요약하면, 사회주의 유토피아는 그 출발점과 계속해서 반복되는 주제들로 볼 때 '자본주의의 반문화'라고 표현해도 정당할 것이다. '반문화'라는 개념은 지속성과 거부를 변증법적이고 상충적으로 통합한다. 어떤 신념과 가설 체계가 반문화가 되기 위해서는 반드시 지배문화와 어떤 의미 있는 논쟁을 벌여야 하고,

지배문화가 하는 말들에 의문을 제기해야 하며, 그리고 그 대화를 이해 가능하게 만들기 위해 반드시 같은 언어로 이야기해야만 한다. 사회주의 유토피아는 지배적인 자유주의-부르주아 유토피아와의 관계에서 그러한 조건들을 완벽하게 충족시킨다. 사회주의 유토피아는 정치적 평등을 시행함으로써 보호될 것으로 기대되는 법과 정의에 의한 통치라는 부르주아의 이상을 전적으로 받아들인다. 그러나 개인을 고독 속에 던져놓고 그렇게 버려진 개인의 근심걱정에는 무관심한 자유시장 경제와 그러한 이상이 동일시될 가능성은 단호하게 거부한다. 프루동은 1840년에 쓴 그의 우상파괴적인 저서《소유란 무엇인가》의 첫 번째 챕터에서 "정치적 평등을 누리고자 한다면 사유재산을 폐지하라"고 말했다. 그로부터 8년 후, 루이 블랑(1811~1882, 프랑스의 역사가)은 저서《노동의 조직》에서 다음과 같이 말했다. "자유는 그에 상응하는 '권리'들로만 이루어져 있는 것이 아니라, 자신의 능력을 개발하고 발전시키도록 주어진 '힘'으로도 이루어져 있다. …… 지금 우리는 국가가 개입해주기를 바라고 있는가? …… 틀림없이 그렇다. …… 이유가 무엇인가? 우리는 자유를 원하기 때문이다." (저자는 루이 블랑의《노동의 조직》이 프루동의《소유란 무엇인가》보다 8년 늦게 발표되었다고 말하고 있지만 실제로는 두 책 모두 1840년에 발표되었다—옮긴이) 사회주의는 부르주아 유토피아가 다스리는 세상이 그리는 이상적인 사회에 대한 진정한 대안을 제시했다. 그 대안은 부르주아 유토피아가 주장하는 가치들을 아무 생각 없이 일축해버리지 않고, 그 지도 정신을 최초의 주창자들이 의도했던 것보다 더 멀리 이끌어나가는 것이었다.

　사회주의의 정치사의 그 악명 높은 난해함은 이미 대부분 부르주아와 사회주의 유토피아의 모호하고 변증법적인 관계 속에 포함되어 있다. 사회주의 유토피아는 자신을 현대성의 문제들을 다루는 부르주아적인 방식의 진정한 대체자로, 또는 이전 단계들이 눈치 챌 틈도 없이 부드럽게 융화되는 다음 단계로 소개해도 좋을 것이다.

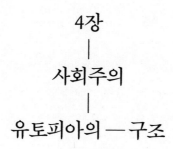

4장

사회주의

유토피아의 — 구조

사회주의 유토피아를 사상사에 포함시키려면 그 정체성을 규정하는 특징들을 결정해야 하는데, 솔직히 그것은 '객관적'이기가 쉽지 않은 작업이다. 사회주의라는 개념은 지난 2세기 동안의 문화 속에서 다양한 정도의 구체성과 완성도를 지닌 잡다한 사상들의 모음을 하나로 결합하는 핵심 인물과도 같은 역할을 했다. 그것들을 실제로 통합하는 진짜 공동체를 찾기란 쉬운 일이 아니다. 혹자는 비트겐슈타인의 '본질'에 관한 분석을 떠올리지 않을 수 없을 것이다. 모든 게임이 공통으로 지니고 있는 것은 무엇인가? 넓은 캔버스 전면에 흩뿌려진 그 대상들은 단지 각각의 대상이 이웃한 대상과 어떤 흔적을 공유하는 방식으로 존재하는 것이 아니라, 다른 모두와 어떤 다른 특징을 공유하고 있는가?

비트겐슈타인의 경고에 주의를 기울이면 역사적으로 생성된 사회주의 사상의 계보에 속하는 모든 사상들에서 공통된 본질을 추출하려는 헛된 시도는 피하는 게 좋아 보인다. 특히 하나의 역사적 현상인 사회주의를 그 특징들을 한눈에 알아볼 수 있는 대안적인 사회의 구체적인 청사진으로 축소시키고 싶다는 유혹을 피해야 한다. 따라서 수많은 사려 깊은 학자들이 그동안 수행해왔던 그러한 종류의 시도들을 아예 처음부터 거부할 필요가 있다.

예를 들어 사회주의를 어떠한 '것'으로서 논할 필요가 있었던 에밀 뒤르켐은 자신이 어떤 종류의 것을 연구했는지 알고 있음을 확실히 해두어야 했다. 그래서 그는 다음과 같이 명쾌한 정의를 내놓았다. "우리는 현재 산만하게 흩어져 있는 모든 경제적 요인들, 또는 그것들 중 일부를 사회를 총괄하고 지각하는 중심들과 연관 지으려고 하는 모든 신조를 사회주의적이라고 칭한다."[1] 이 개념은 사회주의에 공감하거나 적대적인 학자 모두가 약간의 사소한 수정을 가하여 수도 없이 반복해서 이야기했다. 루트비히 폰 미제스(1881~1973, 오스트리아의 경제학자)는 사회주의란 "생산수단을 사회가 소유한 사회를 건설하는 것을 목표로 하는 정책이다. …… '다른 무엇도 아닌' 바로 이것만이 지난 수백 년 동안 사회주의를 의미해왔다는 사실을 보지 못하는 사람은 역사적으로 장님이 틀림없다"[2]고 직설적으로 주장했다. 그리고 슘페터(1883~1950, 오스트리아 출신의 미국 이론 경제학자)도 그의 유명한 연구에서 다음과 같이 말했다. "사회주의적 사회라는 말은, 생산수단에 대한 통제 자체에 핵심적인 권위가 부여되는, 또는 원칙적으로 사회의 경제 사정이 사적인 영역이 아니라 공공의 영역에 속하는 어떤 제도적 양식을 지칭하는 것이어야 한다."[3]

사회주의를 경제적 관계에 의해 일어나거나 무너지는 현상으로 그린다는 점 외에도, 위의 정의들과 유사한 다른 정의들 모두가 공유하는 또 다른 주목할 만한 특징이 하나 더 있다. 사상가들이 명백히 사회주의 자체의 구조를 그 본질적인 신념이나 태도의 총체로서 이야기하지 않고, 사회주의자들이 시행하자고 제안하는 체제의 구조를 통해서 사회주의를 정의하고자 한다는 점이다. 사회주의 사상이 전해지고 그것이 널리 퍼졌을 때 사회주의가 수행하는 역할과 그러한 사상이 태어나고 중요한 의미를 지니게 된 그 사회와의 관계를 가늠하는 대신, 그들 모두가 만일 사회주의자가 성공을 거두면 세상이 어떤 모습이 될까라는 질문에만 대답하려고 할 뿐이다. 나는 위에 언급된 정의들에서 분명하게 드러나는 완고함과 필연성을 전제하는 모습은 사회주의 담론이 일어나는 세계에 관한 최초의 결정으로부터 이미 예정된 결과라고 단언한다. 일단 그러한 결정이 내려지면 청사진이 필요한, 또는 청사진을 생산하기 위한 논리 대신 '청사진의 논리'(슘페터)가 사회주의 연구를 위한 올바른 분석틀이 되는 게 자연스러워 보인다.

그럼에도 전자의 논리가 후자의 논리 대신 분석틀로 선택된다면, 청사진의 본질을 통해 사회주의를 정의하려는 시도를 정당화해주는 '원숙한 시점'으로서 사회주의 역사의 어떤 특정한 시점을 선택할 권리가 우리에게 있는지 여부가 매우 중요한 의문으로 제기될 것이다. 그 본질이 어떤 시점에든 끝내 완전히 결정되지 않고 남겨지도록 운명 지어졌다고 가정하고, 또 그것이

기존의 체제에 대한 대안인 영속적인 반문화로서의 사회주의의 우연적이고 가변적인 요소들로 이루어져 있다고 전제하는 쪽으로 기울게 될 것이다. 하나의 문화적 대안으로서, 이것은 현재의 경험이 유난히 두드러지게 고통스럽게 느껴지는 사회 체제의 다양한 변수들에 반응을 보여야만 한다. 사회주의의 가장 중요한 특징 중 하나는 본질적으로 현재에 대하여 비판적이라는 점이고, 그것은 사회주의를 최종적으로 정해진 어떤 특정한 사회적 프로그램으로 정의하려는 모든 시도를 거부하는 미래 지향적 속성과 떼려야 뗄 수 없는 특징이다.

이 뿌리깊은 비판 정신에 관해서도 사회주의는 자본주의에 빚을 지고 있다. 슘페터의 표현을 빌려 말하자면, "자본주의는 다른 수많은 제도들의 도덕적 권위들을 파괴한 후, 결국 마지막에는 자기 자신에게마저 등을 돌리는 비판적인 마음 상태를 만들어낸다. 부르주아는 놀랍게도 이성주의적인 태도가 왕과 교황의 자격에서 멈추지 않고 사유재산을 비롯한 부르주아적 가치 전체를 향해 공격을 계속한다는 사실을 깨닫게 된다".[4] 부르주아 이데올로기는 평등한 자유의 원리를 전파하고 공석이 된 최후의 심판석에 이성을 앉힘으로써 절대주의 체제와 특권을 무너뜨리는 비판을 시작했다. 사회주의가 그 원리와 직무를 이어받았지만, 지금까지 노력을 기울여온 어떤 사회적 형태 중 어느 하나를 이 원리들이 실체화된 것으로 받아들이기는 거부했으며, 자본주의 체제로 현현한 이성을 가짜 메시아로 치부했다.

사회의 현재 구조 속에서 지속적으로 활발한 비판적 효소로 작용하는 사회주의의 역할은 한 번도 변한 적이 없다. 현재 사회를 불공정한 것으로 선언하고 공정한 사회를 갈망하는 것이야말로 사회주의의 가장 변함없는 특징이며, 현대사회에서 사회주의가 수행한 역사적 역할을 이해하기 위한 열쇠이기도 하다.

모든 비판과 사회의 진보가 다 사회주의가 표명된 결과로 분류되어야 하는 것은 물론 아니다. 사회주의적인 비판과 사회주의적 진보 사상은 구체적인 주소와 구체적인 실제의, 또는 가상의 발송인이 있다는 뚜렷한 특징을 지닌다. 사회주의적 메시지는 자유방임적 개인주의에 의지해서는 궁핍에서 벗어날 희망이 없는 박탈당한 약자의 이름으로 발송된다. 그리고 그 메시지에는 언제나 수신자가 존재한다. 도덕적으로나 정치적으로, 자유시장의 원리를 제한하고, 가난하고 노쇠한 사람들의 약점을 보완해줄 수 있을 만큼 충분히 강한 어떤 종류의 권력이 그 수신자이다. 그러나 불공정에 대한 비판이 무제한적인 자유를 보장하는 자본주의 유토피아의 성공 너머를 바라보기 시작했을 때 실제로 그랬듯이, 그 메시지의 개념은 굉장히 다양해질 수 있다.

나는 앞서 사회주의가 자본주의 유토피아의 핵심 사상, 자유의 이상을 이어받았다고 말한 바 있다. 그러나 자본주의 유토피아는 자유를 모든 가치 중에서도 모두가 인정하는 최상의 위치에 두어, 이 유토피아 내에서 우리가 익히 아는 자유의 그 이율배반을 제거하지 않은 채 사소한 골칫거리 정도로 축소시켜버린다. 타인의 자유가 자신의 자유를 제한하고 조건 짓는다는 점에 관해서도 논쟁을 벌일 수 있다. '적극적인' 자유와 '소극적인' 자유 사이의 미묘한 변증법적 상호 작용에 관해 우려할 수도 있다. 이 경우 그 적대자들은, 이와 유사한 종류의 다른 경우들에서도 그랬듯이, 그들이 부르주아 유토피아에 바탕을 두는 한 같은 논의 세계를 공유하며, 분명한 가이드라인과 모호하지 않은 경험적 학습 원리를 소유함으로써 이익을 얻는다. 이것은 단지 자유를 제한할 수 있는 자유의 요구일 뿐이다.

사회주의 유토피아는 경우가 다르다. 여기서 자유는 공정성을 판단하는 최상위이자 유일했던 지위를 잃는다. 이제 자유에게는 그와 동등한 힘이 부여된, 평등의 원리라는 동반자가 생겼다. 이제 하나가 아닌 두 개의 최상위 가치가 존재하고, 그들의 양립 가능성이 조금의 과장도 없는 논쟁의 대상이기 때문에 이제 이율배반이 하나의 규칙이 된다. 민원인이든 판사든 만족시키기가 대단히 어려운 이 교착 상태는 우연한 가능성 이상의 필연이 된다. 자유와 평등의 본질에는 그들의 조화를 보장하고 충돌을 막는 성질이 전혀 없다. 부르주아 유토피아에 화합과 일관성이 결여되어 있다는 점은 계속해서 반복되어 드러났으나, 그건 늘 바로 그 유토피아가 '외부' 시점에서 비판의 대상이 되었을 때뿐이었다. 화합이 결여된 것은 우발적으로 일어난 사건일 뿐이지 유토피아의 구조 자체가 그렇게 결정한 게 아니라는 가정하에, 유토피아는 자신의 실현이라고 제시되는 것들을 비판하는 데 더 자주 이용되는 게 당연하다. 그러나 사회주의 유토피아에서는 앞서 이야기한 최고 권력의 이원성이 명확하고 공공연하게 이것을 영구적으로 제거할 수 없는 모순 상태에 처하게 한다. 정리해서 말하자면, 부르주아 유토피아는 자신에게 무죄 추정의 원칙을 부여하고, 그 처분을 자신에 대한 비판에 맡겨서 실제로 존재하거나 존재한다고 가정된 비일관성을 찾아내 해결하게 하면 그만인 반면, 사회주의 유토피아의 주창자들은 그들이 똑같은 열정으로 설명하고 옹호한 두 개의 최상의 가치가 명쾌하게 하나의 방향을 가리키게 할 수 있음을 증명하기 위해 열심히 노력해야만 한다.

자유와 평등 사이의 본질적인 모순은 괴테와 그 이후의 수많은 낭만파 시인들에 의해 떠들썩하게 논의된 이후로 하나의 상식적인 가정이 되었다. 게오르그 짐멜(1858~1918, 독일의 철학자)은 그 다양한 양상을 분석할 때 문제가 분명히 존재한다고 이미 확신하고 있었다. 수많은 '사회주의적 행동 실험'들 중 최소한 한 가지의 충격적인 결과는 해묵은 우려에 새로운 관점 하나를 더 해주었다. 갈등이 내재된 결합을 교묘하게 조작하는 것이 자유 또는 평등이 아무것도 창출하지 못하거나 최소한의 것만을 창출하는 체제를 위장하는 수단으로 쉽게 남용될 수 있다는 점이다.

위에 언급한 '실험'의 대변인은 자본주의 유토피아가 사회주의의 공격을 직접 막아내면서 처음으로 고안한 절충안을 사회주의가 다시 빌려오면서 생기는, 즉 평등을 '기회의 평등'으로 축소시킴으로써 생기는 인지적 불협화를 다룬다. '기회의 평등' 이 가능성 없음이 뚜렷해 보이는 최초의 공준postulate, 公準(공리와 마찬가지로 증명되지 않은 명제이지만, 공리처럼 자명성을 지니지 않은 것을 가리키는 철학 용어—옮긴이)보다 덜 이율배반적인지 여부는 전혀 분명하지 않다. 그러나 중요한 것은 한층 누그러진 모습으로 돌아온 이 두 번째 개념에서는 이상이 그 구체적인 사회주의적 색채를 잃어버렸다는 점이다. '기회의 평등'이란 사실상 불평등을 극대화할 기회를 의미한다. 사실 그 말이 지칭하는 사회적 상황이 불평등을 기반으로 구조화되지 않는 한 기회의 평등이란 내용 없는 공허한 개념일 뿐이다. 따라서 최근에 이 용어를 사용하는 방식은 어떤 의미에서 사회주의가 근절하려고 애쓰는 끝없는 난국을 정당화하고 허용하는 셈이다. 특히, 이 용어를 사용하는 사람들은 박탈당한 계층이 존재할 수밖에 없음을 받아들이고, 체제가 재화와 혜택을 불공평하게 제공해야 한다고 인정해버린다. 그와 반대로 사회주의 유토피아는 특히 이런 종류의 불평등을 제거하고, 박탈당한 계층에 보상을 주고, 불평등을 바로잡는 일에 매달린다. 그래서 사회주의 유토피아는 버릴 수 없는 가정들 중 하나를 희생시키는 식으로 경감시키지 않고 온 힘을 다해 이율배반과 맞서야 한다. 반복해서 말하지만, 이 이율배반은 자기 삶의 잠재력을 완전히 실현시키는 능력으로서의 자유와, 사회 구성원 각자와 전체를 위해 실제로 올바른 무언가로서의 평등 사이에 존재한다. 이런 의미로 볼 때, 사람들이 겪는 고통의 원인이라고 지목되는 요인이 실제적이건 가상적이건 관계없이, 자신이 박탈당했거나 억압당하는 상황에 놓여 있다고 생각하는 사람들이 분명히 존재한다는 사실이 사회주의적 비판의 근거가 된다.

그러나 '기회의 평등'과 자유의 이상은 충분히 양립이 가능하다. 만족스럽고 권위 있는 삶을 살아갈 자유는 다른 여러 가지 자유들 중에서도, 타인보다 높은 수준으로 올라서서 그들의 행동에 영향을 미칠 자유를 포함한다. 삶이란 항상 다른 삶들 사이에서 이루어지기 때문이다. 따라서 자신의 자유를 자신과 비슷한 타인의 의도를 방해할 수 있을 만큼 확장하도록 허락받지 못한 사람은 자신이 진정으로 자유롭다고 결론지을 수 없다. 자유가 더 풍부해질수록 평등은 더 많이 희생된다. 자유란 일견 모든 이에게 동등하게 분배될 수 없는 속성인 것처럼 보인다. 불평등을 전제한 자유는 사실상 '기회의 평등'과 거의 같은 말이다. 평등이 약자의 꿈이듯이, 자유란 실질적으로 강자의 함성과도 같아 보인다. 약자가 평등의 실현이라고 여기는 것이 강자의 눈에는 자신의 자유에 참을 수 없는 굴레가 매인 것처럼 보일 것이다.

따라서 자유의 이상은 부르주아 유토피아에서 사회주의 유토피아로 전해지면서 미묘하지만 의미 있는 변화를 겪게 된다. 무엇보다도 현대의 사회주의는 약자들의 유토피아이며, 이러한 관점은 더 오래된 유토피아들의 유산으로 보아도 좋을 요소들을 포함한 모든 부분에 영향을 미친다.

모든 사회주의 사상이 다 그렇다고는 말할 수 없다고 해도, 사회주의 사상은 자유를 개인이 아니라 공동체의 속성으로 재해석하는 경향이 있다는 주장도 있었다. 고대 그리스의 정치사상에서는 자유를 종종 폴리스가 외부의 간섭 없이 내부 사정을 해결하는 능력으로 이해하곤 했다. 먼 훗날과 달리, 개인의 자유와 전체의 자유 사이의 갈등을 인간이 영원히 피할 수 없는 고통으로 간주하지도 않았다. 그런 갈등은 대체로 개인이 직접, 거의 무분별할 정도로 자연스럽게 폴리스에 참여함으로써 방지되었다. 이런 상황에 대한 추억은 현대 사회주의 유토피아 속에서 여러 차례 되살아난다. 사회주의는 공동체의 힘(적극적인 자유)을 강화하고, '그렇게 함으로써' 구성원 각자의 힘을 강화하는 존재로 모습을 드러낸다. 이것은 진정으로 자유로운 공동체는 그 구성원들에게 거의 무제한적인 개인적 자유를 허락할 수 있다고 가정하며, 그리고 이렇게 모든 구성원에게 허락된 개인적 자유를 공동체 전체의 자유를 위한 필요조건으로 상정한다. 이런 생각은 순진한 역설일 뿐이라고 묵살해버리기 전에, 사회주의 유토피아에 나타나는 그런 공동체는 모든 불평등과 억압의 전제로 널리 간주되는 난제들과 직면할 일이 거의 없다는 사실을 기억해야 한다. 특히 사회주의 유토피아가 그리는 공동체에는 사람들에게 필요한 모든 재화와 서비스가 풍부하게 주어져 있다. 이런 결과는 다음의 두 가지 서로 다른 방식으로 이루어질 수 있다고 기대된다. 1) 사회의 무한한 생산력을 적절히 사용하지 못하도록 방해하는, 자본주의 산업화가 낳은 이기심과 낭비가 제거될 것이고, 새로운 사회주의 사회는 이러한 혁명적인 행동 하나만으로도 이전의 사회가 이미 그 잠재력을 장담한 풍요로움을 간단하게 이루어낼 것이다. 2) 사회주의는 자본주의 시장의 선동에 의해 과도하게 인위적으로 부풀려진 필요를 제거할 것이며, 인간의 욕망과 기대를 자연스럽고 건강한 수준으로 되돌림으로써 상대적인 풍요가 주는 것과 똑같은 효과를 얻게 될 것이다. 풍요의 결과로 나타난 상황에서는 개인과 '공동의' 이익 사이에 충돌이 계속되는 가장 큰 이유가 사라질 것이라고 기대된다.

물론 사회주의자들 사이에도 개인과 공동체 사이의 조화를 어디에서부터 건설하기 시작해야 할지에 관해서는 서로 의견 차이가 극명하다. 이 주제에 대하여 사회주의자들은 두 개의 진영으로 갈라져 종종 격렬한 투쟁을 벌인다. 프루동 이후로, 사회주의 사상에 집요하게 계속되는 한 가지 흐름은 정의와 평등을 '밑에서부터', 종속과 굴복의 모든 족쇄로부터 자유로워진 개인들의 자발적이고 자연적인 행동을 통해 이루어야 한다는 생각을 간직해왔다. 위로부터 내려오는 모든 규제는 평등주의 정의관이 지탱하는 '상호 관계'로 기우려는 개인의 자연스러운 성향을 왜곡하려고 애쓸 것이다. 이들 사회주의 유토피아주의자들은 게마인샤프트Gemeinschaft(공동사회: 독일 사회학자 퇴니에스가 게젤샤프트Gesellschaft[이익사회]에 대치되는 의미로 제시한 개념—옮긴이) 형식의 공동체를 넘어서는 수준으로는 생각해본 적이 없는 것처럼 보인다. 무제한적인 개인의 자유를 바탕으로 국가 수준의 통합된 사회를 건설한다는 것은 도무지 믿기지 않는 이야기다. 정부를 향한 격렬한 공격들은 사실상 사회의 초공동체적인 조직을 겨냥한 것이다. 비슷하게 생각하고 행동하는 사람들의 제한되고 통제 가능한 공동체를 움직이던 아늑하고 안전한 작은 농촌 세계의 쇠퇴를 개탄하는 비평가들이 여기에 속한다고 볼 수 있다. 자연적으로 인간에게 필요한 양은 그렇게 많지 않다는 믿음, 친밀하게 직접 얼굴을 대면하는 인간관계에 우선순위를 두는 것, 초공동체적인 정부를 향한 혐오, 그리고 자유와 평등이 한 쌍을 이루는 자유를 강조하는 것이 사회주의 유토피아 내의 두 가지 비교적 응집력 있는 태도 중 하나를 구성하는 것으로 보인다.

이와는 대조적으로 두 번째 진영은 강력한 국가기구가 사회 정의를 가져오는 유일한 수단이라고 인정한다. 특권층의 권력은 동등하게 강력한 힘에 의해 무너져야만 하고, 약자는 오직 '스스로 정부가 됨'으로써만 그런 힘을 얻을 수 있다. 따라서 정의는 위로부터 만들어져 내려올 것이다. 모든 진정한 자유의 전제조건은 평등이지만, 평등은 오직 부와 권력을 지닌 사람들만이 누릴 수 있으며, 그런 일을 해낼 수 있는 유일한 수단이 바로 국가이다. 다른 부분에서는 상당히 다른 카를 마르크스와 루이 블랑 같은 사상가들로 대표되는 이러한 태도에는 대개 현대의 과학기술과 조직이 사람들을 더 높은 사회적 차원으로 통합하는 데 완전히 집중되어 있다는 믿음과, 그런 과정은 이미 돌이킬 수 없는 지점까지 진행되어왔다는 믿음이 동반된다. 이렇게 새롭고 더 높은 수준의 사회 조직으로서 안전하고 협동적인 공동체를 재건하고자 하는 소망이 이 두 번째 태도를 완성한다.

어떻게 보면 이 두 진영 사이의 차이는 결국 자본주의와 그 역사적 역할에 대한, 또는 좀더 일반적인 용어로 말해서 자본주의적 형태로 현대화되어가는 과정에 대한 태도 차이에서 비롯되는 것이라고 말할 수도 있다. 두 가지 흐름 모두 자본주의 유토피아의 핵심 요소들을 이어받아 그것을 더욱 급진적이고 폭발적인 힘으로 채워 넣었다는 건 분명한 사실이다. 이러한 관점에서 객관적으로 바라보면 두 가지 흐름 모두 자본주의 상狀의 반대편에 위치해 있으며, 아마도 그 상이 없이는 존재할 수도 없었을 것이다. 두 진영을 대변하는 사람들은 여전히 사회주의의 출현을 촉진하거나 방해하는 데 부르주아 사회가 어떤 역할을 했는지에 관해서 상당히 다른 견해를 드러낸다. 첫 번째 흐름은 자본주의적 관계들이 널리 퍼져 사회의 거의 모든 양상을 수정한 그 방식에 관하여 일관되게 의혹을 제기한다. 그들은 시장 관계와 현대 국가, 또는 이기심을 대표하는 복종의 치명적이고 파괴적인 영향이 인간의 동기와 도덕적 태도에 가한 되돌릴 수 없는 피해를 맹렬하게 규탄한다. 이러한 관점에서 보면 자본주의 체제는 인간 진보의 본궤도에서 벗어난, 시간을 되돌리지 않는 한 영구적인 것이 될 위험이 있는 아주 위태로운 우회로와도 같다. 어쩌면 다소 지나치게 단순화하는 것 같기도 하지만, "자본주의가 더 강화될수록 사회주의를 실현할 기회는 점점 더 줄어든다"
는 법칙으로 이러한 견해를 전형화할 수도 있다. 사실 지금 이야
기하고 있는 이 흐름은 자본주의의 공으로 돌릴 수밖에 없는 어
떤 성취를 이루는 데는, 즉 인간의 생산력이 전례 없이 폭발적으
로 증가하고 그에 따라 자연에 대한 인간의 지배력을 근본적으
로 강화하는 데는 아무런 쓸모도 없었다. '자연적인' 내핍 상태
에 기초하여 그려진 공정한 사회와는 상관이 없는 것으로 선언
된 자본주의의 이러한 덕목 덕분에, 스스로 자신의 신뢰성을 떨
어뜨리는 놀라운 솜씨를 제외하면 미래의 사회주의 사회를 위
한 기초를 닦는 수단으로 삼을 수 있는 자본주의의 다른 양상은
존재하기가 어렵다.

　게젤샤프트가 게마인샤프트를 대체하는 것을 '막으려고' 하
는 대신 선진 사회를 공동체 형태의 체제로 전환하는 데 관심이
있는 사람들에게는 자본주의의 역할이 다른 시각에서 드러난
다. 그들에게 사회주의란 오직 경제적 진보의 축적으로만 생각
될 수 있을 뿐이다. 실제로 사회주의는 다른 체제들이 잔인하고
무자비한 방식으로 피할 수 없는 더러운 일들을 처리하고, 인간
의 잠재된 생산력을 사실상 동물적 욕구의 압박으로부터 완전
히 자유로울 수 있는 수준으로 끌어올려서, 인간의 삶이 실제로
정의와 평등이라는 인간적 원리에 따라 조직될 수 있는 진정한
인류의 시대를 열어준 덕분에 비로소 하나의 역사적 가능성이
되었다. 그런 의미에서, 자본주의가 아무리 도덕적으로 혐오스

럽다고 하더라도 그것은 사회주의적 미래에 도달하기 위한 필수적이고, 어쩌면 피할 수 없는 수단이다. 사회주의는 자본주의가 그 창조적 잠재력을 완전히 소진하기 직전에 인간의 역사를 이어받을 것이라고도 말할 수 있다. 이런 생각은 프리디리히 엥겔스의 유명한 선언(〈1847년의 운동들〉의 마지막 구절이다—옮긴이) 속에 가장 열정적으로 표현되어 있다.

> 용감하게 싸워라, 자본의 주인들이여. 우리는 그대들의 도움이 필요하다. 우리는 심지어 종종 그대들의 지배마저 필요하다. 우리가 가야 할 길을 위해 중세와 전제 군주제의 유물을 깨끗이 치워야 할 이들이 바로 그대들이기 때문이다. 그대들이 가부장제를 무너뜨리고, 중앙집권화를 하고, 많든 적든 궁핍한 계급들을 진정한 프롤레타리아계급으로, 우리의 새로운 구성원으로 바꾸어놓아야 한다. 바로 그대들의 공장과 사업 단체들이 프롤레타리아 해방을 위한 기초를 닦아야 한다. 그 대가로 그대들은 짧은 기간 동안 우리를 지배할 것이다. 법을 명령하는 것도 좋고, 그대들에 의해 만들어진 존엄의 빛으로 일광욕을 하는 것도 좋다. 그러나 기억하라. 사형 집행인의 발걸음이 문턱에 닿았음을.

이 두 흐름은 각자가 뚜렷한 근거를 지니고 있음에도, 역설적이게도 둘 다 사회주의가 승리를 거둔 다음 경제적으로 마주칠 문제들에 대하여 똑같이 자기만족적인 태도를 공유한다. '투명하게' 간소화된 경제적 관계의 네트워크를 추구하는 첫 번째 흐름은 자연스럽게 지금도 나타나고 있을 그런 '문제들'이 모두의 손에 미치는 곳에 있는 수단으로 쉽게, 실제적으로 제거되리라고 가정한다. 두 번째 흐름은 자본주의의 생산력을 명백히 과대평가하고, 그것이 새로운 상품보다 새로운 필요를 더 빨리 창출하는 능력을 지녔다는 사실에 대해서는 과소평가한다. 그들은 자신들보다 한 발 앞선 자본주의자들이 풍요의 꿈을 실현시킴으로써 경제 문제를 완전히 해결하도록 맡겨둔다. 그럼으로써 경제를 운영하는 일을 인간이 아니라 '물건들을 관리하는' 생시몽주의적 기능으로 축소시킨다. 자주 지적되는 바와 같이, 마르크스의 저술에 '유토피아적 청사진'이, 미래의 사회주의 경제에 관한 상세한 기술이 결여되어 있다는 사실은, 자본주의가 절정의 순간 사라져 단지 경제의 한 형태만이 아니라 정치경제학 전체를 '초기 단계'로 되돌려놓으리라는 그의 믿음이 놀랄 만큼 일관적이라는 증거이다. 마르크스의 계승자로 추정되는 사람들은 이 생각을 철회하고 재빨리 사회주의 정치경제학의 필요성을 주창했다. 그러나 그것은 마르크스가 예견했던 사회주의는 아니었다.

우리가 이미 살펴보았듯이, 사회주의의 모든 형태 중 단연코 가장 영향력 있는 마르크스주의가 경제 체제를 사회 권력의 근거로 보고 그것에 집착하기 때문에, 사회주의 유토피아를 급진적으로 재구성된 경제의 비전과 동일시하는 것이 하나의 관례가 되었다. 이것은 우선순위를 뒤집는 실수이다. 사회주의 사상의 모든 조류는 경제가 인간으로 하여금 자신의 잠재력을 완전히 개발하지 못하게 하여 노예로 삼아버리는 어마어마한 힘으로서 무엇보다도 중요하다는 데 사실상 동의한다. 그러므로 경제는 제거해야 할 장애물이며 무해하게 만들어야 할 짐이다. 사회주의자들은 또 이것이 다음 두 개의 상호 보완적인 과업을 동시에 성취함으로써 이룰 수 있다는 데도 동의한다. 1) 생산량을 올리건 필요량을 낮추건 간에 둘이 균형을 이루도록 해야 하며, 결핍으로부터의 자유는 이런 방식으로 보장되어야 한다. 인간의 모든 자유는 이러한 기초에서 출발해야 하며, 이것 없이는 어떤 자유도 이루기는커녕 생각할 수조차 없다. 그러나 결핍으로부터의 자유는 인간이 자신이 처한 정말로 중요하고 더욱 복잡한 딜레마와 마주치고 그것과 맞서 싸우게 될 길 위로 내딛는 첫 걸음에 지나지 않는다. 2) 경제적 고려 사항들은 인간 행위의 주된 동기가 치명적인 역할을 하지 않도록 질적으로 보호되어야 한다. 탐욕과 질투와 서로의 의심과 미움을 조장하지 않게 하고, 경제적 필요가 충족된 정도와 별로 상관없거나 어쩌면 아무 상관도 없이 끝없이 물질적인 소유를 추구하도록 몰아붙이지 않도록 해야 한다.

이러한 두 가지 치명적인 역할이 제거된 경제 속에서 인간은

마침내 자신의 해방이라는 중요한 문제를 해결하려고 노력할
수 있게 된다. 가장 악랄하고 신랄한 물질적 욕구가 인간의 관
심을 지배하고, 세상을 바라보는 인간의 인식 전체에 그림자를
드리우는 한, 경제적 문제들을 해결하는 것은 단순히 넘어야 할
주된 장애물이 아니라 인간 해방의 최종 목적이 되고, 그럼으로
써 부수적이고 중요한 과제 정도에서 완전하고 최종적인 과제
로 발전하게 되는 것은 지극히 당연한 일이다. 경제 문제를 해
결하면 다른 모든 문제의 해결책도 저절로 따라나올 것으로 보
인다. 사실 헨리 스미스가 정확하게 지적했듯이, 이 해결책이라
는 것은 기껏해야 "참을 수 없는 골칫거리"를 제거하는 것을 의
미한다. 이것은, 설사 일시적으로 존재가 흐려지는 한이 있더
라도, 사회주의 유토피아의 궁극적인 이상으로 크게 다가올 최
종 목표인 "인간 영혼의 궁극적인 해방"[5]을 위한 전제조건이지
만 결정적인 요인이 되기는 어렵다. 억제되지도 흐려지지도 않
는 인간의 행복은 부르주아 유토피아도 함께 공유하는 꿈이었
다. 그러나 부르주아 유토피아가 그것을 제공한 대상은 강자와
성공한 자들뿐이었고, 사회주의 유토피아는 모든 이에게, 무엇
보다도 약자들에게 그것을 나누어주고자 했다. 그것이 바로 자
본주의가 남긴 경제관계 네트워크를 사회주의가 받아들일 수
없었던 가장 중요한 이유였다. 빌헬름 바이틀링(1808~1871, 독일
의 사회주의자)은 저서 《조화와 자유의 보장Garantien der Harmonie und
Freiheit》(1842)의 모토로 "우리는 하늘을 나는 새와 같이 자유롭

기 원한다. 우리는 즐거운 악단처럼, 그들이 그렇게 하듯이, 아무런 걱정 없이 인생을 살아가기를 원한다"고 말했다. 찰스 푸리에(1772~1837, 프랑스의 공상적 사회주의자)가 그린 미래의 공동체에서는 노동이 즐거운 소일거리가 된다. 마르크스가 그린 세상에서는 사회주의자가 공동체에 유용한 여러 가지 일들을 목적을 가진 행동으로서가 아니라 행동 자체가 목적인 행동으로서, 단순히 자기에게 내재된 창조 욕구를 펼치는 여유롭고 행복한 방식으로 수행할 것이다. 폴 라파르그(1842~1911, 프랑스의 사회주의 운동가)는 인간의 '게으를 권리'에 관한 논문을 썼고, 장 레옹 조레스(1859~1914, 프랑스의 사회주의자)는 자신의 박사학위 논문을 '행복의 찬가'라고 불렀다. 카를 코르쉬(1886~1961, 독일의 사상가이자 정치가)는 사회주의 유토피아의 궁극적인 목표를 다른 저술가들보다 더 날카롭고 선명하게 표현했다. "이 진정한 프롤레타리아에 의한 독재는 단지 '모든' 노동자를 위한 것일 뿐만 아니라 노동자 '한 사람 한 사람'을 위한 지적 자유 상태를 만들어냄으로써 첫날부터 다른 모든 모조품들과 구별될 것이다. …… 자유를 실현하기 위한 투쟁은 사회주의를 이루는 수단인 동시에 목적이다."[6]

자유를 향한 이 취지는 박탈당한 약자들을 보호하는 데 열중하는 유토피아의 본질이라고 할 수 있는 공동체 지향성과 분명히 모순되는 것이었다. 거의 한 세기가 다 되어가지만 여전히 시사하는 바가 큰 귀스타브 르 봉(1841~1931, 프랑스의 사회심리학자)

의 다음과 같은 예리한 통찰에 이의를 제기하기란 쉽지 않은 일이다. "철학적으로 말해서 사회주의란 실제로 무엇인가? 아니면 최소한 사회주의의 가장 잘 알려진 형태는 무엇인가? 집산주의Collectivism(모든 농장과 산업을 정부나 공동체가 소유하는 것—옮긴이)인가? 단순히 개인적 존재의 침략에 대항하는 집단적 존재의 반응. …… 오직 강자만이 고립을 지지하고 자기 자신을 의지하여 살 수 있으며, 약자는 그렇게 할 수 없다."[7] 르봉은 약자의 명분을 보유하는 것과 집단성이 개인성보다 우위에 있다고 주장하는 것 사이에 밀접한 관련이 있음을 보여준다. 앞서 지적했던 대로, 약자를 보호하는 것과 자유 사이의, 박탈을 방지하는 것과 자유 사이의 화해는 예나 지금이나, 그리고 앞으로도 확실히 사회주의 유토피아의 중심적인 이율배반으로 남을 것이다. 액턴 경(1834~1902, 영국의 역사가이자 정치가)과 같은 태도로 대표될 수 있는 사회주의의 적대자뿐만 아니라 동조자들의 눈에도 이 점은 분명하게 보인다. 액턴 경은 "이 세상에 주어졌던 최상의 기회를 차버렸다는 사실"을 개탄했다. "평등을 향한 열정이 자유를 향한 희망을 쓸모없는 것으로 만들어버렸기 때문이다." 경제적 삶을 재구성하는 것은 이제 더 이상 영원한 적들을 화해시키기에 충분할 만큼 중요한 일로 보이지 않는다. 특정한 소유 형태가 이 적대감에 책임을 져야 할 것 같지도 않다. 불공평을 만들어내는 경제 제도를 제거해나가면 갈등도 해결되리라는 믿음을 잃어버린 사회주의 유토피아는 이제 이 이율배반 및 그 결과와 함께 살아가야 할 운명에 놓였다.

그로 인한 가장 중요한 결과는 사회주의의 우산 아래로 들어올 수 있다고 주장되는 접근 방식들의 다양성을 더 이상 단순하게 통합할 수 없게 되었다는 점이다. 각각의 경우에 균형치가 반드시 필요해지고, 관심이 집중되는 지점과 우선순위가 거의 무제한적인 개인의 자유에서 '사적인 이익'을 아무런 구속도 받지 않고 지배하는 공동체로 대폭 이동하게 될 것이다. 물론 두 경우 모두 자본주의의 결함들에 상당히 비판적이지만, 비판의 지점은 시스템의 다른 양상들을 향한다. 프루동 이후로, 자유의 투사들은 주로 자본주의 체제가 개인을 위로부터 가해지는 모든 종류의 구속에서 자유롭게 해주겠다던 약속을 지키지 못했다는 점을 공격해왔다. 그들은 자본주의의 자유는 허구이며, 강탈당한 생산수단과 영향력이 회복되지 않는 한 결코 실현되지 않으리라고 말할 것이다. 푸리에 이후로, 공동체의 권력과 통제를 주창하는 사람들은 소수의 자유를 위해 다수의 이익이 팔려나갔음을 폭로하고, 개인의 자유를 억제해야만 이룰 수 있을 이 불공평의 시정을 최상위의 목표로 삼는다. 이러한 두 가지 극단적인 관점에서 추론컨대, 사회주의 유토피아가 제안하는 바들은 결국 무정부주의, 무엇에도 지배되지 않는 집단, 그리고 급진적이고 독재적으로 집중된 권력과 통제력을 손에 쥔 사회단체들 등으로 다양하게 갈라질 것을 암시한다. 따라서 이것이 사회주의 진영을 정확하게 반으로 갈라버리는 두 번째 이슈이다. 그리고 첫 번째 이슈가 그랬던 것처럼 이 두 번째 이슈 또한 사회주의가 헌신적으로 추구하는 가치들에 내재된 이율배반을 그 궁극적인 원천으로 삼는다. 이 분열은 첫 번째 분열과 부분적으로만 겹쳐진다. 혹자는 공동체 수준을 넘지 않으려는 무정부주의적 성향을 예상할 수도 있을 것이다. 그러나 그들은 이런 수준의 배타적인 관심사와는 거리가 멀다. 그리고 게마인샤프트 수준의 공동체보다 더 큰 사회에 주의를 집중하는 사회주의자들은 수많은 갈등을 낳는 이러한 분열을 있는 그대로 받아들인다.

세 번째 이율배반은 법칙성 있는 과정으로서의 역사와 창조적인 활동 사이에 존재한다. 이것은 칸트학파에서 시작되어 사회주의 유토피아에 전해져 완전히 적용된, 이중으로 갈라진 법 개념에 이미 담겨 있다. 칸트는 고트프리드 폰 헤르더의 저서 《인류의 역사철학에 대한 이념Ideen zur Philosophie der Geschichte der Menschheit》의 서평에서 인류의 운명은 최상의 목적을 향해 일관되게 나아가는 것이고, 따라서 인간은 '절대적인 섭리의 계획'에 따라 모든 노력을 이 목표를 향해 기울여야 한다는 생각을 제시했다. 이것은 이후 헤겔 철학 체계의 중심축이 되기도 했다. 이 진술은 본질적으로 애매하다. 말하자면 진보가 '예정'되어 있으며, 그 방향도 미리 운명 지어져 있다는 이야기이다. 그러나 그 '예정'은 오직 그것을 추구하고 이루어야만 하는 인간에게만 있다. 따라서 역사의 법칙은 이중의 의미를 지닌다. '자연적인 필연성'이라는 의미와 '인간 행위의 규범'이라는 의미가 그것이다. 이런 생각은 헤겔 철학에서 훨씬 더 웅장한 규모로 다시 나타난다. 절대정신이 국가의 행동을 통해 역사를 감싼다. 국가는 역사적 과정에 내재되어 있지만 자유롭지 못하다. 절대정신은 자유롭지만 초월적이다. (19세기의 기준에 따라) 과학적 분석을 토대로, 형이상학적 정신을 자기의식으로, 국가를 억압된 계층으로 대체할 수 있으며, 그럼으로써 이것은 사회주의 유토피아의 세 번째 딜레마 한가운데로 자리를 옮긴다.

엥겔스는 그의 가장 널리 알려진 저서《공상에서 과학으로-사회주의의 발전Socialism, Utopian and Scientific》에 자주 인용되는 다음과 같은 유명한 구절을 남겼다.

> 실제로 작용하는 사회력은 자연력과 똑같이 작용한다. 우리가 그것을 이해하고 다루어내지 못하는 한 맹목적이고, 강제적이고, 파괴적이다. 그러나 일단 한 번 그것을 이해하고 나면, 그 행동과 방향과 결과를 장악하고 나면, 그것을 점점 더 우리 의지에 종속시키고 우리의 목표에 도달하기 위해 이용하는 건 전적으로 우리 손에 달려 있다.

여기까지는 엥겔스의 말이 콩트가 서명하고 싶어할 정도로 지루한 실증적인 천명처럼 들렸다. 그러나 마르크스의 역사와 행위의 변증법을 배경으로 바라보면 그 진술은 새로운 차원을 획득한다. '실제로 작용하는 사회력'을 '이해'하려고 할 때 인간에게는 선택의 자유가 없다. 게다가 그 최종적인 이해는 단지 올바른 방법론과 성실한 연구만이 아닌 훨씬 더 많은 것들에 의해 좌우된다. 어떤 이들은 자유의 희망도 없이 잘못된 인식에 빠져들 운명에 놓여 있다. 상대적인 보편성이 절대적이고 최종적인 것으로 전환되고 그럼으로써 현실에 관한 앎이 시간의 양 방향 모두에서 분명하고 진실해지는 상황으로 어느 순간 이끄는 것은 바로 맹목적이고 강제적으로 작용하는 역사 자신이다. 그러면 인류는 인간이 역사적으로 처해왔던 곤경들이 역사가 자연으로 그려지는 (그에 따라 일시적인 역사적 현상을 피할 수 없는 결정적인 특징으로 제시하고, 인간 행위의 창조적 능력을 거부하는) 신화 속에서 표현되는 상황에서 벗어나, 그것들이 역사 속의 실제 성격으로 파악되고 묘사되는 유일한 상황으로 들어가게 된다.

마르크스주의 신조에 따르면, 지금 우리는 이 유일한 상황에 역사상 처음으로 도달했다. 생산수단—역사를 통틀어 내내 사적으로 전용되고, 계급 간 이해관계의 특수주의를 통해 거짓 인식으로 이끌던 억압의 가장 중요한 수단—이 이제 진정으로 '사회적인' 비율에 도달했고, 사유재산의 협소한 틀을 폭파시키기 시작했다. 만일 그것들이 아직 폭발하지 않았다면 그것은 그것에 의지하여 지배력을 유지하는 계급이 능동적이고 효과적으로 방어하고 있기 때문이다. 그러나 언젠가 그 저항도 무너져버릴 것이고 그때 나타날 그 체제는 인간 보편성이 개인이 속한 계급에 의해 영향받거나 왜곡되지 않을 최초의 형태일 것이다. 이런 이유로, 계급을 억압하는 현존하는 형태에 대한 비판이 시작되는 그 보편적인 발판은 역사상 최초로 마련된 것으로서, 비판적인 임무가 완료되고 현재의 지배계급이 무너졌을 때도 보편적으로 남을 것이다. 그리고 그런 이유로 다시 한 번 역사상 처음으로, 의식적인 인간 행위와 역사가 완전하고 거침없는 독자성을 이루어낼 것이다. 맹목적이고 광포한 자연과도 같았던 예전의 역사는 이제 인간 갈등의 네트워크를 단순화하고 투명하게 함으로써 그 규칙들이 모두 드러나는 단계에 도달했고, 따라서 그 이후의 발전은 완전히 인식되어 인간의 보편적인 복지를 위한 수단으로 이용될 것이다.

이 '역사적으로 결정된 역사로부터의 자유'라는 생각은 마르크스가 헤겔의 유산을 재해석하는 과정에서 상대적으로 일찍 떠올랐다. 그 생각은 먼 훗날 정치경제학의 언어로 옮겨질 때까지 뚜렷하게 헤겔주의 색채를 간직하고 있었다. 사상의 요지가 분명히 헤겔주의적일 뿐만 아니라, 사용한 용어에서도 그 점은 명백하게 드러났다. 조금 덜 철학적인 형식으로 말하자면 의식에서 사회적 관계의 투명도를 반영하는 중재 역할을 제거하고, 의식적인 인간 행동과 역사의 유일무이한 단계로서의 새로운 시기라는 생각이 사회주의 유토피아의 중심에 남겨진다는 것이다. 가장 일반적인 모습은 악명 높은 페르디난트 라살레(1825~1864, 독일의 사회운동가)의 《노동자 강령Working Class Programme》(1862)에서 발췌한 다음의 예에서 잘 드러난다.

여러분, 개인적 이익과 국가의 문화적 발전 사이의 이러한 대립은 더 낮은 계급에게 행복한 소식으로서…… 당신은 당신에게 진정한 이익이 될 사상이 고동치는 역사의 맥락 및 도덕적 발전의 생생한 원리와 함께하는 행복한 위치에 서 있습니다. 그러므로 당신은 개인적 열정을 가지고 이 역사적 발전에 헌신할 수 있습니다.

같은 생각의 또 다른 버전으로, 게오르그 루카치(1885~1971, 헝가리의 철학자)는 각 계급이 사회에 스스로 만든 인위적인 질서를 부여하고 그것이 자연이라고 제시한 지 한 세기의 4분의 3이 지났고, 프롤레타리아도 그 질서의 인위성에 관해서는 예외가 아니지만, 그 인위성이 인간의 보편적인 이익과 매우 잘 일치하므로 감히 그것을 자연이라고 말할 수 있다고 주장한다.

어떤 형태이건 간에, 사회의 가장 박탈당하고 억압된 부분들이 사회적 진보를 이끄는 매개체라는 생각은 모든 종류의 사회주의 사상에 필수적인 것처럼 보인다. 그러나 역사와 행동의 혼합된 패러다임은 그 실제적인 귀결과는 극명히 다르게 여러 가지 방식으로 해석할 수 있다. 독일 사회민주주의가 한참의 망설임 끝에 사회주의로의 이행이라는 마르크스주의의 개념을 포용하도록 이끌었던 중요한 이유들 중 하나가, '역사적 필연성'을 강조하면 이루고자 하는 목표와 실제로는 별로 큰 관련이 없는 정책을 추진하면서도 죄책감을 느낄 필요가 없어지기 때문이라는 견해를 뒷받침하는 증거도 있다. 사실 누구든지 이렇게 역사가 (언젠가, 어떻게든) 자본주의는 무너지고 사회주의가 승리를 거두는 광경을 '보게 될 것'이라는 방식으로 얼마든지 자기만족을 느낄 수 있다. 또는 반대로, 칼뱅주의적인 분위기 속에서 수용주의(주어진 상황을 바꾸려 하지 않고 묵묵히 받아들이는 삶의 자세—옮긴이)를 반역사적인 태도로 보고 거부하며, 어쩌면 역사가 인간에게 부여한 법칙들 말고는 다른 수단을 가지지 못했을지도 모른다고 생각하여 직접적이고 단호한 행동을 통해 우유부단한 과정의 속도를 높이려고 애쓸 수도 있다. 중심이 되는 표현에 의해 똑같이 정당하게 비춰지고 똑같이 '아직 결정되지 않은' 이러한 두 태도 사이의 긴장이 마르크스주의 이론적 체계의 중요한 특징을 구성하며, 잔프랑코 폿지(1934~, 미국에서 활동하는 이탈리아 출신 사회학자)가 최근에 지적했듯이, 인간이 놓인 상황은 본질적으로 끝이 정해지지 않고 열려 있다는 가정과 역사적 결정 요인들을 밝혀냄으로써 그 끝을 '경험적으로 닫아'버리려는 압도적인 성향 사이에 내재된 모순 속에 자신을 드러낸다. 전반적으로 역사 대 행동의 이율배반은 다른 두 가지, 즉 국가 대 공동체 및 자유 대 평등의 이율배반과는 대체로 독립적인 것으로 보인다. 사회주의 유토피아의 구조와 주된 딜레마들 그리고 긴장관계에 더하여, 단지 부분적으로만 겹쳐지는 앞선 두 개의 구분에 하나를 더한 이 세 개의 축이 사회주의 유토피아의 삼차원 공간을 표시한다고 받아들여도 좋을 것이다.

5장

|

유토피아와 — 상식

마지막 딜레마는 다른 두 가지보다 사회주의를 성취하기 위한 실질적인 작업과 관련이 더 깊다. 말하자면 이것은 오늘날의 유토피아와 내일의 현실을 잇는 다리 바로 위에 놓여 있다. 현재 활동 중인 모든 사회주의 유토피아 하나하나가 다 직면해야만 하는 이 짜증스러운 딜레마는, 사회주의는 현재 상태에서 급진적인 출발을 의미하지만 이것은 오직 현재 상태를 적절히 고려함으로써만 가능하다는 사실이다. 게다가 현재 상태 내에서 이미 잉태되고 발전되어온 요인들로 인해 활기를 띠어야만 한다. 따라서 사회주의 프로젝트는 한편으로는 자멸적 모험주의와, 다른 한편으로는 역시 자멸적인 '현실'과의 타협 사이에 끼어 있다. 전체적으로 말하면, 잘 확립된 사회구조는 기존의 질서로부터 중대한 혁명이 출발하도록 허용하지 않는 것이 사실이다. 그런 사회구조 안에는 대체로 스스로 영속 가능하게 하는 메커니즘이 내재되어 있다.

가장 뛰어난 마르크스주의자들뿐만 아니라 사회학의 주류인 기능주의자들도 이 메커니즘에 대하여 다양한 방식으로, 그러나 대동소이하게 기술해왔다. 그러나 지금까지 제시된 모든 기술들 중에서도 안토니오 그람시가 경제적 의존의 네트워크로 서 앞에서 살펴보았던 모든 종류의 특정한 사회구조와, 문화적 이고 정치적인 '상부구조'가 결합된 형태로 제시한 '역사적 블 록'이 가장 재기 넘치는 모델이었던 것으로 보인다. 그람시는 누 가 봐도 마르크스가 헤겔의 용어로 상술했던 것과 반대되는 의 미의 '시민사회'에 역사적 블록을 유지하는 역할을 맡긴다. 그는 이 시민사회를 구조 자체가 아닌 상부구조의 필수적인 구성 요 소라고 보았다. 그람시에 따르면 시민사회는 이데올로기의 세 계를 구성하고 주로 지식인들에 의해 작동된다. 이것은 특정 계 급의 통치 조건들과 사회 차원의 일상적이고 습관적인 행동들 이 상호 간에 서로를 유지시키고 활기를 불어넣어주게 함으로 써 그것들을 유지시킨다. 시민사회란 사회 전체를 지배하는 특 정 사회집단의 문화적 헤게모니, 또는 계급이 지배당하는 상태 의 윤리적 설명이라고도 할 수 있다.

이데올로기, 또는 사회를 지배하는 문화적 표현양식은 직접 적으로든 간접적으로든 인간의 행동에 질서를 부여하고 규칙을 따르고 예측이 가능해지도록 규제하는 일체의 세계관을 제공한 다. 이 문화적 표현양식은 물론 특이성, 복잡성, 그리고 명시적 인 이데올로기적 관련성 등에서 다양한 정도로 계층화된다. 최 상층에는 철학이 있다. 철학은 특정한 시기마다 목숨을 건 투쟁 을 벌이게 될 것 같은 흐름으로 분열되지만, 올바른 관점에서 보 면 그 목적이 특정한 역사적 블록을 향해 있다고 확언할 만큼 통일된 것으로 보인다. 이 통일성은 '세계관'의 가장 중요한 전제들의 집합을 공유함으로써 확보된다. 그런 조건이 갖추어졌다는 전제하에서, 철학의 목적은 다양한 방식으로 연결된 수많은 이해관계가 문제의 역사적 블록 안에 함께 공존하도록 허락하는 철학 자신의 이질성에 따라 달라진다. 최하층에는 상식, 또는 '민속 철학folklore of philosophy'이 있다. 이것은 일상적인 사회적 경제적 행위 속에서, '질서 있게' 기능하는 사회가 그 구성원들로 하여금 대면하게 하는 상황과 문제들을 대하는 자발적이고, 경솔하고, 순진하게 가장된 태도로 나타난다. 이러한 상식이 직접적으로 설명되는 일은 드물다. 만일 그렇게 설명한다면 그것은 '경제적-집단적economic-corporative' 의식이라는 형식을 취하게 된다. 그런 의식은 기존의 시민사회를 무너뜨리고 새로운 사회를 건설할 수 있는 새로운 문화적 표현양식을 유지하기는커녕 만들어낼 수도 없다는 의미에서 '무기질'이 될 수밖에 없다. 소외된 사회, 즉 억압된 집단의 구성원 각자의 손이 미치지 않는 곳에 통제 수단이 놓여 있는 사회에서, 불분명한 상식은 움직임에 주어진 한계와 선택의 범위를 순순히 받아들이고 일생의 과업과 야망을 같은 말로 표현할 것을 요구한다. 상식의 '경제적-집단적'인 불완전한 표현은 개인적인 선택의 범위를 초월하기도 할 테지만, 그것은 순전히 개인의 잠재력을 양적으로 늘린다는 의미일 뿐, 문제의 집단은 여전히 역사적 블록 안에서 맨 처음 정해진 장소를 벗어나지 못하게 가둬둔다. 순수하게 노동조합적인 경제적-집단적 표현의 본질이 무기질이라는 사실의 한 예로 그것이 시장거래의 원리를 무너뜨리기는커녕 오히려 그 원리가 집단의 상식을 지배하는 힘을 재천명하고 강화한다는 점을 들 수 있다.

그람시는 충분히 성장한 자본주의 사회에서는 지배 집단이 저항을 잔인하게 진압하거나 강압하는 대신 지적이고 도덕적인 리더십을 통해 패권을 유지한다고 말한다. 그람시는 정치 상황의 역할을 이중(첫째는 자본주의 원칙의 가장 강력하고 핵심적인 특징으로서, 둘째는 이른바 그것을 이루기만 하면 사회주의 원칙이 확립되리라고 기대하는 사회주의적 반란의 주된 목표로서)의 의미에서 강조하고 '국가숭배주의'로 기우는 볼셰비키적 성향에 강력하게 이의를 제기한다. 만일 부르주아가 상식의 수준으로 효과적으로 스며드는 지배적인 문화적 표현양식에 기초한 지적이고 도덕적인 리더십을 통해 어떤 실제적인 헤게모니를 장악한다면, 강압적인 힘과 억압에 특화된 기관들을 지닌 국가는 전방의 참호 역할 정도로 중요성이 격하된다. 헤게모니를 장악한다는 것은 정말로 정교하고 강력한 방어 체계를 거의 온전하게 만드는 일이다. 시민사회가 건재할 때 예상할 수 있는 결과라고는 순수하게 정치적인 싸움 끝에 시민사회가 국가에 지배권을 빼앗기지 않고 도리어 빼앗아 오리라는 것뿐이다.

그람시는 러시아에서 볼셰비키 자신들이 실제로 마주쳤던 상황의 경우에는 '국가중심주의'라는 실수에 조금 더 아량 있는 태도를 보였다. 차르 왕조가 다스리던 사회에는 시민사회가 거의 존재하지 않았다. 차르의 통치는 헤게모니를 키우는 대신 적나라한 지배에 기초를 두었다. 정치 상황은 국가에 의한 계속된 억압과 직접 연관되었다. 국가가 억압과 감정을 제대로 표현하지 못하는 일반 대중의 억압되고 격하되고 순종적인 상식에 직접적으로 의존했다고 할 수 있다. 지식인 계층은 일반 대중들 틈에 젤리처럼 끼어 있었을 뿐이다. 이런 환경에서는 국가 권력을 손에 넣는 것이, 그 국가가 즉시 새로운 사회주의의 문화적 표현양식의 패권을 창출하고 확보함으로써 사회주의의 역사적 블록을 유지하고 진정한 시민사회를 만들기 위한 주된 수단으로 이용된다는 전제하에, 사실상 사회주의 격변의 결정적인 요인이 될 수 있었다. 그러나 부르주아의 통치가 지배라기보다 헤게모니의 형태였던 자본주의 제도의 기나긴 역사로 철저하게 진행되어온 서구 사회의 경우에는 그런 발전을 생각할 수도 없다.

이제 시민사회가 자본주의와 사회주의 사이의 결정적인 전장이 된다. 투쟁의 전략적인 목표는 부르주아 문화의 표현양식을 사회주의 문화의 표현양식으로 대체하는 것이다. 전술적인 목표는 지식인 엘리트들의 뒤를 잇는 계급을 새롭게 선출함으로써 느리지만 꾸준하게 하위계급을 '절멸'시키려는 '생물 변이'가 진보를 이루지 못하게 막고, 지식인계급의 한 부분과 하위계급 사이의 강력한 연계를 확립하는 것이다. 부르주아의 리더십이 지적이고 도덕적인 본질을 지닌 성숙한 자본주의 사회 상황에서는, 사회주의가 그저 상식을 변형시키는 새로운 문화적 표현양식으로만 스스로를 확립할 수 있다. 자본주의의 '역사적 블록'의 파괴로 향하는 길은 대부분 과거의 구조 속에서 새로운 문화를 발전시킴으로써 그 시민사회의 해체를 지나간다.

상식을 위한 전투에는 위험한 함정이 가득하다는 사실을 금세 알게 될 것이다. 확고하게 자리를 잡은 여느 체제와 마찬가지로, 자본주의 또한 자신이 개인을 위해 창조하는 일상적인 상황의 구조가, 즉 그 현실 자체가 지적 논쟁의 자유로운 개입도 없이 '자본주의를 지탱하는 상식'을 재차 확인하고 강화한다는 점에서 다른 잠재적인 적들이 지닌 칼날을 압도하는 칼날을 지닌다. 이것은 습관적인 행동 양식에 자연스럽고 오래된 듯해 보이는 그럴싸한 분위기를 부여해주며, 합리성을 가치의 가장 우선적인 기준으로 사전에 확립해둔 다음에 틀에 박힌 일상에 합리적인 행위라는 도장을 찍어준다. 게다가 지배계급은 일단 확립된 자신의 문화가 상상 가능한 모든 발전을 그 문화를 먼저 습득하는 것으로 정의한다는 사실을 이용할 수도 있다. 그러므로 개선을 위한 강력한 시도로도 현재 헤게모니의 문화적 기반을 깨뜨리기는 매우 어렵다. 그런 시도가 있다고 해도 기존 헤게모니를 구성하는 색채 효과에 새로운 힘과 대중성을 더해주는 결과를 초래해 그것을 오히려 강화할 뿐이다.

그람시가 정통 마르크스주의나 노동 지향적인 다른 사회주의 분파들이 의도했던 것보다 훨씬 더 중요한 역할을 지식인들에게 부여했다는 것은 분명한 사실이다. 그람시의 모델에서는 사회주의를 위한 투쟁이 다른 무엇보다도 새로운 문화를 위한 투쟁이라는 단순한 이유에서 지식인들이 전략적으로 핵심적인 위치를 차지한다. 지배적인 상식이 자본주의 체제의 수단이 되는 한 사회주의는 진정한 진전을 이룰 수 없기 때문에 문화가 사실상 가장 중요한 격전지라는 그람시의 주장을 받아들이기 위해서 그가 강조하는 사회주의의 문화적 본질에 대해서까지 전적으로 동의할 필요는 없다. 유토피아가 실현되는 단계로 다가가기라도 하려면 상식은 어느 순간엔가 극적인 변화를 겪어야만 한다. 그러지 않는다면 르봉의 신랄한 지적이 아주 통찰력이 있었음을 발견하게 될 것이다. 그는 사회주의 유토피아의 기본적인 교의들의 실현이 "경제적이고 심리학적인 필요에 의해서 치명적으로 좌절될 것이다. …… 그리고 그럼으로써 사회주의는 의심의 여지없이 출현하자마자 거부당할 것"[1]이라고 말했다.

박탈당하고 억압당한 계급이 스스로를 해방하거나, 또는 해방을 위한 노력을 전적으로 지지하는 것에 대하여 느끼는 공포는 사회주의 진영, 특히 더 급진적이고 타협을 거부하는 분파들을 끊임없이 괴롭혀왔다. 베르너 좀바르트(1863~1941, 독일의 경제학자)는 동시대 사회주의자들의 실천을 바라보며, 사회주의를 "프롤레타리아에게 그 노력의 목표를 보여주고, 투쟁을 계속하도록 촉구하고, 투쟁을 조직하고, 그것이 성공하기 위해서 행진해 나가야 할 길을 보여주기 위한"[2] 시도로 정의할 수도 있다고 생각했다. 좀바르트의 말은 사회민주주의가 확대되어감에 따라 널리 받아들여지게 된 견해, 카를 카우츠키(1854~1938, 독일의 대표적인 마르크스주의 이론가)가 당이란 '사회주의와 노동자계급의 합류 지점'이라고 정의함으로써 전형적으로 보여준 견해를 충실하게 반영한다. 지배적인 문화적 표현양식을 유지한 채로 보면, 사회주의의 훌륭한 점들은 세심하고 잘 훈련된 과학적 분석의 결과로만 볼 수 있다. 그러나 과학은 그 정의 자체가 지식인들의 작업이지 프롤레타리아가 할 일은 아니다. 따라서 사회주의가 자신의 궁극적인 이유를 억압된 사람들이 처한 개탄할 만한 상황에서 그들을 이끌어내는 것에서 찾는다고 하더라도, 그것은 외부로부터 주어지는 수밖에 없다. 레닌은 자신의 저서 《무엇을 할 것인가》에서 카우츠키가 기록한 다음의 한 문단을 열광적으로 지지했다.

사회주의적 의식은 프롤레타리아 계급의 필연적이고 직접적인 결과로 표현된다. 그러나 이것은 완전히 틀린 말이다. 물론 이론으로서의 사회주의는 현대의 경제적 관계가 자본주의가 양산한 가난과 비참함에 대한 투쟁에서 나온 것과 같은 방식으로 그 관계에 뿌리를 둔다. 그러나 사회주의와 계급투쟁은 나란히 발생한 것이지 하나가 다른 하나에서 나온 것이 아니다. 각각이 서로 다른 전제들에서 발생했다. 현대의 사회주의적 의식은 심오한 과학적 지식을 바탕으로 해야만 나타날 수 있다. …… 과학의 매개는 프롤레타리아가 아니라 부르주아 지식인계급이다. 이것은 현대 사회주의가 시작된 그 계급의 구성원들의 마음속에는 없다. …… 그러므로 사회주의적 의식은 외부로부터 프롤레타리아 투쟁으로 도입된 것이지, 투쟁 속에서 자발적으로 발생한 무언가가 아니다.

말하자면 노동자는 교육받아야 하고, 지식인들이 그들을 가르쳐야 한다는 이야기이다. 설사 이론적으로는 그렇지 않다고 하더라도 실제적으로는 자발적으로 발전한 계급투쟁은 사회주의를 위한 투쟁으로 발전할 유기적 능력이 없으므로 모든 주안점을 그 반대쪽에 두어야 한다. 계급투쟁과 사회주의를 위한 투쟁은 '서로 다른 전제들에서' 발생한다.

하지만 지식인들이 노동자들에게 무엇을 줄 수 있는가? 귄터 로스(1931~ , 독일 출신 미국의 사회학자)는 독일 사회민주주의의 실행에 관한 놀랄 만큼 통찰력 있는 분석을 통해, 지식인들이 제공할 수 있는 것이라고는 결국 근면하고 성실하게 육체적으로 지적으로 정치적으로 교양을 형성bildung함으로써, 교육받지 못하고 '교양 없는' 노동자들을 더 높은 차원의 정신문화kultur(나치 시대 국민 정서 고양에 사용된 개념—옮긴이)로 끌어올려 그들을 진정으로 세련된 문화인kulturmensch으로 탈바꿈시키는 훌륭한 생각뿐임을 보여주었다.[3] 그람시의 용어로 말하자면 그것은 정확하게 시민사회에 해당할 것이며, 그 주된 매개체인 지식인들이 현재 지배 계급의 헤게모니를 확보하고 지배적인 철학과 상식을 연결 짓는 방식으로 그것을 이루어냈을 것이다. 로스는 사상과 그에 따른 실천이 어떻게 독일 제국의 지배 문화 속에 그렇게 광대하고 높은 수준으로 제도화된 하위문화를 출현시켰는지, 그리고 반드시 있었을 그 모든 마찰에도 불구하고 어떻게 상대적으로 자연스럽게 노동자 조합을 현대사회로 이끌었는지 감탄할 만큼 훌륭하게 보여주었다. 베벨이 의도했던 의미는 아니었을 것 같지만, 어쨌건 사회민주주의가 '부르주아 사회를 앞으로 나아가게 하는 효모'라는 그의 묘사는 옳았다. 그들만의 정교한 기관들—언론, 문학, 학교, 사교 클럽, 요양소 등—을 보유한 하위문화는 더 큰 사회의 기관들이 만족시켜주지 않은 채로 내버려둔 노동 인구의 거의 모든 잡다한 욕구들을 충족시켜주지만, 지배적인 문화의 표현양식에 완전히 부합되게 만족시켜준다. 사실 사회민주주의는 그동안 그 지식인 동조자들이 품어왔던 환상을, 사회주의는 사회적 혁명과 동등한 정도로 과감한 문화적 경험과 결부되어어야 하고 또 그것을 앞장세워야 한다는 환상을 점점 포기하게 만든다. 그리고 지배적인 이상을 기준으로 볼 때 '교양 없는' 것으로 간주되는 모든 곁가지들의 문화적 메시지를 완벽하게 쳐내려고 많은 노력을 기울였다. 이런 패턴은 먼저 사회민주주의에서 나타났다가 그다음 강력하고 견고하게 자리 잡은 공산주의 정당들에서 몇 번이고 반복되어 나타난다. 시민사회를 정복하려는 투쟁은 종종 최초로 반란을 일으킨 지식인들이 조용하고 평화로우며 쉽게 눈치 채기 어렵도록 그 속에 융화되어가는 결과를 낳곤 한다. 잠재적인 파괴적 요소들까지 포용함으로써 전보다 더욱 풍부하고 포괄적인 존재가 된 시민사회는 이제 다시 한 번 자신의 존재를 천명한다. 사실상 '생물 변이' 현상이 한 번 더 일어난 것이다. 지식인들은 부르주아가 주입한 상식을 물리치기는커녕, 고집스럽던 원래의 사회주의 유토피아를 그 안에 녹아들게 하고, 사회주의를 '길들이고', 날카롭던 칼날을 무디게 하고, 그 이름을 제한적인 '경제적-집단적' 이익을 묘사하는 데 쓰이는 누구나 아는 단어로 변화시키는 데 성공한 것처럼 보인다.

그러나 반대쪽 끝에는, 아무리 강력하고 잘 조직된 교육이라고 하더라도 그것이 부르주아 사회 안에 있는 한 사회주의와 노동자계급 사이의 간극을 이을 수 없다는 견해가 있다. 이런 견해를 지닌 사람들은 교환 수단을 부분적으로 발전시키기 위한 일상적인 프롤레타리아 투쟁에 본질적으로 사회주의적인 면이 전혀 없다는 점에서는 그들과 반대편에 서 있는 사람들과 의견이 일치한다. 그러나 그들은 반복되는 일상이 (바뵈프가 말하는 의미에서) 대중의 '부패'와 기존 질서에 대한 그들의 '상식적' 복종을 조장하고 강화할 때, 이 투쟁에 자본주의 사회 내부에 존재하는 사회주의적 성격을 더 많이 주입시킬 수 있을 거라고 믿기를 거부한다. 사회주의로 통하는 통로는 오직 매일같이 반복되는 단조로운 일상을 폭력적으로 부숴버리는 충격의 결과로만 '눈 깜짝할 사이'에 생길 수 있을 뿐이다. 이것은 노동자들이 갑자기 지금까지 분산되고 고립된 그들의 '경제적-집단적' 이익 뒤에 감추어져왔던 자신들의 힘을 깨달을 때, (소렐의) 총파업이라는 해방적이고 자발적인 경험 속에서 일어날 수 있다. 또는 (라브로프가 말하는) '군중'의 머리 위 높은 곳에 나타날 초자연적이고 손에 닿을 수 없는 이상으로서, 그러나 "수천 명의 사람들에게 투쟁에 필요한 에너지를 불어넣어줄" 외로운 개인 "순교자" 한 사람 덕분에 일어날 수도 있다. 아니면 자본주의가 모든 가식을 버리도록 강요받아, 아무것도 걸치지 않고 다른 모습으로 가장하지도 않은 채 대중을 향해 무자비한 폭력을 휘둘러 마지막으로 분명한 선택을 할 수밖에 없는 상황으로 몰아넣을 때도 일어날 수 있다. 이 모든 견해들의 공통분모는 억압받는 계급들, 즉 '작동하는 사회주의 유토피아'를 실제로 가져올 사람들은 반사회주의적인 사회에서 '사회주의적인 교육'을 받을 수 없다는 확신이다. 그들의 진짜 교육은 정치적 원칙이 변하고 난 다음에야 시작될 수 있다. 새로운 사회주의 문화는 다른 어떤 방법도 아닌 새로운 정치권력에 의해 만들어질 것이다. 그래서 혁명을 꾀하는 진영에서는 일시적인 과도기라는 개념을 지속적으로 꺼내왔다. 이 시기는 반드시 정치권력의 교체로 시작되어야만 하지만 그것으로 끝나서는 안 된다는 점이 중요하다. 노동자는 그 정의상 정권이 교체되는 순간에는 사회주의를 포용할 수 있을 만큼 성숙하지 못하기 때문에, 그 과도기 동안 노동자 스스로 권력을 행사할 수는 없을 것이다. 정치적 혁명 이후의 정치적 통일체는 사회주의적 표현양식의 실행이라는 이름으로 아직 사회주의적이지 않은 대중을 지배할 것이다. 물론 이런 형태의 지배가 다른 형태의 정치적 지배보다 더 사회주의가 뿌리를 내리게 하는 데 도움이 될지는 질문해보아야 한다.

유토피아적 추진력과, 유토피아의 목적인目的因을 제도화하여 효과적으로 가로막는 다루기 힘든 '현실' 사이의 이러한 모순은 현대 사회주의가 출현한 이래 현재에 이르기까지 드러난 모든 이율배반 중에서도 가장 당혹스러운 것으로 이해되어야 한다. 이것은 사회주의뿐만 아니라 다른 모든 유토피아 및 사실상 모든 반문화들이 공유하는 이율배반이다. 이것은 유토피아란 그 정의상 기존의 지배 문화로부터의 지적으로 급진적인 일탈을 의미하는데 그런 식의 유토피아의 실행이 도대체 어떻게 가능하냐는 일반적인 질문에 관한 것이다.

이것은 분명히 매우 중대한 문제이기는 하지만, 그 중대성은 이 이율배반이 자리해온 바로 그 방식, 사고와 현실 사이에는 모순이 존재한다는 절대적인 법칙을 받아들이는 방식으로 더 과장되고, 소외의 역사적 과정에 의해 주목을 끌어왔다. 다른 말로 표현하면, 이것은 사회적 현실에 의해 정해진 존재이자 스스로 자신의 생각을 결정하는 존재라는 인간의 이중성을 출발점으로 삼는다. 통제 수단으로부터 소외되어 있는 한, 주체로서의 인간

은 자신의 개인적인 생각 안에 갇혀 있는 외롭고 무기력한 존재
이다. 그리하여 사고는 현실에 직면하여 무장해제된다. 더구나
그 둘은 서로를 이해할 수도 없다. '사회적 현실'은 사람들이 무
엇을 생각하건 상관없이 존재하며, 새로운 사상이 도입되고 전
파된다고 변할 것 같지도 않다. '(예를 들면 정치권력 같은) 제3의 힘'
을 사용하지 않는 한, 비판적 사고와 그에 의해 비판된 현실은
서로 '껄끄러운' 파트너로서 이 게임 속에 공존할 것이며, 시간
은 현실의 편에 서 있다.

　제3의 힘을 찾는 것은 사회주의 역사의 좀더 나은 부분에 속
한다. 적어도 '마법의 51퍼센트' 공식에 대하여 의심의 눈초리
를 거두지 않는 이 흐름들은 사회주의의 목표가 의회 제도라는
불순한 혼합물 속에 섞여 들어갈 수밖에 없다고 예견한다. 설사
그들이 그런 의혹을 공개적으로 드러내기를 꺼린다고 하더라
도, 대부분의 사회주의자들은 사회주의의 반문화가 자본주의적
현실의 적대적 상황 속에서 스스로를 천명하리라고는 믿지 않
는다. 오직 폭력적인 충격만이 습관적인 행위들을 바라는 대로
'파열'시킬 수 있다는 견해가 상당히 널리 공유된다. 무정부주
의 진영이 아마도 가장 희망에 찬 사람들이었을 것이다. 이 진영
의 사상가들은 대중을 궁지에 몰아넣고 그들이 창의적으로 자
신을 실현하지 못하도록 막는 '냉엄한' 현실의 핵심은 국가의 정
치적 폭력이라고 단정했다. 국가를 없애버리면 사람들 속에 오
랫동안 저장되어 있던 에너지가 폭발하여 새롭고 자유롭고 공

정한 사회의 윤곽을 자유롭게 형성할 것이다. 그러므로 최종적으로 국가를 전복시키는 작업을 누가 하는지는 그렇게 중요한 문제가 아니다. 예를 들어 미하일 바쿠닌(1814~1876, 러시아의 무정부주의자)은 '짐승 같은 마음을 발산하는' 것에 크게 희망을 걸었고, 견딜 수 없을 만큼 위협적인 상황 속에 놓여 있고 어떤 과정의 투쟁을 선택하더라도 잃을 것이 하나도 없는 가장 절망적인 사람들에게는 그런 극적인 행동이 가장 걸맞다고 생각했다. 그런 사람들은 젊은 부르주아 낙오자déclassé들 중에서, 또는 가난하고 학대받는 동유럽 소작농들 중에서, 또는 나폴리의 라차로니 lazzaroni(18세기 나폴리의 빈민층을 일컫는 말—옮긴이)로 가장 잘 대표되는 고대 로마 최하층계급(프롤레타리아트)의 현대적 유형 속에서 찾을 수 있다. 사회주의 시대의 개막이 국가의 전복과 함께 시작되고 끝나기 때문에, 선봉대로서 행동하는 이 사람들은 진정으로 혁명적인 세력처럼 보일 것이다. 실사 그들이 전략적인 목표를 달성하지 못하고 실패한다고 하더라도, 그들은 여전히 중요한 전술적 성공을 거둘 것이다. 천하무적이며 신성하다고 전해지는 것의 취약성과 '세속적 가치에 집착'하는 모습을 폭로할 것이며, 그럼으로써 대중으로 하여금 그들에게 부과된 습관적인 온순함에서 벗어나도록 충격을 줄 것이다. 이런 의미에서, 단기적 결과가 아무리 실망스럽다고 하더라도 어떤 혁명도 완전히 실패한 것은 아니다. 모든 항거, 복종을 거부하는 모든 시도에는 정화하고 해방시키는 힘이 있다. 트카초프는 이 점에 관해 라브로프보다 더 명쾌하게 이야기했다. "늘 그 앞에서 겁을 집어먹고 스스로 자세를 낮추어야 했던 끔찍한 권력이 혼란에 빠지고, 통합되지 못하고, 무력하고, 더럽혀져 있으며, 자신들이 그 누구도 그 무엇도 두려워할 필요가 없음을 그들이 알게 된다면, 억눌려 왔던 비통함과 복수를 향한 갈망이 저항할 수 없는 힘으로 터져 나올 것이다."

무정부주의자들이 주로 두려움 없고 단호한 소수가 벌이는 공개적인 반란을 통한 '시위효과'를 기대했던 반면, 해방의 '파열'을 추구하는 다른 사회주의자들은 견딜 수 없는 억압의 고통과 사회주의 프로파간다의 결합이 마침내 효력을 발휘하여 대중의 분노가 엄청난 규모로 폭발하기를 기대한다. 처음부터 최대한 많은 사람들이 능동적이고 열정적으로 참여하는 총파업이라는 개념은 무정부주의 반란과는 완전히 구별되는 사건이다. 총파업이 지니는 해방의 힘은 '지금 당장' 자유로워지는 데 유일한 걸림돌로 여겨지는 국가 권력을 무너뜨리는 데 있는 것도 아니고, 극적인 본보기를 통해 겁에 질린 대중을 독려하는 데 있는 것도 아니다. 그것은 대중이 적극적인 역사적 과정 속에 직접 참여하는 데 있고, 주체와 객체의 분리를 직접적으로 '초월'하는 데 있으며, 이것이 바로 권력과 지배를 타인에게 양도한 상태에서 사회주의적으로 해방되는 것의 핵심이다. 총파업이란 도저히 벗어날 수 없을 것 같았던 생각과 현실 사이의 괴리를 그렇게 단번에 초월하고 극복하는 행동으로 여겨진다. 역사를 창조하는 그 엄청난 행동은 서로 소통할 수 없는 줄 알았던 두 적들의 완벽한 혼합으로 보인다. 이것이 바로 로자 룩셈부르크(1871~1919, 독일에서 활동한 폴란드 출신 사회주의 이론가)에서 에두아르트 베른슈타인(1850~1932, 사회주의 이론가이자 독일 사회민주당원)까지, 쿠르트 아이스너(1867~1919, 독일의 정치가이자 저널리스트)에서 아리스티드 브리앙(1862~1932, 프랑스 정치가)에 이르기까지, 다른 부분에서는 눈에 띄게 차이가 나는 그 수많은 저명한 사회주의자들이 총파업을 억압받는 대중과 사회주의 사이의 최종적이고 돌이킬 수 없는 결합으로 바라본 이유이다.

직접적인 행동을 취하는 계급의 표본으로서 총파업의 중요성은 대중이 자본주의 사회의 통치에 저항한다는 점에 있다. 그저 각자가 머릿속으로만 생각하는 게 아니라 실제로 부르주아의 상식이라는 울타리를 넘어서는 것이다. 이렇게 '저 너머를 보는' 경험과 그 '너머'를 이끌어내는 것은 모두 사회주의적인 정치가들이 추구하는 단편적인 '개혁'에서 눈에 띄게 부족한 부분이다. 로자 룩셈부르크는 이런 이유로 사회 개혁이 자본주의적 속성을 공격하고 자본주의의 수탈을 막기는커녕 그것에 질서와 규칙성을 부여하여 사실상 그 둘을 보호한다고 생각했다. 이런 견해는 흔히 단순히 어느 쪽이 '더 좋고 나쁜지'를 표현한 것이거나, 또는 사회 개혁이 노동 환경을 견딜 만한 것으로 만들어 노동자들이 저항할 생각을 덜 하게 만들기 때문에 사회주의의 대의명분에 해가 된다는 가정으로 해석된다. 실제로 로자 룩셈

부르크는 사회 개혁이 지닌 '위로부터'라는 속성을 역겨워했다. 당사자인 노동자들의 참여는 거의 또는 전혀 없이, 그들이 행동과 수령과 '조치'의 대상이라는 위치에서 움직이지 못하게 남겨진 채로 자본주의 국가가 정의한 평화로운 방식으로 개혁이 이루어지기 때문이다. 비록 여전히 위험하기는 하지만 좀더 미묘한 방식으로, 사회 개혁은 부르주아 헤게모니를 유지하는 상식과 같은 것들을 더욱 강화한다. 개혁의 결과로 어떤 사업들은 개인 소유자에서 고용된 관리인들로 주인이 바뀔 것이라는 사실은 역사의 객체일 뿐 주체는 되지 못하는 대중의 종속적인 지위에 최소한의 영향도 끼치지 못할 것이며, 결코 대중을 새로운 헤게모니 집단의 수준으로 끌어올리지도 못할 것이다. 똑같은 의혹이 노동조합 투쟁에도 그대로 드리워진다. 여기에서는 노동자 쪽이 더 적극적인 태도를 보이긴 하지만 여전히 거래 과정의 경계선을 넘어서는 것은 꺼린다. 오직 경제적-집단적 단체들을 서로 격리시키는 울타리를 박살내버리는 총파업만이 어제의 상식으로부터 해방되는 기적을 이룰 수 있으며, 그럼으로써 새로운 역사적 블록으로 가는 길을 열 수 있다. 상식에 복종하는 것을 의미하는 두 개의 실용적인 원리, 현재의 헤게모니 모델에 도달하는 길이 되어주었던 '경험주의'와 '현실주의'를 통해서는 이런 해방을 이루어낼 수는 없다.

혹자는 비록 항상 분명하게 드러나지는 않지만, 수많은 사회주의 사상가들이 현재 논의 중인 이율배반을 해결하려고 시도한 끝에 사회주의로 향하는 통로에는 사회주의적 수단이 요구된다는 결론에 도달했다고 말할지도 모른다. '사회주의적' 중요성과 관계없이 모든 종류의 행동이 다 새로운 사회주의의 역사적 블록에 더 다가서게 해주는 건 아니다. 이 가정은 사회주의를 단순히 소유의 명칭과 통치 세력을 개편하는 제도적인 변화로 이해하는 대신, 새로운 철학이 지배하고, 현실과 인간 잠재력에 관한 새로운 개념이 제시되고, 개인의 전기가 새로운 방식으로 사회적 역사 속에 통합되고, 사람들 사이의 관계 방식이 새로워지는 전적으로 새로운 문화로 이해하는 한 설득력을 지닌다. 이것이 바로 마르크스가 사회주의를 이해한 방식이었을 것이다. 그렇게 보아야만 마르크스가 어떠한 역사적 체계도 그것이 자신의 창조적 잠재력을 다 소진하기 전에는 사라지지 않으며, 따라서 사회주의는 기나긴 자본주의 발전의 시대 끝에 즉위하리라고 고집스럽게 주장한 이유를 설명할 수 있다. 왜 그가 소작농 사회에서 곧바로 사회주의로 가는 '지름길'의 가능성을 묻는 러시아의 되풀이되는 질문에 대답하기가 그렇게 어렵다고 생각했는지 설명할 수 있다. 그가 전문적인 정치가들의 의회 활동 대신 자발적인 대규모 혁명적 행동의 출현에 그렇게나 강하게 기울어 있었던 이유를 설명할 수 있다.

마르크스는 자본주의적 축적의 역사적 경향성을 고려하여 두 개의 병렬적인 과정을 예견했다. 한 가지는 어마어마한 과학기술적 발전을 통해 자연을 인간의 지배하에 두어 자연적인 결핍이 사라지리라는 것이었다. 그리고 다른 하나는 부와 권력이 극단적으로 양극화되어 프롤레타리아가 견뎌낼 수 없는 상황이 만들어지리라는 것이었다. 마르크스에 따르면, 이 두 가지 경향은 서로 밀접하게 연관되어 있다. 자본주의 체제의 몰락은 생산수단이 자본주의 내에서 더 이상 발전할 수 없을 때까지 발전했을 때에야 '피할 수 없는' 일이 될 것이다. 마르크스는 사회주의를 누가 경제를 '더 효과적으로' 관리하는지 자본주의와 경쟁하는 체제로 여기지 않았다. 마르크스는 '사회주의'가 잠재적 생산력을 향상시키고 결핍과 싸우는 일을 해야 한다는 식의 이야기를 거의 하지 않았다. 그에게는 모두가 부유하고 풍요로운 환경을 창조하는 역사적 과업은 부르주아가 지배하는 틀 안에서 이루어질 일이었다. 따라서 사회주의는 그저 양도당하고 도용당했을 뿐 이미 거기에 있는 힘과 지배를 회복하는 활동으로 봐야한다. 그리고 사회주의 혁명의 핵심은 경제 또는 소유에 관해 개혁하는 데만 한정되는 것이 아니라, 그동안 도용당해온 의식적이고 자유로운 역사의 주체로서의 역할을 회복하는 것이다. 마르크스는 이러한 복원 활동을 자본주의적 축적의 마지막 단계와 관련시켰던 것으로 보인다. 그는 아직 길들여지지 않은 자연이 인간에게 가하는 제약을 뿌리치지 않고도 역사적 자유를 실현할 수 있으리라고는 믿지 않았기 때문이다. 그래서 마르크스는 자본주의가 자연을 길들여주리라고 기대했다. 사회주의는 사회를 자연과 가까운, 맹목적이고 다루기 어려운 '저 너머'의 존재에서 역사적 창조의 의식적인 과정으로 전환시킬 것이다.

간단하게 정리하자면, 마르크스주의적 사회주의는 경제 운영에 관한 이야기가 아니고, 소유권의 형태에 관한 이야기는 더더욱 아니다. 이것은 대중의 행동에 관한 것이다. 레닌과 그의 동료들은 서구의 사회주의와 공산주의의 (논쟁의 여지가 있지만) 관료화되고 관제화된 실행 속에서 점점 사라져가던 마르크스주의적 사회주의의 핵심을 다시 붙잡았다. 그러나 마르크스에 따르면, 그것은 전혀 적용 가능하지 않은 상황에 적용된 셈이었다.

6장 ― 사회주의 ― 실험

자본주의가 자신의 창조적 잠재력을 '소진'하기도 전에 사회주의가 도래하기란 마르크스가 보기에는 거의 불가능한 일이었다. 그는 자본주의의 잠재력이 사회가 풍요로워질 정도로 생산력을 향상시키기에 충분하다고 믿었다. 이러한 관점에서, 사회주의는 정확하게 사회 조직의 정치적이고 문화적인 영역 속에만 자리 잡을 수 있었다. 사회주의는 사실상 자본주의의 모험이 특유의 잔인하고 무자비한 방식으로 사회를 경제적 빈곤에서, 즉 자연과 필요의 노예상태에서 해방시켜줄 때만 실현이 가능하다.

그러나 마르크스주의의 표현양식은 마르크스주의가 말하는 사회주의로 가기 위해 '무르익은' 상황과는 거리가 먼 나라들에 계승되어 혁명의 대의로 사용되었다. 소작농들이 마르크스주의 혁명을 실현하기 위해 동원되었다. 마르크스가 사회주의적 이성의 왕국으로 들어가기 위한 주요 조건들 중 하나로 꼽았던 것이 바로 그 소작농들이 사라지는 것이었는데 말이다.

그 결과, 농민 혁명의 마르크스주의 지도자들은 국가 권력을 장악한 바로 그 다음날부터 마르크스가 사회주의 체제의 문맥에서 단 한 번도 고려한 적이 없으며, 인간의 해방을 위한 최후의 행동이라는 마르크스의 사회주의 개념과는 명백히 양립할 수도 없는 심각한 문제들에 직면했다.

알렉스 인켈스(1920~2010, 미국의 사회학자)는 '전체주의'로 치우친 소비에트 체제에 대해 다소 뒤늦은 감은 있으나 매우 통렬하고 신랄하게 비판하면서, "볼셰비키 지도자들이 가장 중요하게 매달렸던 일들 중 하나는 바로 그들이 실제로 운영할 수 있도록 상황을 조직하는 것"[1]이었다고 지적했다. '일을 처리하는' 기술과 경험이 부족하다는 사실과 혁명 '다음날 아침부터' 사회를 괴롭히는 전반적인 혼란과 일상의 파괴라는 이중의 이유로, 어떤 혁명 세력이라도 당연히 그와 똑같은 부담과 마주할 수밖에 없다. 그러나 승리를 거둔 혁명의 평범한 불편함들이 볼셰비키의 경우에는 순전히 그들의 거대한 야망 때문에 더욱 확대되었다. 스탈린은 이 특이한 문제들을 다시 왜곡된 형태로 반복해 이야기했다. 부르주아 혁명이 할 일은 이미 성숙한 상태인 생산력과 그 관계들을 억압하는 정치적 방해물들을 제거하는 것뿐이지만, 소비에트 혁명은 아무런 사전 준비도 없는 상태에서 새로운 생산력과 관계들을 구축하기 위해 정치권력을 이용할 수밖에 없었다는 것이다.

혁명의 지도자들이 정말로 처음부터 자신들의 과업을 훗날 스탈린이 돌아보고 표현한 방식으로 바라보았는지 여부에 대해서는 아무도 단언할 수 없다. 그들이 맨 처음부터 사회주의 혁명의 임무를 사회적이고 정치적인 개혁의 영역에 포함시키려고 했음을 시사하는 징후들은 많이 있다. 혁명에 뒤이어 어떻게든 인간의 생산력이 꽃을 피우고, 그리하여 그 과정에서 모든 끔찍한 경제적 문제들이 사라지리라고 기대하면서. 소비에트 지도자들은 1921년이 될 때까지도 여전히 생산력이 아니라 생산관계들을 직접적이고 즉각적으로 대혁신시켜 사회주의에 도달하는 데만 매달리고 있었다. 생산관계들이 활기를 띠기 위해서 요구되는 기술과 현대의 생산수단을 이루어낸 길고 복잡했던 과정은 회피한 채로. '전시공산주의' 시대는 단지 부분적으로만 내전의 우여곡절들에 대한 임시변통적인 반응으로 해석될 수 있다. 최소한 그 옹호자들은 이것을 직접적인 지름길을 따라 사회주의 유토피아를 향해 점진적으로 다가간 것으로 이해했다. 노동자들의 공장 활동의 모든 측면을 통제하는 것이 '당연한' 발전으로 생각되고 독려되었고, 관리자 수입의 상한선을 철저하게 감시했으며, 똑같은 양을 소비하는 것은 더 나은 시기가 오면 곧 그만두게 될 일시적인 방책에 지나지 않는 것으로 여겼다. 1920년에서 1921년 사이에 중요한 상품을 무료로 배급하기로 선언하는 몇 가지 법령이 발표되었고, NEP(신경제정책) 하루 전날 밤에는 정부 기관들이 통화와 화폐 교환을 점진적으로 제거하기 위한 첫걸음으로 모든 세금을 폐지하는 법령을 준비하고 있었다. 그때까지 연간 생산량은 사상 최저치로, 1913년 생산량의 9.4퍼센트에 불과했다. 갑작스럽게 NEP로 180도 전환하기에는 많은 사람이 아직 심리적으로나 이데올로기적으로 준비가 되어 있지 않았기 때문에, 그 이유가 얼마나 명백하건 간에 많은 공산주의 단체는 강력하고 확고한 저항에 부딪혀야 했다. 주로 사회적이고 도덕적인 혁명이라는 사회주의의 전통적인 이미지에 젖어 있는 수많은 지도자들의 의지를 거스르는 새로운 정책을 도입한 대가로 레닌은 막대한 권력을 모두 다 사용했다. 레닌의 논거를 받아들이기를 머뭇거리는 것은 이제 막 내쫓은 자본주의가 소비에트의 삶으로 돌아오도록 허용하는 것에 대하여 모든 마르크스주의자들이 반드시 느꼈을 혐오감 때문이었을 수도 있다. 그러나 그와 마찬가지로, NEP에 함축된 소비에트 권력의 과제를 이해하지 못하도록 방해하는 어떤 전체적인 격변 탓이었을 수도 있다. 레닌은 개인 자본을 허용하는 것이 경제적 재건을 위한 가장 편리하고 고통스럽지 않은 방법이라고 단지 제안하기만 했던 것이 아니다. 그는 최초로, 분명하고 명료하게 경제 발전을 볼셰비키의 최우선 과제로 삼은 것이다. 그는 어제의 혁명가들에게 경제를 운영하는 비사회주의적 기술을 공부하도록, '부르주아' 전문가들의 제자가 되도록 촉구했다. 다시 말해서, 산업화 단계를 우회하는 대신 (그들의 시대에는 실패하고 말았던) 자본주의자들이 했어야 할 일을 시작하고 때로는 그들의 협력을 얻자는 것이다. 그때부터 경제적 과제가 천천히 그러나 꾸준히 소비에트 국가의 중점으로 옮겨가기 시작했다. 그러나 스탈린이 '사회주의적 산업화'의 이름으로 사회주의적 해방의 신성한 공리들을 사실상 모두 폐기해버릴 수 있게 되기까지는 그로부터 8년이라는 시간이 더 지나야 했다.

산업화로 가는 길을 닦아놓은 다음에는 단지 현대의 과학기술을 공부할 것을 요구받을 뿐만 아니라 그것을 습득하고 구축해야 한다는, 그 자체로 대단히 어려운 과제에 직면했다. 또 다른 (사회주의의 본질인 '해방성'과 모순되고 거슬리는 위치에 서 있는) 요구는 열의 없는 전-현직 농부들에게 '고용인 정신'을 심어주어야 한다는 것이었다.

사회학자와 인류학자들은 농부의 태도와 산업사회의 고용인의 논리가 본질적으로 양립될 수 없음을 광범위하게 이야기해 왔다. 비록 대부분이 '기업가정신'과 관계된 것이긴 하지만, 막스 베버도 적절하게 다루어지고 훈련된 후손들이 끊임없이 반복되는 헌신적인 작업에 뛰어들게 하는 자극제로 인식하는 유혹에 대하여 산업화 시대 이전 사람들이 얼마나 무감각한지 보여주는 날카로운 분석들을 제시했다. 베버는 산업화 시대 이전 사람들이 "내가 특정 시간 동안 일하면 얼마나 벌 수 있느냐"는 질문 대신, "내가 어제 누린 정도로 오늘도 누릴 수 있을 만큼 충분히 벌려면 얼마나 오랫동안 일해야 하는지" 묻는다고 말한다. 만일 산업화 시대 이전 사람이 하루 동안 일해서 번 돈으로 자신의 얼마 되지 않는 욕구를 이틀치 충족시킬 수 있었다면 그는 둘째 날 공장에 나가서 일할 아무런 이유도 발견하지 못한다. 독창성 없고 단조롭고 이해할 수도 없는 공장 노동을 상식적인 일상으로 전환시키기 위해서는, 그동안 거의 경험해보지 못했던 딱 굶어죽지 않을 만큼의 박봉과 직접적인 신체적 위협마저 불사하는 수많은 비경제적 추가 요소들을 적절히 배합하여 오랜 시간 동안 혹독하게 훈련시켜야만 한다. 천천히 반복되는 계절의 순환을 따라 배워왔던 자연의 노예는 기계의 노예로 개조되어야 했으며, 타협이 불가능한 그 리듬에 스스로 익숙해져야 했다.

역사적으로 명백히 가장 중요한 이 조치가 실질적으로 혁명의 가장 첫 번째 단계에서 시행되었다. 그리고 만일 혁명 세력이 진지하게 산업화를 추진하려 한다면 끝까지 가보지 못하고 중간에 무산된 러시아의 자본주의가 남긴 유산으로 눈을 돌려야 했다. 알다시피 이것은 러시아의 경제 상황은 마르크스가《자본론》3권에서 보여주었던 목표 지점보다 한참 뒤에 남겨져 있었다. "자유의 영역은 실질적으로 오직 외부의 필요와 요구에 의한 노동을 멈출 때만 시작된다. 그러므로 자유는 마땅히 어떤 물질적 산물의 세계 너머에 존재한다." 러시아의 혁명 세력이 '자유의 영역'으로 다가가기 위한 추진력에 대해서 생각해보기도 전에 도달해야만 했던 목표는 바로 (마르크스에 따르면) 필요와 부자유와 피할 수 없는 소외의 영역에 있는 '어떤 물질적 산물'을 발전시키는 것이었다. 마르크스는 그의《고타 강령 비판》에서 정의의 수준은 물질적 생산과 그 생산이 조건 짓는 문화의 수준을 넘어설 수 없다고 주장했다. 적어도 최초의 사회주의 실험을 되돌아볼 때 그것은 사실로 증명되었다. 레닌은 '사회주의' 세력이 사회 기반 시설을 건설하는 과정을 주재하더라도 그것이 자유와 해방이라는 최종 목표를 손상시키지 않고 유지하는 것을 방해하지 않을 것이고, 때가 되면 사회주의 유토피아를 현실에 구현할 수 있을 만큼 능력 있는 세대에게 신선하고 오염되지 않은 채로 넘겨줄 수 있으리라고 믿었던 것으로 보인다. 레닌은 10월 혁명의 네 번째 기념일에 당을 향해 "무엇보다도 먼저 소규모 부르주아 국가를 자본주의를 거쳐 사회주의로 이끌어갈 단단한 길로 닦기 위해 모든 노력을 기울여야 한다"고 말했다. 훗날 드러났듯이, 그 과정의 생산자들의 공동체에서 소외된 것은 바로 그 '사회주의 세력'이었다. 어떻게 이 소외된 세력이 스스로 자본주의 체제를 도입하고, 레닌이 사회주의 국가와 동의어라고 생각했던 '사회주의적 생산자들의 자유로운 공동체' 속으로 녹아들어 자살해버릴 수 있었는지는 전혀 분명치 않다.

알프레드 마이어는 유년기에 있던 소비에트 권력이 자신들의 선택의 범위와 가능한 대답들을 그렇게 그렸던 원인을 그들의 주된 관심사가 '권위의 원시적 축적'-'권력을 가능한 한 빨리 권위로 변화시키려는 절박한 시도'[2]였기 때문이었다고 제안한 바 있다. '정통'의 연속성을 깨뜨림으로써 권력을 손에 넣고, 적절한 정통성으로 자신들의 통치를 뒷받침할 생각만으로 가득한 혁명 집단에 대해서는 그다지 새로운 점을 찾기가 어려웠다. 그 전까지 단 한 번도 권력의 현대적 적법성을 형성해냈던 적이 없는 국가에서 현대성에 헌신하는 엘리트의 통치에 적법성을 부여해야 한다는 문제에 직면한 소비에트 권력의 입장은 매우 독특한 것이었다.

현대 이전에는 국가 권력의 적법성이 직접적으로 통치자가 통치할 권한을 지녔는지 여부에 집중되었다. 군주는 권위의 근원이자 보고로 여겨지며, 그 권리를 다른 어떤 사회적 존재로부터 인정받을 필요 없이, 자신의 의지에 따라 다른 모든 사회적 존재들의 요구와 명령권을 허락해주는 유일한 지위를 누린다. 권력의 사다리 아래 칸들에 어떤 권력이 분배되었든 그것은 위로부터 내려온 것이다. 현대성의 출현으로 생긴 가장 중요한 변화 중 하나는 앞에서 '국민투표주의'라는 말로 표현했던 현상이다. 이제 통치자는 반드시 국민의 인정을 받아야 한다. 최고의 권위를 인정받기 전까지 국민의 의지를 분명히 전달(또는 그런 의지를 형성)하는 사회적 존재들의 빽빽한 네트워크, 수많은 중간 단계들을 거쳐 지나가야 한다.

다시 말해서, 그람시가 말하는 '시민사회'가 현대 국가를 유지한다는 이야기이다. 앞에서 이야기한 사회적 존재들의 네트워크란 지식인들, 즉 집단의 이익과 비전을 전문적으로 '표현하는 사람들'로 가득한 시민사회의 구조와 다름없다. '시민사회'의 대리인들이 만들고 퍼뜨리고 주입한 민중의 철학이 그 국가의 정치권력이 추구하는 유토피아를 지지하는 한 그 정치권력은 '적법'하다. 공동의 삶에 헌신하고, 공동체의 이름으로 선언된 결정에 충실하고, 그 이름으로 주어지는 통치에 기꺼이 복종하는 태도는 시민사회에 의해 생성되어, 국가 권력을 위한 정치적 투쟁의 드라마가 펼쳐지는 단단한 기반으로 굳어져간다. 이것은 정치적 분열에 우선하며 그것을 내신한다. 대중적인 내집단 정서의 넓은 틀 안에서 일어나는 정치적 불화도 여기에 속한다. 앞에서도 지적했던 대로, 시민사회는 국가의 행동을 인도하는 철학과 상식을 연결 짓는다. 사회를 운영하는 것은 이제 하나의 '헤게모니'가 된다. 그러나 대중의 상식은 통치 철학과 이어진 채로, 또는 예속된 채로 남아 있는 한에서만 사회의 운영이 자신의 이름으로 이루어지는 것에 만족한다. 그 연결을 끊거나 예속을 약화시키면 헤게모니는 지배로 변하는데, 그것은 국가의 통치가 시민사회의 정교한 조직에 의해 뒷받침되지 못하게 된다는 의미이다.

모든 광범위한 역사적 일반화에는 취약점이 있게 마련이지만, 그래도 동유럽에서보다 서유럽에서 훨씬 더 큰 규모로 현대국가가 출현한 것은 진정으로 현대적인 시민사회의 출현과 시기적으로 일치한다고 조심스럽게 말해볼 수 있다. 서유럽 현대국가들의 발전 과정을 '민족국가nation-states'의 부상으로 묘사할 수 있는 것도 바로 이러한 이유 때문이다. 동유럽 대부분의 지역에서는, 언어적 문화적 공동체로 이루어진 정교한 시민사회라는 의미의 국가가 지금 논의되고 있는 의미에서의 문화적 공동체라는 울타리를 훨씬 넘어서도록 퍼져나간 정치 상황 속에서 생겨났다. 전형적으로 동유럽적인 개념이자 선입견인 '민족 문제'는 '그런 국가를 찾는 민족'의 형태로, 의지하고 지지할 정치 상황을 추구하는 시민사회의 형태로 시작되었다. 문화적 헤게모니라는 이 기이하고 여러 가지 면에서 독특한 현상은 정치적 지배와 전쟁을 치른다. 폴란드, 헝가리, 보헤미아, 남슬라브, 발트해 연안의 여러 나라들이 바로 이런 경우였다. 러시아는 확실히 이런 경우가 아니었고, 진정으로 러시아적인 핵심은 더더욱 아니었다.

시민사회의 세포조직이 차르 왕조의 통치 아래에서는 성장하지 않았다거나, 입지를 넓히고 내적으로 풍부해지지 않았다고 말하려는 것은 아니다. 여기서 말하고자 하는 바는, 차르 왕조의 통치가 무너지기 전에는 시민사회가 진정한 지지층을 얻을 수 있을 만큼, 대중적인 상식에 상당한 정도로 깊이 침투해 들어갈 수 있을 만큼, 정치 상황의 전제조건들에 흡수됨으로써 정치 상황과 동화되고 대중적인 상상력의 수준에 도달할 수 있을 만큼 충분히 나아가지 못했다는 점이다. 러시아에서 차르 왕조의 통치가 끝나기 바로 직전까지 시민사회는 전제적인 차르 왕조의 관료체제라는 망치와 무력하고 무지한 대중이라는 모루 사이에서 고통스럽게 쥐어짜지고 있었다. 전제 군주는 시민사회의 정신적인 지도자들을 제치고 그들을 따랐을 때 닥칠 수 있는 가장 불미스러운 결과들을 몇 번이고 대중에게 호소했다. 지식인들 사이에서 부글부글 끓어오르던 비판이 극적으로 폭발한 대중의 분노와 합쳐졌을 때, 시민사회의 지도자들은 새로운 정부를 조직할 준비가 된 사람들과 아직 이 새로운 국가에 시민사회를 제공할 준비가 되지 못한 사람들로 나뉘었다. 첫 번째 집단은 그동안 소외되었던, 멀고 전능한 중앙 정치권력의 전통적인 지위로 매끄럽게 스며들어갔다. 어떤 형태의 정치적 지배와도 조화를 이루지 못한 두 번째 집단은 처음부터 쓰러지거나 곧바로 완전히 무시당했다. 똑같이 박탈당하고 힘없는 지식인 집단들끼리 벌이던 '가족 사이의 말다툼'은 이제 정부와 동일시되는 한 집단이 다른 집단에 가하는 전면적인 맹공의 형태로 변해버렸다. 그 결과, 혁명의 격변에서 탄생한 새로운 정치적 통일체는 또다시 순수한 지배의 형태로, 시민사회 없는 국가의 모습으로 나타났다.

권력을 손에 넣고 스스로 정부로 탈바꿈한 이 혁명의 엘리트들은 눈앞의 상황을 이런 식으로 바라보지 않았다. 그들의 관점은 혁명 이전의 역사를 통틀어 자신들이 잠재적 시민사회의 일부였지 국가의 정치적 구조를 구성하는 요소가 아니었다는 사실에 의해 왜곡되었다. 국가 권력을 손에 넣기 위한 진짜 경쟁이 배제됨으로써, 이들은 스스로를 박탈당한 계급의 잠자고 있는 자기 인식을 깨우고 설명하는 데 전념하는 지식인 세력이라고 여겼다. 이들 지도자들은 그 단어가 '제도화된' 어떠한 의미에서 보더라도 정치가라기보다 지적인 대변인에 훨씬 더 가까웠다. 예상대로 그들은 맨 처음 조잡하고 기술이 부족한 상태에서 시작한 이후로도 오랫동안 계속해서 자신들이 국가 권력의 문제들을 다루는 데 서투르다고 생각했다. 그들은 여전히 자신들이 기본적으로 선동가라고 생각했으며, 무정하고 때로는 냉소적이기까지 한 다음 세대의 관리행정 전문가들이 처음에는 눈에 띄지 않게, 그리고 나중에는 아주 극적으로 자기들을 대신하게 될 때까지 정치라는 엔진에 필요한 유일한 연료인 대중의 열정에 불을 댕기려고 애썼다. 객관적으로 그들이 어떤 역할을 수행했건 간에, 레닌 세대의 통치자들은 누군가 그들을 일방적으로 국가와 동일시한다면 격렬하게 항의했을 것이다. 국가 권력의 가치를 찬양할 때조차도 그들은 국가의 기능을 시민사회의 기능 수준으로 축소시켰지 그 반대는 아니었다. 따라서 하나의 당이 두 가지 기능—지배 기관과 다양하게 얽혀 있는 대중의 이해관계를 대변하는 대리인—을 다 수행할 수 있다는 기이한 생각도, 설사 정밀하고 철저한 검토를 버텨내지는 못한다고 하더라도 심리적으로 이해는 가능하다. 만일 러시아의 현실과 다른 상황이었다면 그것은 어쩌면 현실의 시험조차도 통과할 수 있었을지도 모른다. 사회주의를 지향하는 소수 집단이 구성원 대다수가 강력하고 완고하게 반사회주의적인 사회를 다스리던 러시아의 특수한 현실 속에서, 두 가지 기능의 그러한 '결합'이 낳을 수 있었던 유일한 결과는 국가에 의한 완전무결한 지배와 시민사회, 또는 시민사회의 변변찮은 유물을 조각상의 치부를 가리는 무화과 나뭇잎이나 아무 쓸모없는 장식품의 역할로 축소시키는 것이었다.

혁명의 지도자들이 사상과 개념들을 가장 폭발적인 무기로 보고, 그것이 엄격하게 분배되어야 하며 그 분배가 총기 소유와 같이 세심하게 관리되어야 하는 중요한 것으로 여겼던 것은 그들이 자신을 근본적으로 지식인으로 여기고 있었기 때문인지도 모른다. 그들이 통치하던 기간 내내, 적어도 1920년대 말까지 그들은 같은 계급의 사람들끼리 어떤 생각을 이야기하고 구성할 수 있는 상당한 정도의 자유를 허용했다. 그러나 처음부터 사회주의가 목표로 삼는 본질적인 정의에 반대하는 생각은 결코 용인하지 않았고, 그런 생각을 품는 사람들을 용서하지도 않았다. 이러한 이유로, 시민사회가 '풀뿌리' 수준에서 성장할 가능성은 잘려나갔다. 그럴 가능성이 없고, 그 가능성이 사회에 역동성을 더해주고 결정되지 않은 채로 유지해주지 못함으로써 전체 정치구조가 취약해졌다. 이것은 양쪽이 서로를 전의에 가득한 눈으로 노려보며 즉흥적인 타협에 이른, 마지못해 받아들여진 휴전처럼 불안한 상황이었다. 여전히 미미한 시민사회의 싹은 '위로부터' 자라서 내려왔고, 대중에게 닿기 훨씬 전에 그 성장을 멈추었다. 지식인 당원들 사이에서 계속된 격렬한 토론은 인구의 90퍼센트에게는 이해할 수도 없는 이야기였다. 세상은 농민들에 관한 한, 한순간 급격하게 확장한 짧은 사건을 겪은 다음 다시 마을 공동체나 이웃들로 이루어진 안전하지만 단단히 잠긴 주거지로 후퇴했다. 농민들은 다시금 '지역에 한정'되었고, 중앙의 권력도 국가적 통합을 상징하기는커녕 근본적으로 세금과 공물을 수집하고 징병하는 군대를 의미하게 되었다. 1927년

러시아에서 육체노동자와 지적 노동자 40명당 당원 한 명꼴이었지만 농부의 경우에는 600~650명당 한 명꼴밖에 되지 않았던 것은 상당 부분 사회주의를 지향하는 엘리트 통치자들이 농민들이 전형화한 프티부르주아적 세계관이라는 환상으로 사회주의 유토피아의 순수성을 '오염'시키지 않겠다는 명시적인 또는 암묵적인 의지 탓이었다. 이것은 농민들을 실패한 사회주의 속에 붙잡아두려는 시도가 아니었다. 그보다는 사회주의 국가에 사는 소작농들이지 사회주의 국가의 소작농은 아니라는 의심의 여지도 많지 않은 뿌리깊은 믿음, 그곳에 소속된 것이 아니라 그저 사회주의의 수많은 과제들 속에 존재하는 하나의 대상으로서, 해결되어야 할 문제로서 존재한다는 믿음의 피할 수 없는 결과에 더 가까웠다.

그래서 새로운 국가의 처음 10년 동안은 현대 국가로 부상하기 위한 필수 조건들을 충족시키기가 어려웠다. 그것은 아직 민족국가도 아니었고 그렇게 되어가는 과정도 아니었다. 풍부하고 과감한 그 시대의 문화적 창조성은 마지막 한파가 시작되기도 전에 소수 엘리트 집단의 한계 너머로 도달하는 데 실패하고 말았다. 그것은 여전히 상식과 통치 철학의 표현양식 모두와 별 상관도 없고 의사소통도 단절된 채로 공중에 떠도는 제안에 불과한 것으로서, 새로운 민족 문화의 지위를 향해 조금도 다가가지 못하고 있었다.

그다음 스탈린주의 시대는 이제 '사회주의적 현실주의'로 불리던 부르주아적 상식의 고양과 모든 문화적 경험이 지배적인 문화적 표현양식의 지위에 오르지 못하도록 철저히 그리고 엄격하게 금지했다. 그 시기의 가장 눈에 띄는 점은 철학 이론이 국민을 통합시키는 요인 정도로 격하되었다는 사실이다. 이제 정부는 체계적 통합을 완전하고 무제한적으로 좌우하기로 마음먹었다. 굳게 단결된 순혈종의 시민사회가 언젠가는 제공해줄지도 모르는 도움에 대한 모든 희망을 버리고 (또는 의도적으로 단념하고), 순수하게 정치적인 방식, 즉 강압적인 수단을 통해 체제를 유지하는 것으로 만족한 것이다. 철학 이론이라는 성스러운 유물의 역할은 의례 행사 때 외우는 마법의 주문으로 축소되었으며, 국가의 정치적 기능을 대체하기는커녕 짐을 덜어줄 수 있을 만큼이라도 효과가 있다고 믿어지지도 않았다. '사회주의적 현실주의' 문화도 철학 이론과 상식을 이어주는 고리를 제공하거나 철학이 언젠가는 상식의 내용에 스며들어 그것을 재구성할 수 있는 경로를 열어주지는 못했다. 체제가 언젠가는 문화적 헤게모니의 철학 양식으로 변화시키고 이용할 수 있는 새로운 철학 이론을 조금씩 만들어갔던 것도 아니다. '사회주의적 현실주의' 문화는 평균적인 취향의 문화였고, 그 평균이라는 것은 평범하지 않은 것, 참신한 것, 일상에서 벗어난 것, 그리고 유토피아적인 것을 혐오하고 근절하려는 성향을 지닌다. 그러한 상식에 갇힌 문화는 체계가 아니라 단순한 합계가 되어가는 자신의 무정형성을 반영하는 원자화된 사회의 문화이다. '사회주의적 현실주의' 문화는 자연스럽게 전능하며 완전히 멀어져버린 국가를 보완한다. 이 문화는 국가의 영역과 개인의 영역 사이의 마지막 불화를 강조하고, 어떤 기만적인 방식으로 그것을 유지시킨다. 둘 사이의 의사소통은 이제 돌이킬 수 없을 정도로 깨져버렸다. 상식이 문화적 영역을 명백하게 정복했다는 것은 보통 사람들이 궁극적으로 수치스럽게 패배했다는 뜻이다. 이제 보통 사람들은, 유일하게 사용 가능한 문화의 표현양식으로는 그 존재와 역할을 이해 가능하게 만드는 건 고사하고 표현할 수조차 없는 전능한 정부에 의해 곤경에 내몰렸으며, 그것을 이해하고 비판적으로 평가하는 데 사용할 수 있는 지적인 도구마저 빼앗긴 셈이다.

그 결과 소비에트 사회는 처음 40년 또는 그 역사 내내 현대 민족국가를 향한 진보를 거의 이루어내지 못했다. 물론 사회 기반 시설들에 관해서는 미래에 현대 국가를 형성하기 위해서 더 긍정적인 조건들을 만들어낸 중대한 변화를 경험했다. 엄청난 수의 국민들에게 활기를 불어넣고, 순수하게 지리학적인 의미에서 그들의 지평을 넓혀주고, (적어도 정치적으로는) 가장 멀리 떨어진 지역을 국가 전체에 적용되는 체제 안으로 실제로 통합시키는 기동성과 명령 체계가 구비된 정치적 구조를 일으켜 세운 것은 아마도 그 변화들 중에서도 가장 운명적인 일들에 속할 것이다. 그러나 그 과제는 완전히 충족되지 못한 채로 남았고, 원래대로라면 자본주의 통치가 마주쳐왔을 역사적 요구에 '사회주의 국가'가 어떻게 대처할 것인지는 여전히 조금도 명확하지가 않았다. 그러나 10월 혁명 이전의 역사가 그 과제를 끝내지 못한 채로 남았다는 사실이 이 사회주의 정권의 선택지 및 선택들과 중요한 관계에 있었다.

프리들랜드와 로즈버그는 아프리카의 사회주의에 관하여 다음과 같이 말했다.

> 서양 민주주의의 다수결 개념과 달리 아프리카 사회주의자들은 '모든 이의 의지' 또는 다수의 의지를 거부하고 대신 '일반의지', '국민의 의지'라는 루소의 표현을 택한다. 실제로 아프리카 독립 국가들의 지도자들 중 상당수가 자신들이 루소가 말하는 '입법자'의 역할을 충족하고 있다고 생각한다.[3]

이것은 러시아 10월 혁명 지도자들과 그들의 혁명 동지들 거의 모두의 심리 상태에 대한 묘사이기도 하다. 반세기 후의 아프리카가 그랬듯이, 러시아는 사회주의 이데올로기를 자본주의의 문화적 표현양식인 자유주의의 확장이나 부정으로서가 아닌 대체제로서 수용했다. '여론'을 정부의 지혜와 통치권의 잣대로 이용할 수 있고 또 그렇게 이용해야 된다는 생각뿐만 아니라, 여론이라는 것 자체가 부르주아 국가와 함께 나타났으며 그곳에서 확립되었다. '국민'은 그 발전 과정 속에서 각자가 타인과 분리된 채 자신의 정치적 권리를 행사하고, 궁극적인 정치적 균형 속에 들어가 수량화할 수 있는 결과의 자율적인 요소가 되는 개인들의 집합으로서 천천히, 그러나 꾸준히 정치적 통일체의 궤도 위에 올라섰다. '국민투표주의'의 표현양식은 모든 주권의 근원인 '국민'이 질적으로 구분되는 몸뚱이들이 아니라 개인들로 구성되어 있다는 전제에 그 성쇠가 달려 있다. 그리하여 '일반의지'는 다수의 의지로 축소되고 그것과 동일시되었다. 그러한 동일시는 정치적 행동과 표현의 자유가 이미 국민을 구성하는 개인들 각자와 전체에 의해 이미 성취되고 전용(그리고 행사)되고 있다는 허구에 이데올로기적 근거를 둔다.

명백히 개인이 아니라 집단(제정 러시아의 경우에는 세습되는 신분, 아프리카의 경우에는 혈통)으로 이루어진 사회들에서는 이런 허구가 뻔뻔스럽게 받아들여질 수가 없다. 그런 집단이 개인 구성원들로 축소될 수는 없으며 그것의 '의지' 또는 '이익'도 그렇게 될 수 없다. 사회의 전장에서 정치적 게임을 벌이는 건 각자의 이유를 대변하는 대규모 집단이지, 집단의 특징을 철저히 빼앗겨 서로 구별하기도 어려운 개인 수십 명 정도로 이루어진 작은 집단이 아니다. 선진 자본주의 사회의 정당들은 독립적인 개인들이 이해하기 어렵게 제시된 선택지들의 집합으로 볼 수 있다. 개인들은 그 선택지들 중에서 자신들의 욕구와 소망을 더 제대로 충족시켜줄 수 있을 것 같은 것을 고른다. 다른 모든 것이 다 그렇듯, 정치적인 지지는 서로 독립적인 두 선수가 벌이는 하나의 게임,

수요와 공급의 문제이다. 구조적이고 문화적인 차원에서 원자화 과정이 끝나버리지 않은 사회에서는 사정이 다르다. 그곳에서는 정치적 운동이 외부에서 제공되는 기회가 아니라, 어느 한쪽의 사람들로부터 직접 자라나는 것처럼 보인다. 사람들 자신이 정치적 운동으로 성장하고, '스스로 국가를 구성'한다.

이 표현양식은 국민이 정치의 무대 위에 오르는 것을 당연한 일로 여기지 않는다. 오히려 정치에 참여할 권리를 얻는 것을 정치적 투쟁의 주된 목표로 삼는다. 국민이 하나의 집단이자 공동의 현현, 즉 '일반의지'로서 정치의 무대를 점령하고 지배하기를 기대한다. 올바른 정당에 소속된 정치가들은 상대적으로 더 성숙하고 언변이 뛰어난 대중의 대변자로, 대중을 위해 길을 열고 깨끗이 청소하는 선봉으로 여겨진다. 이 선봉이 사람들에게 자유롭게 말하고 존중될 권리를 주기 위해 싸워왔다. 이런 목표에는 국민의 정치적 활동을 방해하던 족쇄를 끊어버려야만 도달할 수 있다. 자유─볼랴vola(러시아 인민주의적 단어로 자유를 뜻하는 이 말은 의미론적으로 비교적 길들여진 '문명화된' 자유svoboda에 부여되는 의미를 진하게 함축하고 있다)─는 무엇보다도 하나의 거대한 집단이 자기보다도 더 거대한 또 다른 집단에 가하는 억압과 착취에서 해방되는 것을 뜻한다. 이것은 집단들 사이의 문제이지, 집단과 개인 사이의 문제가 아니다.

레닌은 서양의 정치 정당 모델을 러시아의 토양에 옮겨 심으려는 멘셰비키의 시도를 격렬하게 비난하면서 러시아의 현실을 이러한 의미에서 대변했다. 다툼의 진정한 원인은 (논쟁에 가담한 사람들이 무슨 생각을 가지고 있었건 간에) 경찰국가에 반체제 비밀 결사가 필요한지가 아니라, 그 존재만으로도 정치적 세력을 형성할 수 있는 정당의 '행동하는 사람들'이라는 전적으로 뚜렷이 구별되는 의미에 있었다. 오직 정량화할 수 있는 통치의 적법성을 획득하기 위해서만 국민에게 호소하는 전문적 정치 단체인 서양의 정당들은 구체적인 목표로든 문화적 가치로든 이런 목적을 한 번도 추구한 적이 없었다. 부르주아적 개인주의의 지배가 연장되지 않은 탓에 구조적으로도 문화적으로도 충분히 일구어지지 않은 러시아의 토양이 낳을 수 있었던 정당들이 지녔던 힘과 존재 가치는 역사적 행동을 하는 대중의 직접적이고 즉각적인 기능뿐이었다. 레닌은 이 점을 이해했기 때문에 서양의 마르크스주의자들을 끊임없이 민주주의적 양심과 부딪히게 했던 이슈들에 관하여, 즉 어떻게 대중과 계속 발맞추어 갈 것이며 정당의 혁명적 열정을 많이 잃지 않으면서도 대중의 지지를 계속 유지할 수 있을지 별로 염려하지 않았다. 레닌에게 정당이란 곧 인민이었으며, 그렇지 않다면 그것은 아예 정당이 될 수도 없었다. 언제나 선봉에 서 있던 사람들이 해야 할 일은 무기력한 대중을 일으켜 세우고, 대중이 혁명의 불길을 댕길 준비가 될 때까지 그 불씨가 꺼지지 않도록 유지하는 것이었다. 레닌은 그러한 정당이 곧 대중을 억압하는 존재로 변할지도 모른다는 예감을 받은 적이 거의 없었다.

그러나 당의 지도자들이 정부의 권력을 손에 넣자 바로 그런 일이 일어나고 말았다. 그들은 자신들이 대중의 이름으로 행동하고 있다고 믿었다. 당은 자신들이 1917년의 현실에 비추어봤을 때 조금도 이상한 점 없이, '행동하는 민중'으로서 행동한다고 여겼으며, 그런 이미지는 당이 자신을 본질적으로 민중의 해방과 동일시하기 위해 필요한 완전한 보증이 되어주었다. '볼라'란 노동자와 농민이 차르 왕조의 관료와 경찰로부터, 그리고 지주의 괴롭힘과 수탈로부터 얻은 자유를 의미했으며, 이 모든 것은 단번에 성취되었다. 민중은 오직 민중의 자격으로서만 자유를 쟁취할 수 있다. 그러나 그 당시 개인의 자격으로 얻었던 그들의 자유는 결코 러시아 역사에 분명하게 상정될 수 없는 것이었다. 당이 민중을 해방시키는 대가로 개인의 자유를 억압하지는 않았다. 주관적으로든 객관적으로든 실제로 그런 억압은 거의 없었다. 이 모든 '당연한 사실들'은 어제의 희망의 지평을 오늘의 현실과 갑자기 일치시킴으로써 낡은 진리의 재평가를 알아차리기는 더 어렵게 하고 그냥 받아들여버리기 쉽게 만든다.

계급 착취를 없애는 것과 자유를 한 호흡에 같이 써버리는 오랜 습관은 혁명 이전의 현실을 반영한다. 그런 동일시는 현실과 뚜렷이 구별되지만 그 정확한 구조를 드러내는 하나의 지평으로서 옳은 것이었다. 그것은 계급 지배라는 장애물이 헤게모니로 형태를 바꿀 시간을 주지 않고 제거해버리지 않으면 해방의 과정이 연기된 채로 시작될 수 없다는 의미에서, 하나의 프로그램이자 가능성의 총합으로서 옳았다. 그러나 그것은 상대적으로만 옳으며, 현실이 그 지평에 가까이 다가갈 때는 무효화되어야만 한다. 역사적 관점에서 인식될 때는 자유를 향한 움직임을 더욱 자극하던 신념이, 이미 성취된 현실을 기술하는 것으로 드러날 때는 오히려 그 움직임을 방해하는 주된 제동장치로 모습을 바꾼다. 이 신념은 이렇게 새로운 역할을 수행하면서 자유라는 개념을 국민투표주의 이전의 규모로 축소시키고, 그에 따라 그 자신의 지평에서 새로운 현실을 박탈해버리며, 더 이상의 역사적 움직임을 바보처럼 보이게 만든다. 개인의 종속이 새로운 지배 문화적 표현양식이 되었다. 일단 그렇게 확립이 되고 나면, 개인의 집합인 민중은 새로운 통치 원리의 이름으로 가장 무자비하게 탄압하기 위한 철학적 기반으로 쉽게 이용될 수 있다. 예전에 당이 민중의 이해관계를 제대로 이해하고 대변한다는 믿음에서 수많은 민주주의 원리들을 이끌어냈던 것과 마찬가지로. 그러나 이제 그 이해관계는 '눈앞의' 현실을 떠나가야만 도달할 수 있는 이상이 아니라 현실에 궁극적으로 뿌리를 내리고, 현재 상황을 비판하는 대신 방어해야 이익이 되는 것으로 새롭게 정의되었다. 다시 말해서, 유토피아의 한 요소로서 올바른 것이었던 믿음이 새로운 이데올로기를 일으켜 세우기 위한 기초로 이용되었을 때는 명백하게 왜곡되었다는 것이다. 그것은 비판적인 칼날을 유지할 때만 올바른 것으로 남을 수 있다. '인민'이라는 용어는 아무것도 의미하지 않거나 박탈의 실현을 상징하거나 둘 중 하나이다. 그러므로 거의 그 개념의 정의에 의해서, 어떠한 결정적인 사회 현실도 인민의 이익을 구현해낸 것으로 기술되어도 좋다고 확언할 만큼 충분히 좋을 수는 없다.

사회주의 유토피아는 공동체를 다시 옹호하는 것을 개인주의적인 사회의 긴 '성숙기'를 완성시키는 동시에 잘 발전된 개인의 이익과 사회의 이익을 화해시키는 사건으로 보았다. 개인화 단계를 회피하는 '새치기'가 가져올 수 있는 결과는 전적으로 도용된 사회 권력에 개인이 완벽하게 종속되는 것뿐이며 실제로 그렇게 되었다. 자연히 이것은 민주주의의 씨앗이 자랄 수 있는 인류학적인 상황을 최소한 또 하나의 역사적 기간만큼 지연시켰다.

러시아 사회구조 속에 '아직' 형성되지 않았던 이 세 가지(산업화, 시민사회의 성장, 개인화 단계—옮긴이)는 정부가 혁명적으로 변화한 순간 하나로 합쳐져서 사회주의 유토피아의 실현을 아주 어렵게 만들어버렸다. 그것들은 인간 해방의 새로운 전망을 열어주기는커녕 부자유의 나사를 더욱 단단하게 조이는 전조가 되었다. 심지어 새로운 농노제도를 사회주의의 꿈이 실현된 것으로 이해함으로써 사회주의 유토피아의 신빙성을 떨어뜨리고 그것이 자본주의 사회의 계속된 억압으로 생긴 갈망과 동경에 어긋나는 것으로, 그 정치적 의제가 주장해온 자본주의의 타고난 결점을 묻는 질문에 대한 틀린 대답으로 받아들여지게 했다.

소비에트 연방에서 실제로 일어난 사건은 산업화와 도시화를 이루고, 국가를 건설하고, 극소수가 통치하고 민중은 똑같은 일상을 습관적으로 반복하며 상식의 틀을 거의 넘어서지 못하는 공공의 삶의 광활한 영역 위로 우뚝 솟은 근대적 정부를 구성하는 것으로 완성되는 근대화 혁명이었다. 그러나 이 현대화 혁명은 과거 산업주의에 중독되었던 그 끔찍한 결과에 이미 간담이 서늘한 세상의 눈앞에서 엄청난 대가를 치르며 이루어졌으며, 공장 굴뚝이 몇 개 더 생기고 공장 입구에 사람들이 구름처럼 밀려드는 모습은 그리 즐거워 보이지도 않았다. 세상은 자신이 과거에 지녔던 잔인성을 목격하는 동시에 그것이 스스로 인간의 고통을 동정하고, 개인의 신성한 권리를 준수하며, 개인적인 자유로 가는 길에서 진전을 보았다며 자랑스럽게 여기는 모습을 보고 혼란과 공포를 느꼈을 수도 있다.

그러나 고려해야 할 두 가지 중요한 조건이 있다. 첫째, 가장 단순한 구조적 결정론을 끝까지 밀고 나갈 준비가 되어 있지 않은 한, '아직' 이루어지지 않았던 그 세 가지 것들이 나타났다고 해서 그런 결과를 피할 수 없다고 단언할 수는 없다는 점이다. 거기에 다른 길이 있었느냐는 질문에는 그것이 이론의 영역에 남아 있는 한, 또는 어떤 실제적인 대답도 시도된 적이 없는 한 확실한 대답을 내놓을 수가 없다. 어떤 점에서 그 상황과 그것의 문화적이고 사회적인 결과 사이의 관계는 피할 수 없는 것이 되었다고 볼 수도 있지만, 그것은 오직 산업화로 가는 지름길을 이용하기로 마음먹은 인간의 결정이 개입되었을 때만 그렇다. 그때부터 시민사회가 부상하지 못하게 하고, 대중적인 민주주의가 뿌리를 내리지 못하게 하고, 사회를 지배하는 정치권력의 손잡이를 더욱 단단히 움켜쥐는 등, 종종 '전체주의'라는 표제 아래 포괄되곤 하는 여러 다양한 특징들이 사실상 '피할 수 없는 것'으로 그려질 수 있게 되었다. 그러나 역사에서 다른 모든 '피할 수 없는 것들'이 그랬듯이, 이것 또한 흔히 역사적 유산이라고 묘사되는 인간의 앞선 선택의 결과들로 둘러싸인 다양한 선택지 중에서, 설사 의도한 바는 아니라고 하더라도 어쨌건 인간이 스스로 선택한 결과로 만들어진 것이다.

두 번째로 염두에 두어야 할 것은 소비에트의 '위대한 도약'을 목격한 사람이 모두 다 자신들이 본 것에 기시감을 느끼며 의기소침하게 반응한 것은 아니라는 사실이다. 모두가 다 자신들이 본 것을 참을 수 없는 비용으로 받아들이고 바짝 정신을 차리며 경계했던 것도 아니다. 다른 많은 사람들은 그들이 다른 어떤 상상 가능한 대가보다 더 견디기 어려울 것으로 생각했던 박탈의 심연에서 자신들을 순식간에 끌어올려줄 기적의 발판 앞에 길게 줄 서 있었다. 그들에게는 단 한 세대 만에 이루어진 현대를 향한 소비에트의 여정이 그 시대의 가장 놀라운 일이었다. 소비에트의 실험은 자본가들이 산업화의 대가로 촉발될 분노를 스스로 피해 가게 될 시대에도 자본주의 혁명의 과업들이 여전히 이루어질 수 있음을 증명했다. 사회주의 유토피아가 자본주의의 반문화로서 작동할 때도 이 증명이 유효할지는 또 다른 문제이다.

여기서 중요한 사실은 자신들이 본 것에 매료되어 그 모범을 따르고자 하는 사람들이 '성숙한' 소비에트로부터 이어받은 유토피아는 예전에 그려졌던 사회주의 유토피아에서 한참 멀리 떨어진 것이라는 점이다. 이것은 더 이상 사회주의가 원래 자본주의 지배의 자비(혹은 무자비)에 일임했던 산업화 과정 반대편에 자리한 유토피아가 아니다. 반대로 이것은 이제 그러한 산업화의 유토피아일 뿐이다. 자본가를 위한 공간이 없는 자본주의 유토피아, 재계의 거물들이 있어야 할 자리를 활기 없이 눈치만 빠른 관료주의적 순응이 대신하고 위험을 감수하는 진취성 대신 안전한 원칙만이 존재하는 부르주아 유토피아. 그런 반면 새로운 유토피아가 장황하고 상세하게 설명한 도덕률은 하나부터 열까지 부르주아적이었다. 이것은 마치 프로테스탄트 강령을 베끼기라도 한 것처럼 근면, 금욕, 절약의 가치를 찬미했다. 이것은 마르크스와 바이틀링과 같이 서로 다른 사람들이 똑같이 화사한 인간적인 색채로 칠했던 자유롭고 자주적인 창의성과 아무런 관계도 없는 일을 열정적으로 하면서 자신을 포기하도록 요구한다. 느닷없이 게으름과 사심 없는 유희를 격렬하게 비난하며 그것들을 반사회주의적인 기생과 동일시한다. 누군가 개인의 불복종 권리를 조심스럽게 읊조리기만 해도 무섭게 인상을 쓴다. 게임의 규칙에 따르지 않는 것은 사회적인 죄악이며 죄인은 공동체 밖으로 추방해야 하기 때문이다. 한마디로 이것이 부르주아가 비교적 여유 있고 (알렉산더 거센크론[1904~1978, 러시아

의 경제학자]이 '산업의 도약'이라고 표현한) '쉬운' 방식으로 해낸 일들을
단축된 기간 안에 해낸, 낡은 부르주아 유토피아의 '인민주의'
버전이다.

원래의 부르주아 유토피아를 이렇게 단축하거나, 또는 다듬
어서 새로운 형태의 산업화 계획(그리고 그 계획이 실행될 환경)으로
만드는 일은 그 과정에서 소비에트 정부와 소비에트 사회구조
의 뚜렷한 특징이 된 조치들과 유사한 점이 많았다. 민중의 계급
화와 정치적 과정에서 민중이 배제될 것임을 분명하게 선포함
으로써 민중으로 하여금 그들과 대등한 위치에 있는 자본주의
자들과 결속케 하는 결과를 낳았다.

자본주의 사회구조의 필연적인 양극화는 '가진 자'와 '못 가
진 자'를 양극단에 나누는 시장에 기초하여 일어난다. 가진 자
는 못 가진 자가 처한 상황의 기본적인 요소들을 통제할 수 있는
그들의 지배력에 기초를 둔다. 그들은 못 가진 자가 생존 수단에
접근하는 것을 통제한다. 그들의 통제력이 전제된 형태인 사유
재산의 특성은 능동적인 면보다 수동적인 면이 더 크다. '이것은
내 소유'라는 말의 진정한 의미는 내가 부여한 조건에 따르지 않
는 한 어느 누구도 내가 소유한 대상을 이용하지 못하게 되어 있
다는 뜻이다. 노동이 복잡하게 분할된 현대사회에서 이 대상들
(생산 도구, 원자재, 판매 수단에 접근하는 것 등)은 인간이 사회적으로 분
배된 그들에게 필요한 상품들을 공유하기 위한 대체 불가능한
요소들이다. 그러므로 이런 대상들을 통제하는 사람은 엄청난

불확실성을 자기 손에 집중시켜 쥐고 있는 셈이며, 그런 통제력은 가난한 사람들의 행위와 삶을 좌우하는 힘이나 다름없다. 일반적으로 말해서, 모든 복잡한 조직 내에서 개인이나 집단이 누리는 권력은 그들이 조종하는 불확실성의 원천으로 측정된다. 그 힘이 더 효율적일수록 반대편에서는 문제의 불확실성이 더욱 생생해진다. 그리고 그에 대한 반응은 더 적은 '불확실성을 만들어내는', 다시 말해서 더 반복적이고 단조롭고 예측 가능한 것이 된다. 그러므로 가능한 한 많은 행동의 자유와 재량권을 유지하려는 시도는 다른 사람들의 행동에 가능한 한 엄격한 규제를 가하고자 하는 노력과 짝을 이룬다.

이러한 관점, 즉 능동적이기보다 수동적인 태도에서 바라보면 소비에트식 소유권(비록 사적인 소유가 아닌 건 분명하지만)은 자본주의 소유권의 양극화 특성을 이것저것 다 이어받았다고 할 수 있다. 여기서도 인구의 대다수는 필요한 상품을 손에 넣는 수단들을 마음대로 이용할 수 없다. 많은 양의 중요한 상품들이 시장의 개입 없이 분배되었던 최초의, 그리고 (곧 밝혀졌듯이) 일시적인 상황에서 전체적으로 끊임없이 퇴보해왔다. 특히 상품을 직접 생산하는 사람들이 스스로 만든 것들을 이용하지 못한다. 그들의 삶의 환경이 문제의 그 대상들에 의해 유기적으로 이루어지고 있기 때문에, 그 대상들의 이용을 조건 짓는 요구에 굴복하지 않는 한 자기 삶의 문제들에 대처할 완벽한 준비가 되어 있지 못한 셈이다. 그러므로 그들이 처한 곤경은 본질적으로 자본주의 사회의 문제와 똑같다. 자유에 대한 똑같은 제한과 타인의 의지에 복종해야 할 똑같은 필요성이 그곳에 있다. 소유권이 '개인'이 아니라 '공공'에 있다는 사실에 부여될 수 있는 유일한 의미는 그것이 아마도 그 대상들을 이용할 권한을 가진 사람들이 자본주의 사회에서 그들과 같은 위치에 있는 사람들처럼 자신들의 삶의 환경을 완전하게 만들기를 즐기지는 않았다는 점뿐이다.

따라서 '통제하기-통제당하기'의 대립은 자본주의 사회구조에서와 똑같이 소비에트 사회구조를 양극화한다. 여기에서도 저기에서와 마찬가지로 인구의 대다수가 명백히 '통제당하는' 쪽이다. 통제당하는 사람들이 자신들을 통제하는 사람들의 환경에 어떤 불확실성을 불러일으킬 수 있는 유일한 방법은 직장을 옮기거나 소비 패턴을 바꾸는 생산자와 소비자로서의 자유에 있지만 그것은 일자리와 소비재가 둘 다 충분히 공급될 때의 이야기이고 그런 조건이 항상 갖추어지는 것은 아니다. 이렇게 한정된 영역에서조차 사람들은 스탈린 독재체제가 절정에 이르렀을 때 시작된 '공장 할당'이나 배급제가 시행되던 때 소비자들이 타인의 결정에 따라 자신들의 식생활을 조절해야 했던 것처럼 행동반경이 최소한으로 줄어든다. 그렇게 유난히 혐오스러웠던 사건들은 제외한다고 하더라도 생산자와 소비자의 자유는 평상시에도 여전히 방해받는다. 고용된 자리에서 반드시 생산되어야 하는 양을 끊임없이 기록함으로써 노동자를 상급자의 처분에 맡겨버리는 실적 제도가 있기 때문이다. 가장 중요한 것

은 통제당하는 다수가 행동하고 저항할 수 있는 수단으로 남겨
진 것들이 모두 개인적인 수단들뿐이라는 점이다. 1920년대부
터 시작되어 소비에트 역사의 거의 대부분에 걸쳐서, 통제당하
는 다수는 완전히 발전한 자본주의 사회에서는 일반적인 집단
방어 수단을 빼앗긴 채로 남겨졌다. 그들이 집단으로서 지닌 유
일한 지위는 통제하는 소수가 그들을 뚜렷한 이익, 그리고 어쩌
면 한정된 인내심으로 정의되는 어느 정도 조밀하고 통일된 범
주로 바라봐야만 했다는 사실에서 비롯된 것이었다.

반면 통제는 집단화되었다. 약 40여 년에 걸친 소비에트 역사
에서, 수많은 개인들로 분쇄된 통제당하는 다수는 잘 통합되고
훌륭하게 통일된 통제 집단과 대면해야 했다. 이 점에서도 전형
적인 자본주의 사회 상황과는 차이가 있다. 이 40여 년 동안 소
비에트 체제는 자본주의의 역사 초기 산업혁명 이전 시대부터
알고 있었던 방식으로 통제당하는 집단을 원자화함으로써 통제
계급을 말하자면 유기적 구조로 통합해냈으며, 이것은 상당한
정도로 발전한 자본주의 사회에서나 볼 수 있는 경향을 철저하
게 상정해낸 것으로 이해할 수 있다. 그 결과 소비에트는 사회의
가장 큰 집단을 자본주의의 '자연스러운 역사' 속의 어떤 시점보
다도 더 완전하고 순수하게 체제에서 소외시켰다. 국가-정당 조
직 속으로 통합된 정치적 통일체의 '리더십'이 거센크론이 말하
는 '산업의 도약'을 위해 필요한 조건으로 사회의 더 크고 무제
한적인 복종을 요청하며, 양극화의 본질적인 패턴 변화 없이 자

본가계급을 '대신'했다.

　시장이 규제하는 산만한 경제 성장과 대조적으로, 계획경제
는 유전적으로가 아니라 목적론적으로 결정된다. 경제에 작용
하는 모든 요인들을 미리 정한 방향으로 합심하여 움직이도록
계획자가 어느 정도로 보장할 수 있는지에 그 성패가 달렸다. 그
들이 스스로에게 부여한 과제는 현재, 그리고 아마도 앞으로도
규칙적이고 단조롭게 남아 있을 요인들의 움직임을 어떻게 예
측할 것인지가 아니라, 그 규칙성을 원하는 방향으로 변하게 할
방법이었다. 그러므로 그 계획의 성패는 계획자가 그 계획의 실
행과 관련된 재화들을 어느 정도로 지휘 통제할 수 있느냐에 달
린 문제다. 물론 '이상적인 계획'이라는 상황은 '완벽한 시장' 모
델과 마찬가지로 허구에 불과하다. 어떤 재화들은 문제의 나라
가 완전한 경제적 자급자족을 이루는 동시에 자연환경을 완벽
하게 통제하는 사실상 불가능한 경지에 이르지 못하는 한 끝내
계획자의 통제력 밖에 남아 있을 것이다. 그러나 그 모델의 전제
조건들 때문에, 모든 계획 상황에는 계획자의 통제력이 감질나
게 미치는 범위의 다른 모든 재화들까지 조종하려는 계획자의
의지를 개입시키고자 하는 유혹이 늘 존재하게 마련이다. 생산
자와 소비자의 행동이 자연스럽게 이런 유혹의 첫 번째 희생자
가 된다.

　그것은 계획자의 눈에 억누르고 복종시켜야 할 거칠고 고집
스러운 본성으로만 보이는 행동의 자율적인 규제를 무너뜨리는

일이다. 이 일은 그들의 행동의 달갑지 않은 단조로움을 밑받침하는 '일상적인' 요인들의 압력에서 개인들을 고립시키거나, 또는 '일상적인' 요인들의 영향력을 상쇄하거나 최소화하거나 두 가지 역할 모두를 해내는 새로운 요인을 도입함으로써 성취할 수 있다. 소비에트 산업화의 역사는 그런 정책들로 채워져 있다. 강제적인 공영화는 식량 공급을 일반적으로는 교역 조건의 불안정성에 대한, 그리고 특수하게는 '가격 통제'에 대한 농민들의 반응과 거의 상관없는 일이 되도록 만들었으며, 계획자들이 모든 것을 조종할 자유를 급진적으로 넓혀주었다. 소비에트 산업에 부과된 강제적인 노동 조건들은 노동자들의 실적을 근본적으로 물질적인 보상 게임과 무관한 것으로 만들어버렸다. 계속되는 극심한 소비재 부족은 소비자의 선택의 다양성이 계획자의 자유에 아무런 영향력도 끼치지 못하게 만들었다. 마지막으로 한 가지 더 심각한 문제는, 비합리적이고 예측 불가능한 공포가 개인이 처한 상황에서 가장 큰 불확실성이 되고, 그리하여 다른 모든 전통적인 요인들을 꺾고 행동의 가장 중요한 결정요인이 되었다는 점이다.

산업의 도약기에 형태를 갖춘 정치 상황은 '유전적으로 결정된' 산업화 과정 속에서 점진적으로 성숙해진 서구 유럽의 구조와는 여러 가지 면에서 달랐다. 서양에서 등장하여 서양 정치학에 지배적인 패러다임을 제공해준 패턴의 가장 큰 특징은 통제력(재산)을 가진 자와 정부에서 일하는 사람들이 제도적으로 분리되어 있다는 점이다. 이 두 집단의 이익과 행동은, 비록 실질적으로는 결국 대체로 일치하게 되기는 하지만 결코 아무 문제도 없이 그냥 일치된 채로 주어지지는 않으며, 제도적 네트워크의 구조에 의해 보장되지도 않는다. 그런 역사적 경험을 이론화해야 할 사실상 유일한 대상으로 본다면 목적과 수단의 (실제로 변화무쌍하고 파생적이었던) 구분이 모든 정치 이론에서 필수적인 이론적 모델이 될 것이며, 실제로 그렇게 되었다. 베버에게는 '열정 없는 전문가들'의 관료주의적 통치가 실천의 영역을 가득 메우고 있는 현상이었다. 신민의 복종을 이끌어내고, 방향성과 목적성을 획득하고, 그 자신의 성과를 통제하고 측정하기 위해서, 베버식의 관료주의에서는 (그 자신은 관료가 아니기 때문에) 목적을 그려내고 전략적인 목표를 정확하게 정해줄 수 있는 지도자가 앞장설 필요가 있었다. 따라서 관료주의는 카리스마 넘치는 지도자나 지배계급, 또는 '인기 있는 대변자들'이 형성해내는 '의지'에 종속되지 않는 한 독자적으로 성공할 수 없는 체제이다. 관료주의 자체는 사실상 어떤 내용물이든 담아 넣을 수 있는 텅 빈 그릇(베버의 사상에서는 모든 것이 '합리적'인)에 불과했다.

　베버 사상의 지적인 영향력은 너무나도 엄청나서 오랫동안 소비에트 정부의 본질을 제대로 이해하지 못하도록 방해해왔다. 그 영향력 아래에서 정치학자들은 당을 단순한 실행기관으로 보고 한 사람의 폭군(또는 폭군의 '중추세력')을 정치구조의 실제적인 버팀목으로 여기며 여기에 주의를 집중하는 경향이 있었다. 이것은 다시 스탈린 이후 시대를 제대로 이해하지 못하도록 방해하며, 수많은 분석가들로 하여금 당의 구조와 기능 및 그 변한 점과 변하지 않은 점을 실제적으로 평가하는 대신 차기 스탈린의 정체성을 알아맞히는 쓸모없는 수수께끼 놀이에 끝없이 빠져들게 만들었다. 중요한 점은 소비에트 연방의 집권당이 거대 관료주의 조직의 성격을 잃지 않은 채 전문가들을 부리며 법을 제정하고 명령하고, 그리고 목표를 선정하는 역할을 도맡았다는 사실이다. 사법과 행정, 입법과 실행, 목적과 수단, 가치Wert와 목적Zweck, 목표와 달성―베버의 분석적 표현 방식에서는 결코 화해시킬 수 없는 대립적인 개념인 이 모든 것들―이 결국 하나로 합쳐진다. 다시 말해서 관료주의는 최고의 지배력을 얻고 그 카리스마적인 통치자(또는 그와 같은 방식으로 목적과 가치를 제공하는 누군가)가 필요 없어지게 함으로써 자기 자신을 초월한다. 이런 변형은 노예근성으로 가득한 목적합리성이라는 구속복의 폐기를 예고한다. 베버가 이상적인 형태로 그렸던 것이 관료주의라면, 이것은 더 이상 관료주의가 아니다.

역설적이게도, 서양의 역사적 경험과 동떨어진 이 새로운 정치 개념을 처음으로 설명한 사람이 바로 스탈린―당을 베버의 관료주의 차원으로 축소시킨, 정치학자들이 말하는 바로 그 '카리스마적인 폭군'―이었다. (실제로 그는 그런 폭군이 되기 전인 1924년에 다음과 같이 말했다.)

당은 노동자계급의 가장 훌륭한 요소들을 모두 흡수해야 한다. …… 당은 프롤레타리아의 작전 참모이다. …… 노동자계급의 선봉과 본대의 구분, 당원과 비당원의 구분은 계급이 사라지지 않는 한 사라질 수 없다. …… 노동자계급의 지도자를 기르는 최고의 학교인 당은 그 경험과 특권의 근거를 통해 프롤레타리아 투쟁의 지도력을 한곳으로 모을 수 있으며, 그를 통해 노동자계급의 모든 비당원 조직들을 하나하나 당과 계급을 잇는 근로 및 보조 단체로 변화시킬 수 있는 유일한 조직이다.

이 문단에서 '노동자계급'이란 혁명이 선택한 권위의 궁극적인 원천을 나타낸다. 그러나 진술은 '권위 그 자체인 당에 흡수되어 스스로 권위의 보고이자 연주자가 되는' 것에 관한 내용이다. 훗날 흐루쇼프가 사용한 '인민'이라는 표현은 노동자계급을 대신하는 말이었을 것이다. 그러나 당이 성숙하고 지적이고 교육받은 모든 사회 요소들을 자신이 통치하는 대상의 이름으로 포함하고, 그럼으로써 단지 정치의 기능뿐만 아니라 역사의 지혜와 동일시된다는 가정은 변하지 않은 채 남아 있었다. 또한 수많은 군대식 비유에도 주의를 기울여야 한다. 군대는 늘 자치적인 관료제의 원형으로 적절하게 선택되어왔다. 작전 참모는 전시에 전략적 목표를 정하고 그 실행을 관리한다. 산업이 도약하던 시기의 소비에트는 전쟁 중인 군대였고, 당이 작전 참모의 역할을 맡았던 것이다. 당이 바로 그런 역할을 손에 넣기 위해서 전쟁을 선포했던 것이라고 생각하는 사람들도 있다.

관료주의 정치를 통해 지배력을 획득하는 것이 인류 역사에서 처음으로 일어난 일은 아니며, 소비에트만의 독창적인 경험이 담겨 있었던 것도 아니었다. 혹자는 일반적인 표현으로 지배계급이 약해지고 탄력을 잃거나 그 당연한 과정으로 자신의 헤게모니를 확실히 유지할 수 없게 될 때마다 민주주의적 자치 정부에 의한 관료주의 통치가 나타나기 좋은 상황이 만들어진다고 말할 수도 있다. 그람시의 용어로 말하자면 권력과 지배는 시민사회의 나약함, 즉 헤게모니의 부재 또는 불충분함과 직접적으로 관련되어 있다. 널리 퍼져 있는 종속과 통제의 패턴에서 이익을 얻는 계급의 통제는 오직 지배에 의해서만 유지될 수 있다. 그리고 지배란 관료주의를 핵심으로 하는 정치 상황의 확장을 의미한다. 관료주의 통치의 핵심은 시민의 역할을 배제하고, 종속 관계가 확립되고 유지되는 조건들을 정치적으로 통제하지 않는 것이다. 권력의 여러 근원들이 서로 상대적으로 분리된 채로 존재하는 다른 사회들에서는 이러한 정치적 통제의 배제—비록 이것이 겉으로는 모든 계층을 똑같이 괴롭히는 것처럼 보일 수도 있지만—는 다른 집단의 비정치적 형식의 권력 관계에 의해 종속적인 위치에 놓인 계급들을 가장 심각하게 불리하게 만든다. 이런 의미에서 정치적 통제의 배제는 사회적 삶의 다른 영역들, 특히 노동과 의사소통 영역에 대한 통제의 배제 역시 강화하고 보호한다.

그러나 설사 관료주의가 관리 행정의 실행에서 독립성을 획득한다고 하더라두, 관리의 본질에서는 그렇지 못하다는 점이 중요하다. 정치적 배제의 내용은 비정치적인 권력구조에 의해 결정되며, 이러한 의미에서 관료주의는 사실상 중립적이고 비당파적인 전문가들의 통치라고 말할 수 있다. 전문가들이 비당파적이라는 것은 정확하게 말해서 그들이 통치 과정의 목적을 결정하기는커녕 논의조차 할 수 없음을 의미한다. 목표들은 이미 주어져 있다. 관료주의가 만든 것도 아니고 의식적으로 싸워서 얻은 것도 아니다. 그와 반대로, 그 목표들은 바로 그 관료주의적 중립성과 가치에 대한 무관심 때문에 스스로 지속되고 영속화한다.

한편 지배계급은 지배계급대로 정치적으로 배제된 덕분에 국가에서 상당한 독립성을 얻는다. 계급 간 권력구조는 중앙 행정이 그것에 호의적인지 적대적인지에 상당히 큰 영향을 받을 것이다. 그러나 그런 계급 지배는 비교적 안전한 채로 남는다. 관료주의 통치는 지배계급과 관련된 것에 대하여 어떠한 중요한 불확실성도 만들어내지 않으며, 따라서 계급의 지배를 넘어서는 지배력을 얻지 못한다. 관료 체제가 지배계급의 구성원들로 하여금 계급의 지배를 그런 식으로 유지하도록 통제하는 것과 똑같은 방식으로, 비정치적 요인들에 바탕을 둔 이 지배는 관료주의의 정치적 역할을 통제하고 제한한다. 이런 일이 소비에트 체제에서는 일어나지 않았다는 것은 명백한 사실이다. 아이자크 도이처(1907~1967, 폴란드의 작가이자 저널리스트)는 "만일 자본주의 체제 아래에 있었다면, 우리는 관료의 권력이 항상 유산계급의 권력에서 평형추를 찾는다고 말했을 테지만 지금 우리에게는 그런 제한이나 한계가 전혀 없다"[4]고 말했다.

융커 당원(19세기 중엽 프러시아 귀족)과 부르주아, 서로 자기 입맛에 맞게 상황을 바꿀 능력이 없었던 그들 사이에서 힘겹게 나아가던 프러시아 관료 체제를 베버가 이상적으로 그린 최상의 형태로 승화시킨 이 체제를 소비에트는 그 문턱에서 멈추고 더 이상 경험하지 못한다. 사적 소유권이 폐지되자 비정치적 권력의 가장 강력한 원천이 사라지고, 관료 체제는 사회를 지배하는 힘을 다른 누구와도 나눌 필요가 없어진다. 앞에서 이야기했던 '평형추'는 이제 인간 인내심의 일반적인 한계를 지니고 언제든지 일상적인 행동 패턴에 순응할 준비가 되어 있는 생산자와 소비자 각자의 산재되고 불분명한 힘들뿐이다. 따라서 이제 정치적 배제의 통합된 과정 속에 모든 차원의 배제가 다 포함된다. 이것은 이들의 관료주의 통치를 역사에 기록된 다른 어떤 경우보다도 더 강력하게 만든다. 그러나 그 전능함의 원인이 동시에 실패의 원인이기도 하다. 소비에트 체제의 지배는 수미일관 정치적 차원에만 한정되며, 더 이상 물러설 방어선도 없다. 만일 소비에트가 처한 상황에서 정치적 개혁이 충분히 철저하게 이루어진다면 그것은 지배의 패턴 전체를 완전히 변화시켜야 할 것이다.

그곳엔 관료주의 통치를 넘어서는 어떤 '깊이'도 없고, 그 많던 정치적 혁명의 유토피아를 향한 열정이 사라져버린 시민사회의 광대한 영역도 없다.

정치적 과정에서 이전에 알려진 적이 없는 규모로 민주주의를 뿌리뽑아버림으로써, 관료주의적 지배는 역사상 다른 어떤 형태의 지배보다도 더 민주주의적인 공격에 취약해졌다. 거의 모든 경우에, 상대적으로 더 민주적인 정치적 통치 형태로 가는 길은 경제적으로 우세한 계급이 고착화되고 자주적이 됨을 의미한다. 민주화 과정이 지배구조에 진정한 대변화를 가져올 수 있는 경우는 정당중심partynomial[5] 체제로 구현되어 있는 소비에트 관료 체제가 유일하다. 그 사회에서 정치적 게임에 접근할 권리를 얻은 집단 또는 범주는 같은 방식으로 지배력을 공유하게 된다. 일반적으로 사회의 지배와 동일시되어온 정치가 어떤 체제의 변화를 가져올 수 있는 유일한 수단이 된 것은 주로 이런 이유 때문이다. 몇몇 저자들은 (아마 그중에서도 도이처가 가장 유명할 텐데) 소비에트 체제의 이러한 기이한 속성을 근거로, 소비에트 체제가 자유를 가장 비참하게 억압하는데도 경제적으로 더 발전한 다른 자본주의 사회들보다 사회주의에 다소간 더 가깝다고 (또는 진정한 사회주의로 전환하는 데 대한 저항이 그나마 덜하다고) 본다. 그러나 이런 가능성이 실현되기 위해서는 몇 가지 조건이 충족되어야 한다. 첫째는 인간을 단조로운 활동의 노예로 만드는 결핍이 적어도 일상생활 수준에서는 사라져야 한다는 것이다. 둘째

는 소비에트의 상황에서는 자치 제도의 성숙을 의미할 시민사
회의 출현이다. 그런 성숙은 민중을 정치의식을 지니는 수준으
로 끌어올려야 이루어진다.

　다시 말해서, 소비에트 체제가 자본주의 국가들보다 사회주
의적 비전에 접근해가는 체제에서 조금 덜 멀리 떨어져 있다는
사실은, 소비에트 체제가 자본주의 혁명의 과제를 완료하는 데
성공해야만 명백해지고 사실이 될 수 있다는 것이다. 전례가 없
을 정도로 악화된 사람들의 고통, 농노제도, 그리고 소외가 요구
되는 상황에서 산업의 도약에 몰두하는 어떤 체제가 사회주의
라는 상표를 표방하는 것은 지금까지 산업 세계에서 사회주의
유토피아가 인기를 끄는 데 역효과를 보였다. 다시 한 번 도이처
의 말을 인용하면, "자본주의 이전의 사회에서 일어난 혁명은 사
회주의를 성취하려는 열망을 가졌음에도 여러 가지 면에서 사
회주의의 패러디로 보일 뿐인 잡종을 낳았다. …… 러시아혁명
은 서양에서 혁명이 일어나지 않도록 막는 억제제로 작용했다".[6]
그러나 러시아혁명이 산업 세계에서 사회주의 유토피아의 명분
에 끼친 가장 큰 피해는 삶의 수준, 효율성, 과학기술적인 능력
등을 부당하게 비교하는 차원이 아니라, 소비에트 체제가 사회
주의의 원호 아래 주창하던 긍정적인 가치들의 차원에 가해졌
다. 앞에서 이미 살펴보았듯이, 사회주의의 힘은 자본주의의 반
문화라는 지위와, 자본주의의 가치들의 역사적 상대성을 드러
내고 그 역사적 한계를 폭로함으로써 자본주의가 끝이 보이지

않는 상식으로 굳어지지 않게 막는 철저하게 비판적인 유토피아의 역할을 수행하는 것으로 이루어진다. 소비에트 체제가 채택한 이데올로기는 곧바로 자본주의 진영에 '최초의 사회주의 국가'라는 모든 최초의 권위를 지닌 것으로 알려졌으나, 본질적인 가치와 도덕 체계라는 차원에서 모든 전제들이 완전히 뒤집어져 있었다. 공장 굴뚝의 개수, 노동 규범, 청교도적 윤리로 평가되는 부르주아적 진보의 덧없는 가치가 역사적 발전의 보편적인 법칙이자 완벽한 인간의 궁극적인 속성으로 그려지게 되었다. 소비에트 체제는 '사회주의를 건설'하면서 부르주아적 잣대의 도움으로 자신의 완성도와 진전도를 평가했다. 그와 동시에 가장 보수적인 부르주아 반-유토피아와 힘을 합쳐서, 사회주의 유토피아만의 독특한 특징이었던 대중을 소외에서 벗어나게 하고 그들에게 통제력을 주려는 목표를 맹렬하게 비난했다.

결국 소비에트 체제가 서양의 사회주의 세력들의 정신 상태에 영향을 끼치는 데 성공하는 만큼, 그것은 또한 상식을 좌우하는 부르주아 헤게모니를 강화하는 결과를 낳았다. 이것은 GNP로 측정되는 진보의 개념을 전폭적으로 지원하고, 인간의 문제들을 경제적 효율성으로 환원하고, 소외의 문제를 인간 해방의 안건에서 삭제하고, 국가를 초월한 자유의 문제를 국권이라는 좁은 틀 안에 한정 짓고, 인간을 해방시키는 유일한 방법이라고 주장되는 국가의 역할을 강화하는 데 공헌했다. 본질적으로 자본주의적이었던 세계에 나타나 거침없이 사회주의 이데올로기를 표방한 것의 비판적인 영향력은, 기본적으로 호의적이며 부르주아적 상식의 언어로 완전히 표현 가능한 비판에만, 즉 자본주의 체제의 가장 지독하고 심각한 고통을 지적함으로써 적절한 수정을 촉구하고 때로는 강요하기도 하는 비판에만 한정되어 나타났다. 소비에트 체제가 사회주의 명칭을 채택한 결과는 막시밀리앵 뤼벨(1905~1996, 프랑스의 역사가)[7]의 말을 빌려서 다음과 같이 표현할 수 있다.

현재 마르크스는 전 세계에서 새롭게 제시되는 다양한 자본주의 이론이 비판하고 비난하는 만큼이나, 가짜 사회주의에 의해서도 그 존재를 강요당하고 있다.

7장
—
문화로서 — 사회주의

모든 것을 고려해볼 때, 사회주의 사회를 건설하려는 시도란 결국 계급사회에 의해 훼손되고 굴욕당한 인간성을 회복하려는 노력이다. 이 중요한 면에서 소비에트의 실험은 뚜렷하게 실패했다. 만일 서양의 더 눈부시고 풍요로운 발전을 따라잡지 못하는 명백한 무능력을 이유로 비난받는다면, 소비에트 체제는 자신들의 그 끔찍했던 출발점을, 그들의 자본주의 경쟁자들과는 닿을 수도 없었던 거리를 아무도 반박할 수 없을 만큼 줄였다는 사실을, 그리고 가장 극심한 형태의 물질적인 가난을 근절시키는 데 많은 성과를 보였다는 점을 언제든지 지적할 수 있다. 그러나 소비에트식 '사회주의적 신인류'가 놓인 노예 상태와 맹종에 대해서는 어떠한 변명도 있을 수 없다. 가장 가혹한 현대 전체주의 정권의 지속적인 산물은, 자유를 얻게 될까봐 두려워하고, 자신의 견해를 갖고 자신을 보호하고 자신의 신념에 책임을 지는 일에 익숙하지 않은 국민이었다. '이상적인 소비에트 사람'은 프티부르주아의 평균적인 인간임이 분명하게 드러났다. '사회주의적 인간'으로 오해받는 그 프티부르주아는 자신에게 주어진 것과 다른 존재를 상상할 수도 없는 구조로 만들어져 있으며, 따라서 모든 비판은 현재의 안전이 (그것이 아무리 변변치 않고 허름하다 해도) 미지의, 그리고 아주 무서운 역사의 물결로 대체되려는 징후이다.

그래서 역대 가장 포괄적이고 야심적이었던 사회주의 실험이 자본주의를 지향하는 문화에 제시할 수 있는 어떤 대안적인 방식이 그다지 많지 않은 것이다. 저 충실하고 변함없는 마르크스주의자 게오르그 루카치조차 새로운 대안을 생성할 수 없는 그 무능력을 소비에트의 사회주의 실험이 궁극적으로 실패했다는 의미로 이해했다는 설도 있었다. 이 실패는 사회주의가 지난 2세기 동안의 역사 속에서 견뎌냈던 그 어떤 불행보다도 더 지독한 것이었다. 자본주의 시장의 신경이 끊어질 듯한 긴장과 숨이 막힐 듯한 황홀함에서 태어난 호모 컨수멘스Homo Consumens(소비하는 인간)는 끝없이 상품을 뒤쫓는다는 점에서는 똑같은 긴장감을 제공하지만 그것을 손에 넣는 기쁨은 그다지 주지 못하는 시시한 '사회주의적' 평등에 큰 매력을 느끼지 못한다. 자본주의적 상식의 무기력한 무관심에서 억압을 느끼는 호모 크리에이터Homo Creator(창조하는 인간) 역시 마찬가지로 둔감한 상식적인 틀과, 정체를 숨기지도 않고 공공연하게 보수적인 강압으로 무장한 풍경에서 영감을 받기란 어려운 일이다.

소비에트판 사회주의가 문화의 영역에 제공한 것은 결국 자본주의 딱지가 붙은 것들에 지나지 않았는데, 그것도 서양의 자본주의에 비하면 끔찍하게 열등한 것들뿐이었다. 바리케이드

양쪽 모두가 1인당 생산량, 단위 자본 및 노동 시간당 효율성, 상용화된 상품들의 효용성, 사유재산 보유량으로 정의되는 '풍족한 생활' 등만을 유일한 평가 기준으로 삼았다. 서구 사회가 자본주의가 인간의 삶에 제공하는, 또는 제공할 것 같은 '물질적인' 장식들에 점점 더 지쳐가고 불안해하고 있던 시기에 소비에트 사회주의는 용케도 그런 가치 기준을 제시해냈다. 소비에트 사회주의는 자본주의의 트랙 위를 달리는 더 노련한 주자로 자신을 정의함으로써 좋게 말하면 자기 자신을 가난한 나라에서 일어나는 일반적인 자본주의적 문화혁명의 대용품의 역할에 머물게 했는데, 이것은 나쁘게 말하면 자본주의 문화 형식을 자본주의가 '보통은' 절대로 이루지 못할 정도로까지 고착화하려는 시도에 가담한 셈이라고도 할 수 있다. 숨이 막히게 광활한 인간 자유의 확장을 향해 역사의 창문을 활짝 열기는커녕, 소비에트 사회주의는 자본주의 문화의 자유주의적인 형식이 가져온 제한적이고 불완전한 사적 자유조차 이루어내지 못했다. 강제 노역과 마녀 사냥마저 일시적이고 비전형적인 작은 불행 정도로 눈을 감아줄 준비가 되어 있는 지지자들에게조차 소비에트의 일상적인 삶에 허락된 자유의 양은 부당하고 한심한 정도로만 보였을 것이다. 만일 소비에트의 실험이 사회주의 유토피아가 '실현 가능'하다는 사실과 그곳에 도달할 수 있음을 증명했다고 한다면, 그와 동시에 그 유토피아에서 어떤 매력을 박탈해버렸다는 점에도 의심의 여지가 없다. 다른 한편으로 그 실험이 만일 기이하고 독특한 우연의 산물로 해명될 수 있다면, 이것은 사회주의 유토피아의 실행 가능성과는 상관없는 문제가 되어버린다.

많은 사회주의자들의 기대를 저버리고, 자본주의의 발전은 계급들 간의 노골적이고 인정사정없는 대립을 촉발하기는커녕 헤게모니에 의한 새로운 지배 방식을 가져왔다. 안토니오 그람시가 그 뛰어난 통찰력으로 반세기 전에 이미 내다보았던 과정이 바로 이것이다. 자본주의의 안정성은 문화적 기반을 획득했다. 이것은 운동의 목표로 받아들여진 행복한 삶의 이상, 필요의 반영인 것으로 인식되는 결핍, 세상에 대한 인식을 체계화하는 인지 구조, 그리고 무엇보다도 '현실'과 '유토피아' 사이에 경계를 드리우는 그 방식이 정치적 상황의 방해를 전혀, 또는 거의 받지 않는 자본주의적 관계의 총제를 유지하고 그 속에 스며든다는 사실을 의미한다. 이것은 또한 국가의 영역에서 어떤 변화가 일어나건 간에 인간관계의 자본주의적 방식은 새로운 문화가 그것을 제거해버리지 않는 한 사라질 것 같지 않다는 사실을 의미한다. 에리히 프롬(1900~1980)이 말했듯이, 자본주의가 만들어서 심어준 "환상의 충족은 사회적 안정성의 대용품으로 작용하고, 그것을 강력하게 지지"[1]해주어, 엘리트 통치자들의 개편을 막고 오랫동안 유지시켜주기에 충분할 정도의 안정성을 확보한다.

헤게모니로서의 자본주의 문화는 문제의 근원으로 공격받지 않고 오히려 마르크스가 그 진가를 완전히 알아보지 못했던 엄청난 생존 능력을 입증해 보여준다. 아마도 그람시가 자본주의의 생명력과 회복력을 이해하고 문화혁명의 경종을 울린 최초의 마르크스주의 사상가였을 것이다. 그람시가 본 마르크스주의는 "이제 막 전통문화를 향해 자신의 헤게모니를 펼치기 시작하고 있으나, 여전히 굳건하며 더욱 세련되게 완성되어 있는 전통문화가 오히려 그리스 피정복민이 야만적인 로마 정복자들의 승리를 방해했던 것처럼 대응하려고 한다".[2] '자본주의 그리스'가 '로마의 사회주의적' 정신에 뿌리를 내린다고 보는 관점은 결국 끊임없이 무제한적으로 성장하는 생산과 생산성을 인간 진보의 궁극적인 척도로 여기는 것과 일맥상통하는 것으로 보인다. 자본주의는 이 놀라운 성과 속에서 소비에트의 교묘한 속임수로부터, 즉 사회주의 사상의 총체를 모든 것을 아우르는 단 하나의 산업화 시도보다 경시하고, 경제적 효율성의 영역을 자본주의와 사회주의가 격돌하는 가장 중요한 전장으로 그려내고, 자본주의에 대항하는 것을 국가가 주도하는 경제가 곧 제거해줄 것으로 여겨지는 비효율성에 대항하는 것으로 변질시켜버린 그들로부터 엄청난 도움을 받았다. 공동 소유라는 개념(노역을 줄이고, 힘들고 단조로운 일과 불평등을 없애고, 생산자를 기계에 대한 종속에서 해방시키고, 노동을 슬겁고 창조적인 일로 변화시키고, 생산자의 통제력을 회복하고, 소외를 극복하는 등)의 광대한 인본주의적 야망은 포기되거나 이단으로 분류되거나, 그렇지 않다고 해도 점점 더 보류되어왔다.

　그와 동시에 원래의 사회주의적 척도들은 자본주의 문화 속으로 동화되고 길들여졌다. 케인스의 재해석이 크게 지배하는 가운데 자본주의의 생존은 필요한 상품과 소비의 확장이라는 용어로 다시 정의되었다. 이제 유일하게 기대할 수 있는 것은 주최자의 문화가 펼치는 경주에 자본주의의 적수로 참가한 사회주의가 그 규칙에 따라 서둘러 자신의 도전을 재정립하는 것뿐이었다. 스탈린은 산업의 총생산량에서 자본주의 국가들을 앞지를 조짐을 보여주었다. 흐루쇼프에게 그 '앞지름'이란 고기와 우유의 높은 소비량을 의미했다. 그리고 집권당 또는 집권을 희망하는 정당 속으로 제도화된 서양의 사회주의자들은 장애인들을 위한 소비시장에 더 많은 몫을 공급하는 것 이상을 추구하는 일이 드물었다. 오늘날 가장 강력한 버전의 사회주의 유토피아에 자본주의 문화의 기본적인 교리에 대한 도전은 존재하지 않는다. 사회주의의 이빨이 빠진 것이 아니다. 자본주의 스스로 사회주의의 이빨에 상당한 면역력을 키운 것이다. 노골적인 불평등을 부당한 것으로 보고, 인간의 비참함을 사회의 잘못으로 여기고, 약자들이 자신을 지킬 권리와 자기 스스로 자신의 삶을 운영하는 결정권을 인정하는 것이 헤게모니 문화의 지울 수 없는 특징이 되었다. 이것은 사회주의 유토피아의 승리로 기록되어야 마땅할 성과이다. 그러나 같은 이유로 전통적인 버전의 유토피아는 현실의 비판적 양심으로서의 힘을 상당히 잃어버리고 말았다.

물론 자본주의의 지배적인 문화에 진정으로 반대하는 문화

프로젝트로서 사회주의에 대한 기억은 아직도 생생하다. 그러나 사회주의의 입장에서 문화적 도전을 시도하는 전통은 정치적 투쟁의 장에서 자리를 잃었으며, 수많은 지적인 문화 비평들에서 널리 거부당했다. 페리 앤더슨(1938~ , 영국의 마르크스주의 역사학자)은 비록 다소 왜곡된 형태이기는 하지만, 문화적 도전과 사회주의 정치의 이별을 사회주의의 "자본주의 문명에 대한 이해와 비판이 의미 있는 진전을 이룬" 상황으로 표현하며, "그러나 충격적일 만큼 대조적으로, 그 전략적 사고는 거의 역대 최악으로 취약해졌다"[3]고 말한다. 자본주의 문명에 대한 비판은 그것이 아무리 날카롭고 지적으로 압도적이라고 하더라도 미해결 상태로 남아 있는 반면, 사회주의 정책은 조용히 계속해서 자본주의 사회의 사소한 질병들을 치료하는 과정을 밟아간다는 사실까지는 물론 전략적 사고의 후퇴라는 근거만으로 비판할 수 없다. 유토피아를 정치적 실천의 요소로 삼기 위한 지적인 탐구보다 훨씬 더 많은 노력이 필요하다. 그 이율배반은 역사가 깊은 진짜 문제이다. 그것은 사회주의가 직면한 현재의 위기의 뿌리 깊숙한 곳에 자리 잡고 있다.

게오르게 리히트하임(1912~1973, 나치 독일을 떠나 영국에서 활동한 사회학자)의 "만일 사회주의에 어떤 의미가 있다면 그것은 불평등의 종식과 부의 축적이라는 목적을 다른 비경제적인 목표들로 대체하는 것"이라는 주장에 동의하지 않기란 쉽지 않다. 사회주의는 사실상 부의 축적을 인간 활동의 안내 지침으로 받아들임으로써 자연이 부여한 필요성들에서 인간을 해방하겠다는 선언이나 마찬가지이다. 그러나 만일 이것이 사회주의적 도전의 본질이라면, 그것의 현대적 표현은 "사회주의가 다른 무엇보다도 끊임없이 성장한 사회의 생산성에 제동을 걸어줄 수 있으리라는"[4] 희망이 될 것이다. 그러나 의회에서 안정 다수의 확보를 기대하고 사회의 의식을 유권자들의 견해로 조심스럽게 정의내리는 '현실적인' 정당이라면 결코 이런 강령을 자신의 정견에 포함시키고자 하지 않을 것이다. 득표수와 의석수를 두고 경쟁하는 정치적 다툼은 오직 누가 헤게모니 문화가 제공하는 가치를 더 많이 획득하느냐는 측면에서만 수행될 수 있다. 이것은 대안적인 문화들 사이의 투쟁을 위해 고안된 게임은 분명 아니다. 이러한 진리를 끝내 의식하지 못하는 정당을 기다리는 운명은 자멸뿐이다. 돌아올 수 없는 지점을 지나기 전에 '현실적인 생각'에 의한 자기 파괴의 길을 더 이상 가지 않고 멈추는 일도 실제로 일어나곤 한다.

이 딜레마는 아리스토텔레스의 텔로스telos와 노모스nomos의 구분만큼이나 오래되었다. 텔로스는 그렇게 되어야 할 것, 살아 있는 실체의 억눌리고 감추어진 잠재력, 아직 이루어지지 않았지만 완벽해질 가능성이 있는 것을 의미한다. 노모스는 이상적인 상태가 이루어지지 못하도록 막는, 그것이 자신을 펼치기 시작할 때 억누르고 날개를 잘라버리는 외부의 힘을 말한다. 아리스토텔레스가 이렇게 규정한 이후로 이 이분법은 서양의 지적 세계 어디에나 존재하게 되었다. 비록 늘 새로운 언어적 가면을 쓰고 등장하기는 하지만. 그 가면들 중 두 개는 사회주의 전통과 특별히 관계가 있다. 생시몽이 설명했던 노동의 활력과 재산의 타고난 보수성 사이의 변증법적 모순, 그리고 결말이 열려 있으며 내부에 추진력이 있는 인간의 행동과 제도화된 소외의 산물의 치명적인 지배 사이의 마르크스적인 충돌이 바로 그것이다. 사실 마르크스는 전자가 후자를 극복하기 위한 무기를 반드시 손에 넣어야 한다고 말하기는커녕 그것을 어떻게 손에 넣을 수 있을지에 관해서도 비슷한 말조차 하지 않았다. 어떤 의미에서 '자본'은 그 자체로 우울한 단어이다. 이것은 아마도 자본주의 체제가 언젠가는 그 자신의 체제적 불합리성이라는 무거운 짐에 눌려 무너지는 이유를 설명할 수 있다. 그러나 반대의 여지가 없는 인류 역사의 요인으로서 인간의 자유가, 또는 자신을 소외시키는 제도의 속박을 벗어버리고자 '행동하는 인간'이 '필연적'이라는 명쾌한 논거를 제시하기는 어렵다. 이와는 대조적으로, 우리는 '자본'으로부터 소외되는 것이 스스로 지속되는 과정이라는 사실, 그리고 이것이 만들어내는 유일한 필연성은 개인은 필연적으로 굴복하거나 사라져버릴 수밖에 없다는 점이라는 사실을 배울 수 있다. 마르크스는 인간이 상식적 행동들을 순전히 형식적으로 반복하게 함으로써 계속해서 스스로를 재확립하는 권력구조의 비밀을 꼼꼼하고 체계적으로 밝혀낸다. 사회학적 '법칙'들은 소외의 물질화된 퇴적물들에 적용할 수 있는 개념이다. 그러나 인간 행동의 반소외적인 본성을 기술하는 즉흥성은 다루기가 대단히 어렵다.

　사회주의 혁명이 역사적 필연성과 가장 가깝게 다가간 지점은 자본주의가 극도로 가난해진 수많은 프롤레타리아를 견딜 수 없는 지점으로 몰아가 폭동을 유발하는 성향을 지녔다는 비전에 있다. 그러나 설사 이 비전이 실현된다고 하더라도 이 폭동의 성격이 반드시 사회주의적이어야 하는지는 여전히 불분명하다. 이미 극도로 가난해진 민중의 절망에 의해 하나의 혁명이 일어났다. 그러나 그것이 조금의 과장도 없이 사회주의적 유토피아의 실현에 얼마나 다가갔는지는 질문을 던져보아야 한다. 역사적 경험을 통해 깨우친 우리는 루이스 코저(1913~2003, 독일 출신 미국의 사회학자)와 어빙 하우(1920~1993, 미국의 문예·사회 비평가)의 다음 이야기에 동의하고 싶어한다. "결핍이 생기면 경찰이 나서서 상품의 분배를 감독하려고 한다. 경찰이 나서면 분배는 불공정해질 것이다."[5]

　이제 결핍은 객관적-주관적 현상이, 사회적으로 제공된 기회에 대하여 문화적으로 제시된 예측을 투영한 결과가 되었다. 여러 사회들이 구성원들에게 우리가 가장 기본적인 것이라고 생각한 양보다 훨씬 더 적게 제공함으로써, 이용할 수 있도록 주어진 기술과 자원을 통해 잠재적으로 이룰 수 있는 공급의 증가를 여전히 인위적으로 제약하고 있다는 풍부한 증거가 있다. 그러나 자본주의의 성쇠는 빈곤을 끊임없이 재생산하는 데 달려 있다. 문화적으로 빈곤의 경험이란, 개인의 자아실현을 위한 유일한 방법이자 사회적 지위가 낮아짐으로써 느끼는 굴욕에 대한 유일한 보상으로 간주되는 대상들을 획득하는 과정에서 생기는 피할 수 없는 부산물이다. 사회적으로 빈곤의 경험은, 인간이 끊임없이 요구하는 확실성과 안정성을 시장이 형성한 환경을 위한 조건으로서 반드시 충족시켜주어야만 하는 상황에서, 마치 생물학적인 통증과도 같이 중요한 경고이자 방향을 알려주는 장치가 되었다. 경제학적으로는 '상대적 박탈감'을 계속해서 새로운 형태로 생산해 아무도 만족에 젖지 못하게 함으로써 이윤과 시장에 바탕을 둔 경제를 가라앉지 않게 해준다. 그러므로 경찰과 불공정한 분배는 자본주의 경제가 가져오고 부르주아 문화가 유지하는 사회 유형 속에 확고하고 단단하게 닻을 내리고 있다고 추정할 수 있다.

그러나 문제는 일단 그런 사회 유형이 오이쿠메네oikoumene(세계, 우주를 뜻하는 헬라어—옮긴이)의 일부로서 실현되고 나면, 자기 영속적인 빈곤의 끔찍한 순환을 깨뜨리려고 시도하건 그 순환 밖에 남기를 소망하건 간에 경찰과 불공정한 분배 또한 그런 사회의 영속적인 특징이 되어버린다는 사실이다. 설사 그 지역의 문화에 의해 악화되지 않는다고 하더라도, 빈곤의 경험은 비교 문화적이고 비교 사회적인 설명의 결과로 반드시 등장해 상대적 빈곤을 낳을 것이다. 문화 전파의 피할 수 없는 결과를 피하거나 시장의 승리의 전진을 막기 위한 어떠한 시도도 경찰의 개입 없이 이루어질 수 없을 것이며, 그리하여 불공정하게 보일 분배가 이루어질 것이 확실하다. 영원히 만족시킬 수 없는 빈곤을 충족시키기를 포기하는 경제는 실패한 것으로 간주되어 분노를 유발할 것이다. 빈곤, 경찰, 그리고 불공정한 분배는 서로가 각자의 그 자기 영속적인 능력을 공유한다.

위의 삼인조가 등장하고 확고하게 자리를 잡게 한 책임이 문화에 있는지 여부는 여기서 충분히 논의하기가 어려울 정도로 논쟁의 여지가 크다. 그러나 그 기원을 단정하지 않아도 특정한 종류의 문화적 헤게모니가 이 삼인조가 주목할 만한 생존 능력과 가장 혹독한 역사적 우발 사태들로부터 아무런 탈도 없이 나타날 수 있는 능력을 지니게 한 핵심 요인들 중 하나라고 단정해도 이견의 여지는 없다. 그래서 사회주의의 미래는 문화적 영역에서 결정될 것이라는 가정도 할 수 있다.

이런 자각은 (이전 세기만 해도 단순하고, 말하자면 알기 쉬웠던) 20세기 후반에 사회주의 유토피아를 공식화하려는 마음을 품은 사상가들의 삶을 더 쉽게 만들어주지 않는다. 사회주의가 큰 소리로 떠들썩하게 요구했던 한 가지는 자본주의가 그 전제에 따른 결론을 도출해야 한다는 것이었다. 기술적 진보, 합리주의의 규칙, 개인의 권리 등을 긁어모아 공식을 급조할 필요가 없었다. 무엇보다도 사회주의는 자본주의의 실패를 비판하며 자신의 이론을 실행에 옮기기 위한 것이었다. 어떤 의미에서 부르주아 문화는 자신의 상대인 사회주의에 굳건한 기반과 확실한 존재 이유를 제공해주었다. 그러나 이제 더는 그렇지가 않게 되었다. 최초의 유토피아 사상이 이제 자본주의가 위기로 몰고간 가치들을 계속해서 추구하면서도 인간의 근본적인 해방이 이루어질 수 있다는 추정에 의혹을 제기할 만큼 충분히 구체화되었기 때문이다. 물론 사회주의의 요구와 자본주의의 기꺼운 또는 마지못한 양보 사이에는 여전히 큰 격차가 있다. 그리고 어떤 복지국가도 사회주의적 이상에 가까운 사회적 평등을 가져올 수는 없다. 그러나 그 격차는 한쪽에서 상대 진영의 해안선을 뚜렷이 볼 수 있는 지점까지 좁혀졌다. 거기서 보이는 것은 그동안 희망해왔던 것보다 훨씬 덜 고무적이다. 반대쪽 해안은 여전히 해방적인 이상과는 멀리 떨어져 있는 것으로 보인다.

일관성과 현실성을 얻기 위해 노력하면서, 전통적인 사회주의 유토피아는 부르주아 헤게모니 문화로부터 많은 도움을 받았다. 이제는 그런 도움을 기대할 수 없게 되었다. 사회주의 유토피아는 산업사회로 알려진 틀 안에서 작용하면서 현대사회를 가능한 한 멀리 가져갔다. 다음 단계가 있다면 그것은 아마도 엄청난 미지의 세계로 안내할 것이다. 복지국가, 강력한 노동조합, 재분배를 위한 입법, 국유화된 산업을 넘어서, 그다음 해방의 전투가 벌어질 광활한 미지의 세계가 펼쳐져 있다. 그리고 아마도 이것이 현재 사회주의가 지닌 힘과 약점의 주된 원인일 것이다. 사회주의의 전통적인 교의들은 이제 사회적 현실 속에서 강력한 발판을 얻어, 순수하게 유토피아라는 관점에서만 논의되어야 한다는 강요에서 벗어났다. 그러나 현존하는 사회를 위해 봉사하는 헤게모니 문화의 다양한 유형의 기능 중 한 가지 역할을 받아들여 지평 파괴자라는 유토피아의 역할을 포기할 준비가 되지 않는 한, 사회주의는 다시 그 뿌리부터, 현실이 그 기반을 두고 있는 본질적이고 확고한 가치들에 대한 재분석에서부터 다시 시작해야만 한다. 그리고 이번에는 헤게모니 문화가 별 도움이 되지 않을 것이다. 그러므로 현재의 위기는 현대 사회주의의 역사 속에서 경험했던 그 어떤 것보다도 깊다.

노먼 번바움(1926~ , 미국의 사회학자)은 아직 그 누구도 표지판이나 경고등 등으로 훼손하지 않은 미개척지를 처음으로 맞닥뜨렸을 때만 느낄 수 있을 당혹감을 "지금 우리가 직면한 것은 역사가 진정으로 불확정적인 상황"이라는 말로 간결하게 표현해 냈다.[6] 사실 모든 역사적 상황이 다 불확정적이거나 최소한 불충분하게 결정되어 있다. 첫째로 그 행위자들이 현재 상황을 문제로 여기는 정도, 그리고 둘째로 그들 자신이 어떤 특정한 방향으로 변화하기로 단호히 결심한 정도가 다양하게 나타날 뿐이다. 불확정성을 경험하는 것은 물론 그것을 생각하는 행위자들의 특권이며, 첫 번째 요인이 존재하고 두 번째 요인이 뚜렷하게 부재하는 결과로 나타난다. 유토피아를 생산하는 사람들은 이제 아이디어가 바닥나버렸다. 그 아이디어들 중 일부는 다른 것들이 시도된 다음 기대에 미치지 못했다는 이유로 버려지는 동안 사소한 상식의 수준으로 위험스럽게 떨어져버림으로써 그 빛을 상당 부분 잃어버리고 말았다. 그러나 새롭고 아직 시도되지 않은 아이디어들의 공급이 부족한 것은 우리 시대에 통찰력 있는 정신과 창의적인 지식인들이 프랑스대혁명의 여파가 미칠 때보다 풍부하지 않기 때문이 아니라, 이 시대의 과제들이 비교할 수 없을 정도로 더 복잡하기 때문이다. 이것은 19세기 초에 인류의 가장 위대한 성취를 구현하고 그 미래를 상징하는 원리를, 즉 모두가 동의하는 엄격한 도덕적 원리를 가치 기준으로 제시했던 것과는 달리 지금 즉시 이루어지지는 않을 것이다. 그런 가치들은 더 이상 존재하지 않는다. 간략하게 말하면, 유토피아를 생산하는 사람들의 과제는 이제 기존의 문화를 비판하고 수정하고 도전하는 것이 아니라 새로운 문화를 창조하는 것이라는 이야기이다. 그렇기 때문에 불확정성을 느끼는 것이다.

그 느낌은 대중의 상식을 좌우하는 부르주아 헤게모니 문화의 지배가 현존하는 사회 내부의 결함과 취약성에서 비롯될 어떤 침투들을 견뎌낼 수 있을 정도로 충분히 강력하다는 사실을 깨달음으로써 더욱 악화된다. 이것은 새로운 헤게모니 문화의 잔이 넘쳐흐르는 곳에서 분출되었을 수도 있었을 대중의 분노를 지금까지 아주 오랫동안 억눌러왔을 정도로 강력하다. 사회주의는 자본주의가 아직 완전한 문화적 헤게모니를 천명하지 못했을 때 첫 번째 공격을 개시했다. 그 당시 자본주의의 문화적 규범은 상식적인 패턴의 틀이라기보다 일종의 제안에 더 가까웠으며, 그래서 사회주의 규범과 질적으로 다르지 않은 지위를 누릴 수 있었다. 그래서 타가수분他家受粉(다른 개체의 꽃가루를 받아서 수정하는 것—옮긴이)도 가능했으며, 충분한 시간이 지난 다음 실제로 그렇게 했다. 그러나 그때부터 사회주의 반문화가 그 중심 가치들로 (오직 그것에 동화되고 길들여지라는 뜻에서) 향하도록 강요해준 덕분에 더욱 풍부해진 부르주아 문화는 상식을 완벽하게 지배하기 시작했으며, 현실과 현실성과 합리성의 유일한 대변자 자리를 차지해버렸다. 사회주의 유토피아의 과제는 이제 내일이 오늘과 어떻게 다를지 논하는 것 정도가 아니다. 이것은 먼저 내일이 달라져야 하고 실제로 달라질 수 있음을 증명해야 한다. 그러면서 자신의 적들에게 둘러싸여 일상과 상식과 지배 문화를 취한다. 이것은 전례가 없을 정도로 "현 상황을 부인할 가능성"[7]을 의미한다.

혹자는 사회주의의 역사가 완전히 한 바퀴를 돌아서 제자리로 돌아왔다고 말할 수도 있을 것이다. 이것은 마블리, 모렐리, 생시몽 또는 푸리에 등의 저술에서부터 지지자를 구하는 사상으로 시작되어, 지금은 지지할 아이디어를 찾는 지지자가 되었다. 그 지지자들은 산업주의의 출현으로 휘저어진 희망들이 그들을 데려다놓은 막다른 골목의 퀴퀴한 악취 속에서 질식해가고 있음을 깨달은 사람들이다. 그러나 그들도 자신에게 필요한 신선한 공기가 어떤 것인지, 어디에서 얻을 수 있는지는 알지 못한다. 라이트 밀스는 특유의 뛰어난 통찰력으로 이 점을 잘 설명한다.

요즈음 사람들은 자신들의 개인적인 삶이 일련의 덫에 걸려 있다고 느끼곤 한다. 그들은 일상생활의 세계 속에서 자신들의 문제를 스스로 극복할 수 없음을 감지하는데, 그런 느낌은 아주 정확한 것일 때가 많다. …… 그들이 소중한 가치를 아무것도 알지 못하지만 여전히 수많은 위협을 느끼고 있다고 가정한다면? 이것이 바로 '불안'과 걱정이라는 경험이며, 만일 그것이 충분히 총체적이라면 치명적인 질환이 된다. 지금은 불안과 무관심의 시대이다. 우리 시대는 아직 감성의 영향과 이성의 작용을 허용하는 방식으로 형성되지 않았다.[8]

이 글은 1959년 전에 쓰였다. 그리고 우리는 여전히 이성과 감성으로 가는 길을 닦아줄 열망의 표출을 기다리고 있다.

그러나 덫에 걸려 있다는 느낌만으로는 그것에 걸린 사람들을 궁지에서 벗어나도록 일으켜 세우기에 충분치 못하다. 그 정도로는 기껏해야 변화를 위해 필요한 불만의 기운을 불어넣을 수 있을 뿐이다. 그 기운에 방향을 제시하고 이끌어주어야 한다. 거기에 개인의 고통과 불행의 초개인적 근원을 연관 짓는 이름을 붙여야 한다. 제임스 오코너(1930~, 미국의 사회학자)가 말했듯이, 사상은 감정과 어우러져야만 한다.[9] 후기 산업사회의 모순이 낳은 신경증적인 공포는 다가올 유토피아 사회의 맛보기로서 어떤 대안적인 헤게모니 문화가 현재 헤게모니 문화와 그 상식의 기반을 조금씩 무너뜨릴 때만 새로운 대안 사회를 건설하려는 의지로 나아갈 수 있다.

　그래서 그런 사상가들은 다가올 더 나은 세상의 전조와 실마리가 미미하고 변덕스럽더라도 그것을 알아보고 기록하고자 모든 노력을 기울인다. 예상했겠지만, 그들은 오직 느낌에만 의지한 절망적인 행동들 속에서 더 깊은 의미와 지속적인 혁신을 풀어내려고 애쓴다. 히피 운동과 빈민가의 반란은 그것이 지금까지 아무리 단편적이었다고 하더라도 그 분명한 후보자들이었다. 그들은 온순한 일상의 지루한 평야 위에서 수많은 로작(미국의 문화사회학자이며《반문화 만들기The Making of a Counter Culture》를 저술한 시어도어 로작[1933~2010]을 말하는 듯하다—옮긴이)과 라이시(미국의 사회학자이며《미국의 녹색화The Greening of America》를 저술한 찰스 라이시[1928~]를 말하는 듯하다—옮긴이)를 역사철학적 높이로 끌어올려 그곳에서 환멸과 갈망으로 가득한 중산층의 폭동이 현대판 텔렘으로 통할 수 있게 할 만큼 충분히 강력한 지렛대임이 증명되었다. 1967년에 마틴 니콜라우스는 향수에 젖어서 다음과 같이 기록했다. "히피는 새로운 미국 혁명의 루소와 디드로와 볼테르, 앨런 긴즈버그와 애비 호프먼과 폴 크라스너 같은 계몽 사상가들이 될 것이다."[10]

　때로는 그들이 비록 소극적이고 조심스럽긴 했지만 그래도 사회의 대안적인 형태를 짧게나마 대변했다는 전제하에, 일시적인 히피 또는 연좌농성 단체의 문화적 원리를 설명하려는 더 진지한 시도도 이루어졌다. 그리하여 히피가 행동의 주체와 객체의 분열, 행위자와 관찰자의 구별을 초월했다는 점, 강박적인 소비에 저항하고 생계를 위해 일하기를 단호하게 거부했다는 점, 그들이 사람들 사이의 직접적이고 왜곡되지 않은 관계를 재정립함으로써 실제로 상품 중독증이라는 전염병을 극복했다는 사실, 인간 행위의 논리와 순서를 구조화하는 유일한 요인으로 복원된 인간의 의지(또는 변덕) 및 시간의 비인간적인 지배로부터 탈출했다는 사실이 지적되어왔다. 히피가 그것을 이룰 수 있었던 것은 즉 다른 사람들이 비인간적인 시간을 비롯한 것들에 지배당하기로 동의하고 자신과 타인을 위해 일함으로써 만들어진 환경 덕분이라는 사실은, 소비적이지만 생산적이지는 않은 공동체의 주변적이고 의존적인 문화적 경험이 자급자족하는 사회의 보편적인 규범이 될 수 있을지 묻는 골치 아픈 질문과 함께 아무런 논평도 없이 조심스럽게 남겨졌다. 그러나 문화적 대안을 강구하는 것과 이 즉흥적인 해결책들이 직접적인 관련이 있다고 섣불리 가정하지 않고, 그 기이하고 상궤를 벗어난 일들을 인간의 억압된 잠재력의 탐구로서 분석할 필요가 있다고 논증함으로써 더 사려 깊고 설득력 있게 이 과제에 접근한 사람들도 있다. 그리하여 해리 S. 카리엘[11]은 정치학자들에게 학생운동, 도시 폭동, 파업과 데모, 빈곤층의 가두시위를 구조화된 사건들로, 의미를 창출하는 정치적인 프로젝트로, 주어진 현실을 타파하고 새로운 현실을 드러내려는 통제된 시도로 인식하라고 요구한다. 설사 그들이 즉흥적으로 일어나 어둠 속에서 앞을 더듬어가고 있다 하더라도, 그곳에 참가한 사람들은 비록 그 준거 틀과 합리성의 규약이 우리에게서 벗어날지라도 합리적으로 행동하고 있을 것이다.

과감하거나 소심하거나, 멀리 나아가거나 신중하거나 간에 이 모든 시도들에는 한 가지 공통점이 있다. 바로 모두가 새로운 문화의 지도적인 아이디어들을 이제 더 이상 평범하고 일상적인 것들 사이에서 찾을 수 없다는 전제에서 출발한다는 점이다. 단순히 현실의 이런저런 것들을 개편하거나 재조정하는 것보다 훨씬 더 멀리 나아간 무언가가 반드시 필요하다. 모든 사람을 현대의 부자들만큼 부유하게 만들려는 목적이나, 공장 내부의 계획을 사회적 차원으로 끌어올리려는 목적은 둘 다 그것이 가져올 인간의 행복과 해방의 정도에 대한 기대를 크게 높일 수 없다. 따라서 오늘날 유토피아를 찾으려는 사람들은 선배들이 늘 그 앞에서 멈추곤 했던 경계 너머를 바라본다. 오늘날 발전된 사회주의 사상은 새로운 지평을 깨고 산업의 시대가 부르주아 문화와 그 전통적인 사회주의 반문화 모두에 가했던 역사적 한계 너머에 도달한다. 이 널리 공유된 믿음은 헤르베르트 마르쿠제 (1898~1979, 독일의 철학자)의 급진적인 표현에서도 찾아볼 수 있다.

사회주의 혁명의 성패는 단순히 이미 존재하는 욕구의 세계 속에서 만족을 넓혀가는 데 있지 않다. …… 혁명은 욕구와 열망 그 자체가 물질적인 동시에 문화적으로, 의식과 감성이, 여가와 노동 과정이 똑같이 근본적으로 탈바꿈하게 하는 것을 의미한다. 이 탈바꿈은 노동의 분열에 대항하여, 어리석은 상품과 성과의 생산성과 필요성에 대항하여, 탐욕스러운 부르주아 개인들에 대항하여, 과학기술로 가장한 노예 상태에 대항하여, 질 높은 삶으로 가장한 박탈에 대항하여, 삶의 방식으로 주어진 공해에 맞서 싸우는 중에 일어난다.[12]

물론 반문화로 뛰어드는 것이 당대의 세상에서 사회주의 개념과 연관되어온 유일한 의미는 아니다. 부자유와 소외의 소비에트 사회주의를 제외하더라도, 유디트 N. 스클라(1928~1992, 라트비아에서 태어난 미국의 여류 정치학자)가 몇 년 전에 불어넣은 여전히 지배적인 의미가 최소한 하나 더 있다.

성공이 사회주의의 이론적인 쇠퇴의 중요한 원인일 수도 있다. 사회주의를 향하여 '민심이 서서히 점진적으로 돌아서'리라는 시드니 웹(1859~1947, 영국의 사회학자이자 경제학자)의 예측은 실현되었다. 요즘은 모든 사람이, 특히 영국에서는 다소간 사회주의자이다. 그 결과 명확하게 사회주의적인 철학은 존재할 여지가 없다. 그 또한 자유주의의 운명이다. 성공이란 사회주의가 재능을 많이 잃어버렸음을 의미한다. 이것이 박탈당한 사람들의 대변자였던 동안에는 교양 없는 속물에 대항하는 전투에 가담할 생각이 간절한 수많은 낭만적인 사람들의 예술적이고 논쟁적인 지지를 믿을 수 있었다. 이 예술가들이 일단 사회주의 국가가 그들을 위해 다른 국가보다 더 많은 것을 해주지 않으리라는 사실을 깨닫게 되자 그 열정은 현저하게 식어버렸고, 순수하게 미학적인 낭만주의의 부활이 시작되었다.[13]

유토피아를 창조하는 정신, 멀리 보이지 않는 땅을 향해 길을 떠나는 낭만적인 탐험가들은 확실히 부동층 유권자들을 꼬드겨내는 것으로 압축되어버린 인간의 의식을 위한 투쟁이나, 부자유를 받아들이는 대가로 덤을 좀더 얻어내려는 흥정으로 축소되어버린 정의를 위한 싸움 따위에 고무되기 어려운 사람들이다. 사회주의는 성공적인 유토피아의 대가로 정당한 가격을 치렀다. 상상력(헤겔에 따르면 어떠한 현실도 대항할 수 없는 상상력)을 자극하기를 그만둠으로써, 완벽을 모색하는 인간의 그다음 단계를 감독할 힘을 잃어버린 것이다. 이것은 현실에 대한 확고한 통제력을 얻고 상식 속으로 침투해 들어갔으나, 그 과정에서 앞을 내다보는 능력을 잃었다.

그러므로 유토피아적 상상력을 일상의 현실주의라는 피상적인 모래밭에서 해방시키려는 시도는 어쩔 수 없이 도덕적이고

예술적인 비판의 공중 정원으로 길을 잘못 들어가는 경향이 있
다. 이 양극 사이에 오늘날 현대 사회주의의 전략적인 딜레마가
놓여 있다. 양극 사이의 틈을 틀어막으려는 노력은 90퍼센트가
현재 세상에서 사회주의가 의미하는 바에 대한 토론으로 이루
어진다. 현대사회의 수많은 비평가들이 지닌 사회주의적 연결
을 거부하는 성향 뒤에도 똑같은 갈등이 도사리고 있다.

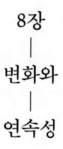

8장
—
변화와
—
연속성

전통적인 사회주의 사상이 활력을 잃어버렸다는 사실을 고려할 때, 그리고 사회주의 유토피아의 원래 내용과 느슨하게만 연관된 사회적 문화적 비판이 점점 더 인기를 끌고 있다는 점에서 볼 때, 이 이질적인 현상을 여전히 하나의 용어로 다 표현할 수 있을까? 사회주의적 신념이 두 세기에 걸쳐 이어져 오늘날의 세계에까지 닿았다고 말할 수 있을까? 이 질문에 대한 대답이 결코 명확하지 않다는 사실은, 비록 마지못해 인정하는 건 아니라고 하더라도 부르주아 문화에 대한 많은 급진적인 비판들이 자신이 사회주의에서 유래했다는 데 신중하게 동의하는 모습에서 발견될 수 있다. 실제로 혁명적 변화를 이끄는 이 시대의 이론적 지도자들은 자신들이 온갖 형용사를 동원하여 그 방향을 정의한 혁명을 끝마치지 않으려 한다. 현 상황을 비난할 때는 매섭고 무자비했던 그들이, 혁명 이후 사회의 사회 조직의 원리 또는 계급의 정착에 대해서는 아주 입을 꼭 다물어버린다. 정치적 현실에 대하여 사회주의 유토피아가 종전에 가했던 기습 공격도 그만 환상이 깨어져버려서, 그들은 이제 사회주의의 깃발을 제도화된 정치 지도자들에게 양도하고자 하는 마음뿐이다. 깃발을 내주기 싫은 사람들조차 너무 오랫동안 그것을 잘못 사용해 왔다는 사실, 또는 너무 함부로 다루고 당장의 용도에 맞게 색을 다시 칠하는 바람에 빛이 많이 바랬다는 사실을 서둘러 분명히 밝히려 한다.

앤더슨은 "사회민주주의란 '이 세계에 대한' 잘못된 적용의 표본이 되었다. 이것은 때와 장소에 맞는 것으로 나타났으나, 그 것을 진정으로 사회에 적용adaption한 것이 아니라 사실상 사회를 '흡수absorption'한 것이었다"[1]고 말했다. 유토피아의 연속성을 지키기 위해서는 유토피아가 영감을 불어넣은 실천의 연속성을 부정하는 수밖에 없다. 사실상 그 진정한 의미가 왜곡되어버린 이른바 사회주의적인 의도에서 자라났다는 실제적인 성취들을 말이다. 착취의 기반이었던 소유권의 폐지는 결국 민영기업을 위해 사회기반 시설을 값싸게 제공하는 것을, 민영기업을 먹여 살릴 책임을 국민의 어깨로 옮겨 싣는 것을, '손실의 사회화' 등 등을 의미하는 것으로 드러났다.

그러나 사실 사회주의 유토피아의 내용과 그것이 고취하고 지시하는 실천의 방향에서 모두, 변화 속에는 어떤 연속성이 있었고, 연속성 속에는 어떤 변화가 있었다. 그리고 사회주의의 본 질이 기존 사회의 부조화와 모순에서 계속해서 자라나는 반문 화라는 것 외에 다른 방식으로 생각하기란 어려운 일이다. 사회가 변화할 때, 즉 사회가 오직 새로운 결함들을 낳기 위해서만 자신의 결함들을 제거할 때, 반문화가 자신의 강조점들을 재조정할 것이라는 건 지극히 자연스러운 일이다. 사회주의 반문화는 오래된 줄기에 새 가지를 붙이기보다 그 아래의 불멸하는 비판적 뿌리에서 새 싹을 틔우려고 하는 경향이 있다. 이런 생장습성이 과거의 전통을 재평가하고 연속성의 실체를 다시 설명하는 과제를 몇 번이고 계속해서 의제로 상정한다. 비록 잠깐 사이에 엄청난 변화가 일어났을 때는 그 여전한 연관성을 은폐하려는 경향이 있기는 하지만. 지금부터 양쪽 모두의 요소들을 분명히 불완전하겠지만 임시적으로나마 하나씩 천천히 알아보려고 한다.

먼저 현대의 비판이 아무리 전례가 없는 것이라고 하더라도, 사회주의 프로젝트로서 역사적으로 공식화된 자본주의에 대한 반문화와 무엇을 공유하는지 살펴보기로 하자.

1. 무엇보다도, 개인 또는 집단적 고통이라는 문제에 대한 해결책이 무엇이건 간에, 그것이 적극적인 방법으로 사회를 하나의 전체로 조직하는 것과 연관되어야 한다는 확신을 들 수 있다. 모든 사회주의 프로젝트들은 체제 지향적이다. (아마도 이것이 사회주의 사상들을 하나의 범주로 묶는 틀을 구성하는 특징일 것이다.) 이 점에서 사회주의 프로젝트들은 개인 지향적인 부르주아 문화의 반대로 여겨진다.

위에서 '적극적인 방법'이라는 표현에 강세를 두어야 한다. 부르주아 문화를 포함하여 사실상 어떠한 문화도 사회적 차원—경제, 정치, 또는 도덕 체계—에 존재하는 조직을 완전히 무시하고, 그것의 중립성을 선언할 수는 없다. 그러나 역사를 통틀어 부르주아 문화가 택했던 가장 전형적인 태도는 언제나 소극적인 추정이었다. 그 사회적 조직으로부터 생길 수 있는 제약들에서 개인의 자유를 지키겠다는 것이다. 사회적 권력과 강압이 필요하기는 하겠지만 그것은 언제나 족쇄다. 그것을 견뎌낼수 있는 사람도 있고, 심지어는 그것이 오히려 강화되어 개인의 행동 영역에서 얼마 안 되는 질서와 확실성을 보호해주기를 기대하는 사람도 있겠지만 이런 명령에 열광하기는 쉽지 않으며, 단순히 '땅을 고르는' 역할 이상을 여기에 부여하기는 더욱 어려울 것이다. 삶에서 어떤 종류의 행복을 추구하건 간에 그것—쾌락이건 품위이건, 자기실현이건 떳떳한 양식이건—은 순전히 개인이 자기 행동의 주인이며 타인이 가하는 제약으로부터 자유로운 상황에서만 얻을 수 있다. C. B. 맥퍼슨(1911~1987, 캐나다의 정치학자)은 완전하게 체현된 부르주아 문화를 다음과 같이 훌륭하게 기술했다. "그 기원을 17세기에서 찾을 수 있는 자유주의 철학에는 인간 각자는 자기 인격의 소유주라는 자격을 지녔다는 점에서 인간이고, 인간의 본질은 자기 이익을 추구하는 타인과의 계약관계를 제외한 모든 것에서 자유로우며, 사회는 본질적으로 이러한 개인들 사이의 일련의 시장 관계라고 전제하는 탐욕스러운 개인주의가 스며들어 있다."[2] 토크빌은 민영화된 문화 상태에서는 실제로 "폭군이 사람들의 신체는 자유롭게 내버려두고 영혼을 직접 공격한다"[3]고 말했다. 그 이상의 인간 해방을 영적이고, 도덕적이고, 자기실현적인 영역에 두려는 경향이 있는 자유주의 내부의 비평가들은 경제적 (신체적) 자유의 마법의 원 속에 갇혀 그 너머를 바라보지 못했다. 그들이 제시하는 자기실현이라는 방안은 단지 사람들에게 자기가 사적으로 소유하여 종속시킬 수 있는 대상에서 만족을 찾으라고 독려하는 정도에서 그치지 않고, 인간 자체를 그런 대상으로 변화시킬 정도로 타락하곤 해왔다. 호르크하이머(1895~1973)와 아도르노 (1903~1969)가 말했듯이, "인간성이라는 것이 치아가 하얗게 빛나고 지독한 체취나 감정기복이 없는 상태보다 더 많은 것을 의미하는 일은 극히 드물다".[4]

그와 대조적으로, 사회주의 반문화에 계속해서 반복되어 등장하는 중심 사상은 언제나 사회 전체를 향해 적극적인 태도를 보인다. 사회는 개인을 혼자 내버려두기 위해서가 아니라 각자의 삶을 적극적으로 건전하고 충실하게 만들어주기 위해 변형되어야 한다. 사회주의는 개인과 사회의 행복한 동거가 오직 활발한 협력 및 상호 보완을 바탕으로 해야만 가능할 뿐, 실제적이거나 환상적인 상호 불간섭에 의해서는 결코 이루어질 수 없다는 주장을 굽히지 않는다. 누군가는 (많은 민족주의 이데올로기가 그러하듯이) 사회주의가 상호 원조와 정서적 헌신으로 결합된 공동체를 좋은 사회의 모범으로 보여준다는 점에서 사회 지향적이라기보다 공동체 지향적이라고 말할 사람도 있을 것이다. 부르주아 문화는 인간의 행복을 민영화하고 사회주의 반문화는 그것을 사회화한다. 이것은 개인이 사회를 통해 자신을 실현할 수 있는 것이지 사회를 극복하고 실현하는 것이 아니라고 설명한다.

사회적 관계의 네트워크를 모조리 개혁하는 것에 대한 집착은 오늘날 사회주의 사상과 부르주아 헤게모니 문화 사이의 주된 논쟁의 지점으로 남아 있다. 이것이 현재 사회에 대한 비평에서 가장 두드러진 점이다. 개인의 비참한 상태의 연원을 거슬러 올라가보면 사회 조직의 결함을 발견할 수 있다. 진단은 가장 급진적이고 극단적인 '전체 혁명'으로 이어지는 상대적으로 전통적인 사회주의 분파의 평론과는 다를 것이며, 사회주의 사상의 전체 영역을 다 살펴본다면 아마 상당히 많이 다를 것이다. 그러나 그들 모두 사회 체제의 그러한 필수적인 측면들을 추구하는 경향이 있다는 점에서는 서로 같다. 부르주아 문화가 숭배하고 자랑스럽게 여기는 개인주의의 정체가 바로 여기서 드러난다. 호르크하이머가 1947년에 기록했듯이, "개인의 해방은 사회로부터의 해방이 아니다. 그것은 원자화되지 않도록 사회를 구원하는 것이며, 그 원자화는 아마도 공영화와 문화 대중화의 시기에 정점에 이를 것이다".[5] 렐리오 바소(1903~1978, 이탈리아의 정치가이자 저널리스트)가 지적했듯이, 인간이 자신의 개인성을 의식함으로써 일어난 바로 그 부르주아 사회가 오늘날에는 인간으로 하여금 고립에서 비롯되는 절망 속에 처하게 한다.[6] 이 고립은 개인이 청하지 않아도 강요되며, 절망적으로 저항해보지만 헛될 뿐이다. 물론 사회도 해독제를 제공한다. 그러나 독은 진짜인데 약은 환상에 지나지 않는다. 약이 실제로도 있긴 있다면 그것은 독의 활동과 효과를 더욱 촉진시킬 뿐이다. 스튜어트 홀(1932~2014, 영국의 문화이론가)의 말을 빌리면, "소비산업이 삶의 제공자이자 모든 좋은 것들을 주는 존재가 되기 시작하면, 인간은 자신이 한 사람의 개인으로서 구매하고 소유하고 향유하는 것이 곧 번영이라는 관점만을 거의 전적으로 강제당한다".[7] 외로운 개인이 고립에서 구원을 추구할수록 그가 탈출하고자 하는 함정은 더욱더 깊어질 뿐이다.

　오늘날의 사회주의자들에게 중요한 안건은 단지 이러한 개인의, 집단의, 계급의 역경을 덜어주는 것도 아니고, 기본적으로 건강하고 강력한 사회에 의해 불리한 상태로 방치된 사람들이 겪는 어떤 특별하고 특정한 고통을 해소해주는 것도 아니다. 이것은 후기 자본주의의 부조리가 위험할 정도로 가까이 가져온 최종적인 붕괴의 치명적인 위기에서 인간 사회를 구조해내는 문제이다. 배런(1909~1964, 제정 러시아에서 태어나 미국으로 망명한 마르크스주의 경제학자)의 말을 인용하면, "초기에는 비판적인 반응이 자본주의의 '불공정성'을 향해 있었다. 풍요가 쉽게 닿을 수 있는 거리에 있는데 자본주의의 계속된 지배가 그 풍요를 달성하지 못하도록 명백하게 방해함으로써 그 체제의 '비합리성'이 비판적 사상의 맨 앞으로 옮겨간 것은 비교적 최근의 일이다".[8] 그러니 "단지 합리주의의 훈련에 지나지 않는 단조로운 자본의 세계

를 사회주의적으로 긴급하게 변형시켜야 할 필요성이 있는 것
아닌가?" 이 전체주의적인 견해로부터 두 가지 결론이 도출된
다. 첫째, 오늘날의 사회주의에 따르면 우리는 이제 '모든 것을
얻거나 모든 것을 잃을' 상황에 다다랐다. 현재 단계에서는 이제
이런저런 작은 변화를 통해서, 오늘 불만 하나를 처리하고 내일
또 다른 것을 처리하는 방식으로는 더 이상 사회를 치료하는 건
고사하고 발전시키는 것조차 불가능해졌다. 모든 집단의 모든
고통과 비참함은 사회 전체와 그 문화를 변형시킴으써 오직 한
꺼번에만 제거될 수 있으며 또 그렇게 되어야 한다. 그렇지 않으
면 그런 문제들은 설사 일시적으로 진정된다고 하더라도 몇 번
이고 계속해서 다시 나타날 것이다. 둘째, 비록 여러 다양한 집
단과 계급의 고통은 결코 똑같은 정도로 강하지 않고, 원숙한 자
본주의의 비참함의 총체를 계급들이 분담한 정도도 서로 다르
긴 하지만, 이제 더 이상 사회주의 변혁의 기치를 들어 올릴 자
격을 지닌 단 하나의 계급은 존재하지 않는다. 사회주의는 모두
를 위한 사회주의이며, 열렬한 지지자가 되려고 하거나 궁극적
인 적이 되는 것은 이제 꼭 계급의 탓으로 돌릴 수만은 없는 문
제가 되었다. 사회적 위치 탓에 사회주의의 선봉 역할을 하도록
보내진 집단이 있다면 그것은 아마도 역사적으로 넓은 관점에
서 사회 전체를 바라보고, 그로 인해 필연적으로 사회의 부조리
가 치료될 수 없는 지경에 이르렀다는 증명에 도달하게 될 지식
인(체제에 순응하는 사람도 아니고, C. P. 스노우[1905~1980, 영국의 소설가·물

리학자·정치가]의 말로 표현해서, 비판적인 시도에 "가담하지 않기로 서약한 충직한 지식 노동자"도 아닌 사람)일 것이다. 확실히 이것은 사회주의 유토피아가 언제나 지식인들에게 할당하는 역할이다. 그러나 한 세기 전에는 특권층의 부가 점점 더 커지는 가운데 부끄러운 줄도 모르고 뻔뻔하게 천민의 배역을 맡은 프롤레타리아계급이 이미 가지고 있었던 부당하다는 느낌과 분노를 표출하는 것으로 지식인의 역할이 축소된 바 있다. 이제 인간은 그들의 혼수상태나 다름없는 묵인으로부터, 사유화된 소비의 미로를 달리는 끝없는 경주로부터 구조되어 자신들이 처한 상황의 끔찍한 비참함을 인식하고 그 대안의 필요성과 실현 가능성을 깨달아야 한다. 지식인들은 단지 자신의 경험을 해석해주는 역할로서 그들에게 필요한 것이 아니라, 현 상황에 대한 비판을 통해 대안적인 사회로 이끄는 경험을 만들어주는 역할을 해야 한다.

2. 평등주의는 언제나 틀림없이 사회주의의 뚜렷한 특징이었다. 이것은 여전히 그렇게 남아 있을 뿐만 아니라, 지금도 사회주의 이데올로기 전체에서 그 역할이 점점 더 커지고 있다. 설사 다른 이유가 없다고 하더라도, 적어도 이것이 오늘날 부르주아 문화가 지배하는 상식과 유토피아 사이에 이제는 거의 남아 있지 않은 연결고리를 제공해준다는 이유만으로도 충분하다. 톰 보토모어가 지적했듯이, "아직까지는 서유럽 국가들 속에서 노동운동의 발생과 함께 활기를 띠는 평등주의적 충동이 힘을 잃

을 징후는 보이지 않는다".[9] 이 '평등주의적 충동' 자체는 물론 반드시 사회주의적인 결론으로 향할 필요가 없다. 원숙한 자본주의는 이 충동을 수용하고, 가속화된 경제적 성장의 보호 아래 그것을 더 높은 삶의 기준을 추구한다는 완화되고 해롭지 않은 의미로 바꾸어놓았다. 더 높은 삶의 기준에 대한 추구는 불균등한 분배 원리와 직접 대치할 수도 있으나 필연적으로 그렇게 되지는 않는다. '평등주의적 충동'으로 오인되어온 것 속에는 박탈당한 사람들의 분개만큼이나 특권을 얻지 못했다는 분노가 포함되어 있음을 보여주는 수많은 증거가 있다.

현대의 사회주의자들은 사회주의에 도달하는 길이 아주 멀고 험하리라고 생각한다. 앙드레 고르(1923~2007, 오스트리아 출신의 사상가, 언론인. 파리에서 주로 활동했다)는 "노동 착취에 대항하는 투쟁은 필연적으로 노동력을 착취하는 목적에 대항한 투쟁"이라고 말했다. 그러나 이것은 현대사회의 생산 메커니즘과 지배의 논리에 대한 복잡하고 세련된 분석에 의지하는 이론적인 이야기이다. 이런 종류의 지식은 일상적인 경험에서 직접 얻을 수 없다. 반복되는 일상을 살아가는 보통 사람들에게 '주어지는' 것이 아니다. 실제로 고르도 비통한 마음으로 다음과 같이 시인했다. "임금 인상 요구는 노동력에서 시작된 착취의 경제적 부담에 대항하는 저항보다, 근로 조건에 대한 반항에서 비롯되는 경우가 훨씬 더 많다. 그들은 자신의 낭비된 삶, 잃어버린 시간, 그런 조건하에서 일하느라 빼앗긴 자유의 대가로 가능한 한 많은 돈을 달라는 요구를 표현한다. …… 한마디로 말해서, 노동자—높은 임금을 받는 노동자를 포함하여—는 자신을 가능한 한 비싸게 팔려고 노력한다. 자기 자신을 팔아야 한다는 사실을 피할 수는 없기 때문이다."[10] 평등주의적 충동이 더 많은 돈을 추구하는 방향으로 왜곡되면, 사람들이 사회주의적 대안에 눈을 뜨게 하기는 고사하고 오히려 자신들의 비참한 상황의 뿌리가 사회적이고 유기적이라는 사실을 보지 못하도록 눈을 가려버린다. 오코너의 말을 빌리면, 노동자들은 단순히 "왜 더 높은 임금과 수입, 그리고 더 많은 물질적 대상을 축적하는 것이 그들을 행복하게 해주지 않고 오히려 더 불만족스럽게 만드는지 이해하지 못한다. 그들은 자신들이 단순히 그들의 욕구를 충족시키기 위해 사야 할 대상들을 생산하고 있을 뿐만 아니라, 그 대상들이 충족시켜야 할 욕구들 또한 생산하는 노동자라는 사실을 이해하지 못한다".[11] 그래서 자기 영속적 과정의 교활한 순환을 뚫고 나가는 것이 다시 한 번 과제로 제기된다. 그리고 이 과제는 오직 자본주의가 작동하는 과정뿐만이 아니라, 그날그날의 기준에서 평가된 성과가 무엇이건 간에 자본주의 자체를 공격함으로써 그 순환 자체를 넘어서야만 성취될 수 있다.

3. 따라서 앞에서 이야기했듯이 평등을 도덕적인 관점에서 바라보는 것은 자본주의의 소유 체계를 영속화하는 동시에 그것에 의해 영속되는 소외의 기제를 분석적으로 평가하고, 자본의

힘을 폐기하라는 전략적인 처방을 내리는 것으로 이어진다. 소외는 불평등의 뿌리 근처에 존재한다. 그러므로 소외를 없애는 과정이 진정성 있고 강력한 태도로 시작되지 않는 한, 실질적이고 결정적인 방식으로 평등의 문제를 해결하기란 불가능하다. 소외란 엄청난 수의 민중으로부터 그들 자신의 삶을 통제할 수단을 빼앗는 것을 의미한다. 사유재산권은 소외의 가장 눈에 띄는 결과이자 수단이지만 그게 유일한 것은 아니다. 그래서 사유재산을 폐지하는 것은 이제 현대 사회주의자들의 마음속에서 예전에 가지고 있었던 마법 같은 힘을 상당 부분 잃어버렸다. 여전히 사회주의의 우선순위 목록에서 존경할 만한 위치를 차지하고 있기는 하지만, 사기업을 국가 관리 위원회로 대체하는 것이 그다지 큰 변화를 가져오지 못하거나 아예 아무 소용도 없다는 인식이 점점 더 커지면서 그 위치는 상당히 제한되었다. 사유재산이 없는 세상은 저절로 보편적인 행복과 자유로 뒤덮이리라고 확신했던 초기 사회주의자들의 의기양양한 순진함은 이제 당장 해야 할 일들이 엄청나게 많다는 진지한 인식에 자리를 내주었다. 톰 보토모어는 새롭게 알게 된 이러한 사실에 관하여 다음과 같이 설득력 있게 표현했다.

> 이제 이것은 더 이상 단순히 산업화된 국가들에서 소유제도를 변화시키는 문제, 거대한 규모를 이루는 산업의 사적인 소유를 폐지하고 부와 수입의 엄청난 불평등에 기초

한 사회적 계급의 차이를 제거하는 정도의 문제가 아니다. 과학기술의 활용, 노동의 조직화, 분업, 그리고 기업체의 권위 체계가 급진적으로 변할 필요가 있다. 여가 시간을 활용하는 새로운 방법을 고안할 필요도 있다. 거기에는 대량으로 생산되는 필수품들을 보완하는 부업으로 삼을 수 있을 정도로 아름다운 창작품을 만드는 기술과 기교를 익히는 것도 포함될 수 있다. 그리고 훨씬 더 많은 사람들이 사회문제를 다루는 데 참여하도록 독려할 필요가 있다. 산업뿐만 아니라 모든 종류의 자원봉사 단체들이, 그리고 지역 공동체들이 참여하도록 독려해야 한다. 이런 목표들을 성취하려는 사회주의 인본주의는 (초기 사회주의자들의 이상이기도 했던) 도덕적인 이상, 즉 창조적이고 평등하고 자치적인 개인들의 전 세계적인 규모의 공동체라는 개념의 인도를 받아야 한다. …… 사회를 관리하는 일에 참여할 동등한 기회가 보장되었을 때 주어질 더 큰 합리성, 자기 규제, 그리고 책임감 속에 우리의 희망이 있다.[12]

실제 정치에 직접적이고 효과적으로 참여하라는 마지막 교의는 점점 더 자주 강조된다. 국유화된 농노들의 우울한 경험은 현재 세대의 사회주의자들에게 전에는 예상하지 못했던 평등의 면모들을 일깨워주었다. 평등이란 작은 기쁨을 약속하며 인간의 굴레의 근원들을 근절시킬 방법은 오히려 더 적게 보장해주는 것이라고 부정적으로 해석하는 경향이 점점 더 뚜렷해지고 있다. 자유로운 개인들의 자치 속에 나타나는 긍정적인 의미의 평등으로 보완되지 않는 한 그 해석은 옳다. 다시 말하면 평등이란 자유와 뗄 수 없는 관계를 맺지 않는 한 추구할 만한 가치가 있는 목표가 아니라는 것이다. (그리고 우리가 앞에서 살펴보았듯이, 자유 역시 평등과 뗄 수 없는 관계를 맺지 않는 한 추구할 만한 가치가 있는 목표가 되지 못한다.) 현 세대는 점점 커져가는 실망감을 품은 채 소비에트 역사의 꼬임을 바라보면서, 사유재산의 폐지가 어떻게 집단적 노예제도로 바뀌어갔는지 그 고통스러운 과정에 대해 배웠다. 현세대가 다음 세대를 불안과 공포 어린 눈으로 바라보는 것은 놀랄 일이 아니다. 다음 세대는 아무것도 배우지 않았고, 기억하는 건 더더욱 없으며, 무지에서 비롯된 천진난만한 얼굴로 사람들로부터 평등을 앗아가는 부르주아식 자유를 천명한다. 역사로부터 무언가 배울 수 있는 게 있다면 그것은 분명 자유가 평등에서 저절로 튀어나온다는 가정과, 그러므로 '평등 먼저, 자유는 그다음에'가 사회주의를 위한 올바른 전략이라는 제안이 부조리하다는 사실일 것이다. 자유와 평등의 연합이 가장 편안한 결합이 아니라는 것이 사실이라고 해도, 자유와 결합하지 않은 평등은 그 이름에 조금이라도 부합하기가 불가능하다는 것 또한 분명한 사실이다. 스베토자 스토야노비치(1931~2010, 세르비아의 철학자)는 자기 세대의 역사적 지혜를 "사회주의가 더 적게 실현될수록 더 많은 '자유주의'가 더러운 세계로 여겨지게 된다"[13]는 말로 냉정하게 요약했다.

　다시 한 번 이 새로운, 또는 적어도 강화되기는 한 평등에 대한 이해와 그것이 사회주의 유토피아의 총체 속에서 차지하고 있는 위치에 대한 이해는 현재 세대의 사회주의 사상가들을 아직 탐험되지 않은 땅, 아직 시도되지 않은 전략들과 마주치게 한다. 예상했겠지만, 그들은 그들의 유토피아에 아직 초기 단계일지언정 그래도 분명히 인식할 수는 있는 해결책들을 첨부함으로써 그들 앞에 놓인 불확실성에서 도망치려고 시도한다. 유고슬라비아 체제는 그들의 요구에 상당히 잘 맞아떨어지는 것처럼 보인다. 환상에서 깨어난 정통 공산주의자 로제 가로디(1913~2012, 프랑스의 철학자)는 수많은 폴란드인, 헝가리인, 체코인, 그리고 아마도 러시아인 개혁자들 중에서도 가장 열성적인 사람들 중 한 사람이었다. 가로디는 유고슬라비아의 현실과 관련된 이야기라기보다 자신의 의혹을 피력하는 방식으로 미래의 사회주의 체제 설계자에게 다음과 같이 조언한다.

> 생산의 방향은 이윤이 아니라 사회적 필요의 작용이며, 이것이 모든 형태의 사회주의를 구별하는 특징이다. 그러나 국가통제주의적이며 중앙집권주의적인 (소비에트) 모델의 실행과 달리, 사회적 필요는 당과 국가가 내리는 중앙의 지시를 통해 '위에서' 내려오는 것이 아니라 시장의 활동과 그것이 드러내는 수요에 의해 결정되어야 한다.[14]

'사회적 필요'를 처리하는 시장을 가진 것처럼 보이는 이 편안한 그림은 기묘하게도 이런 기적을 실제로 시도해본 사람들 사이에 열정 없는 감정을 불러일으킨다. 일이 벌어지고 난 뒤에 얻은 지혜를 통해, 스토야노비치는 시장의 사회주의적 미덕에 관해 아무런 환상도 품지 않는다. 그가 '집단중심주의 자치'로 칭하는 유고슬라비아의 체제는 엉망으로 얽힌 여러 이기적인 집단들 사이에서 심판 역할을 해야 하는 국가의 권력을 강화할 수밖에 없을 것이고, "한편으로는 자기중심적인 개인과 집단, 다른 한편으로는 추상적인 시민"[15]의 똑같은 이중나선을 엄청난 규모로 발생시킬 것이다. 스토야노비치가 제안하는 것은 개인 각자가 "사회적 과제를 처리하고 사회적 이익의 의미를 정의하는 데" 현실적으로, 구체적으로, 실질적으로 참여하는 "인격주의 사회주의personality socialism"[16]이다. 매력적으로 보이는 이 제안에서는 유토피아의 향기가 강하게 난다. 실제로 이것은 유토피아이고, 스토야노비치와 그가 대변하는 '실천' 집단 전체가 그 사실을 아무렇지도 않게 시인한다. 그러나 사회주의는 그것이 현실의 지평을 넓혀주는 유토피아를 제공하여 인류의 역사를 창의적으로 이끌어갈 때 가장 큰 힘을 얻는다.

앞에서 논의한 두 개의 교의는 사회주의 사상의 전통의 척추이다. 그런 사상들이 상당히 많이 형성되어왔으며, 사회주의 사상이 모든 곳에서 지적인 압박을 가하지 않는 현대사회의 모습을 상상하기란 대단히 어렵다. 그러나 그 성취가 아무리 인상적이라고 하더라도 그것들은 여전히 정해진 목표에 훨씬 못 미친다. 사회주의 프로젝트의 유토피아적 본질이 계속해서 이어지는 것이다. 한편으로는 그 과정에서 맨 처음 유토피아의 희망들이 매여 있던 상당수의 거리들이 탐사되었고 잇따라 포기되었다. 역사적 경험이 현실의 형태로만 결정체를 이루는 것은 아니다. 이것은 유토피아적 양심 속에도 침전된다. 그리고 연속성 옆에는 변화가 나란히 서 있다. 20세기 말의 사회주의 유토피아는 이전 버전과 몇 가지 중대한 점에서 차이를 보인다.

1. 처음이자 가장 중요한 차이는 사회주의가 '과잉 진압', '지나친 억압', 또는 '과도한 지배' 등 다양한 방식으로 불리던 것들을 제거한 모습으로 나타나고 있다는 점이다. 사회주의는 오랜 방황 끝에 젊은 마르크스의 출발점으로 되돌아왔다. 오늘날의 사회주의 사상은 다시금 소외를 해소하는 이론을 발전시키는 것으로 이루어진다.

아마 앙리 르페브르(1901~1991, 프랑스의 철학자)가 이런 생각을 가장 완벽하게 설명해냈을 것이다.

지나치게 억압적인 사회란 '공공연한 갈등을 피하기 위하여 갈등과 관련이 없는 언어와 태도를 채택하는 사회로, 반대를 가라앉히고 심지어 무효화하기까지 하는 사회'를 의미하는 것으로 정의할 수 있을 것이다. 그것의 결과와 구현은 강요가 인식되지도 경험되지도 않는 어떠한 유형의 (자유주의) 민주주의일 것이다. 강요는 인정되고 정당화되거나, (내면의) 자유를 위한 필수조건으로 해명된다.[17]

엄청난 계급투쟁을 '대규모로 진압'하는 대신, 사소하고 무의식적인 수많은 억압 장치들이 일상생활의 영역 전체에 잔디에 물을 주듯 뿌려질 것이다. 언뜻 무해해 보이는 이 장치들은 소비로 정의된 삶의 영역 속에, 새로운 경험을 어제의 상식적 공식 속으로 계속해서 흡수하고 잘라내는 대중문화 속에, 그리고 인간의 삶의 과정의 다른 모든 영역 속에 스며들어, 인간의 행위를 단조로운 반복 속에 단단히 묶어두고, 복종을 합리성으로 위장시킨다. 피에르 불레즈(1925~2016, 프랑스의 작곡가, 지휘자)는 문화란 일어날 것 같지 않은 일을 피할 수 없는 일로 변형시키는 것이라고 말했다. 이 통찰력 있는 진술에는 약간의 보충 설명이 필요하다. 바로 지배적인 문화는 도저히 불가능하지는 않은 것 모두를 있을 법하지 않은 일로 변형시킨다는 사실이다. 르페브르의 정의를 그 의도는 훼손하지 않으면서 다른 말로 표현하면, '지나치게 억압된 사회란 자신에 대한 대안들을 효과적으로 제거하고, 그럼으로써 자신의 권력을 웅장하고 극적으로 보이기를 포기하는 사회'라고 할 수 있다.

그러므로 사회주의적 인간관계를 확립하는 길을 닦을 수 있는 유일한 방법인 문화혁명은 오직 역사적으로 일시적인 형태의 지배를 유지하는 역할밖에 하지 못하는 '과잉 진압' 전체를 제거함으로써만 일어날 수 있다. 바꾸어 말하면, 그러한 억압의 제거는 진정으로 사회주의적인 문화혁명에 버금가는 일이 될 것이다.

사회주의 프로젝트와 비평에서 언제나 두드러진 지위를 차지하는 지배의 문제는 어떤 의미로 정치적 영역에서 문화적 영역으로 이식되었다고 할 수 있다. 사회주의 사상가들이 이제 폭력을 조직화하고 정당화하는 원천으로서 국가가 전체 지배구조 속에서 차지하는 핵심적인 위치에 주의를 덜 기울인다고 말할 수는 없지만, 그들이 국가 권력을 손에 넣는 것이 해방적인 역할을 해주리라는 희망을 과거보다 훨씬 덜 느낀다는 건 분명하다. 이것은 어떤 특정한 역사적 형태의 지배가 아니라, 기본적으로 반사회주의적인 칼날을 지니는 형태의 지배라는 견해를 점점 더 자주 접하게 된다. 소비에트 독재가 단순히 대규모 사유재산권이 존재하지 않는다는 이유만으로 사회주의적인 것은 아니다. 사회주의의 현신인 제도화된 당의 외부에서는 그것이 사회주의의 정원으로 곧바로 안내하는 문을 여는 열쇠가 절대로 아니라는 믿음이 점점 더 확대되어가고 있다는 사실은 부르주아적인 특징의 회복만큼이나 중요한 일일 것이다.

2. 사회문화적인 지배 기반을 공격하고 그 핵심에 도달하려는

비판, 다른 어떤 특정한 역사적 형태들보다 더 거칠고 저항적인 사회주의적 비판의 확대는 소외의 '근원으로 가려는' 전체적인 경향의 한 가지 표현일 뿐이다. 예상한 바와 같이, 그런 경향은 주변부를 통제하고 종종 조직화된 정치적 사회주의와 마찰을 빚는 '지식인들의 사회주의' 내부에서 주로 표명되었다. 이러한 지식인들의 성향에는 최소한 한 가지 이상의 이유가 있다. 먼저 러시아혁명의 실망스러운 경험이 있었다. 체제가 크게 붕괴하지 않는 한 풍요로운 서양의 노동자들이 급진적인 사회 변혁의 기치 아래 결집할 가능성이 매우 낮다는 깨달음의 확대, 편협하고 공격적인 민족주의와 사회주의의 뻔뻔스러운 내연관계, 여러 나라의 노동자들이 전체주의적 운동과 맹목적이고 대량학살적인 이데올로기를 열광적으로 지지하던 그 열기, 그리고 아주 최근에는 현재 사회에 대한 환멸과 그 진보 능력에 대한 불신이 낳은 불합리와 신비주의와 정치적 유아증과 문화적 현실도피의 폭발적인 증가. 사유재산 제도의 악행이 아무리 심각하다고 하더라도 이 모든 것보다 더 하지는 않다. 이러한 문제들은 부르주아 문화와 사회주의 반문화가 처음으로 발생했던 현대사회의 토대 깊숙이 파고들어가는 더 광범위한 분석을 요구한다.

그런 경향은 당연히 사회주의 유토피아의 과거 깊은 곳까지 거슬러 올라가지만, 그것은 독일 인민들이 새로운 암흑시대의 도래를 축하하고 무시무시한 스탈린주의가 그 노골적인 모습을 본격적으로 드러내는 이중의 재앙이었다. 호르크하이머와 아도르노는 계몽주의를 재평가하여 이 재앙들의 원인을 설명하려고 시도하면서 사회주의와 부르주아의 꽃이 나란히 자라난 이 기름진 토양으로 향한다. 그것은 다름 아닌 계몽주의 그 자체였다. 이것은 이성이 (호르크하이머와 아도르노가 보기에) 현대인의 마음에 사람을 무능력하게 만드는 '실제에서 벗어나는' 공포를 심어주었던 미신과 편견을 누르고 승리를 거두었다고 보편적으로 선언했다. 계몽주의의 핵심은 '신화적인 공포를 철저히 밝혀내는 것'에 있다. 계몽주의는 공포로부터의 자유를 알려지지 않은 무언가를 제거하는 것과 동일시한다. 그래서 이것은 지적으로 숙달할 수 있도록 이름을 붙이고 범주화하거나, 분류에서 벗어나는 존재는 모두 다 부인하고 억압하는 이중의 전략을 취한다. 현대사회의 상식인 이 실증주의는 아마도 계몽주의 정신의 가장 충실한 전형일 것이다. 그러나 "그 궁극적인 산물이라고 할 수 있는 실증주의의 순수한 내재성은 흔히 말하는 보편적인 금기 이상의 아무것도 아니다. 그 바깥에는 아무것도 남지 않는다. 외부성이라는 생각 자체가 공포의 가장 큰 근원이기 때문이다".[18] 그러므로 실증주의란 다른 대안적인 존재 방식과 실현되지 않은 과거의 희망을 만회하려는 모든 시도에 대한 가장 인정사정없는 억압을 의미한다. 그러나 '사실들'을 공포로부터 자유롭고 평온하고 유일하게 안전한 천국으로 받아들인다는 것은 더도 덜도 아니라 과학과 상업과 정치의 지배적인 관례를 받아들인다는 뜻과 다를 바 없다. 정치적 반대를 이성에 대한 공격으로,

그리고 '사실들로부터 벗어난' 모든 것을 정치적 위험물로 탈바꿈시키는 이 두 개의 압력은 현대인의 생활세계 속에 자리 잡아 서로를 강화한다.

그러나 이 가짜 안전에는 위험천만한 함정이 너무나 많아서, 계몽주의는 자기 안에 자신을 폭력적으로 무너뜨릴 씨앗을 품고 있다. 공간공포(자기 앞에 펼쳐진 공간에 대한 공포감—옮긴이)에 감염되었지만, 지배적인 사회제도의 크기로 축소된 이성을 받아들임으로써 공포로부터 자유로운 상황을 누리도록 허락받은 포스트 계몽주의 사회의 시민은, 만일 그가 반항한다면 편집증 환자로 치부되어버린다. 그리하여 계몽주의의 자연스러운 결과는 파시스트에 대한 거부가 아니라 오히려 그것의 종양이다.

> 폴크스긴노세Volksgenosse(국민을 뜻하는 나치 용어)로서는 그의 분노를 공동으로 승인하는 것이 진정으로 이로웠다. …… 이것은 대중이 드물게 누릴 수 있는 기쁨이다. …… 편집증적인 의식은 동맹 단체, 정당, 그리고 범죄 조직의 형성으로 향하는 경향이 있다. 그 구성원들은 그들 자신의 망상을 신뢰하기를 두려워한다. 자신의 광기를 투영함으로써, 그들은 모든 곳에서 음모와 개종주의를 발견한다. 확실히 자리 잡은 집단은 언제나 그런 편집증적인 태도로 타인을 대한다.[19]

현대사회가 낳은 편집증적인 성향이 자신을 구속하는 족쇄에서 스스로 자유로워지려는 시도를 오염시키지 않을까 예상할 수도 있다. 그런 시도는 방향을 잘못 잡아 똑같이 편집증적인 집단 히스테리나 아무 쓸모없는 개인적인 현실도피로 탈바꿈할 가능성이 높다. 그렇게 되고 말 높은 가능성 때문에 호르크하이머와 아도르노는 나중 단계에서 대단히 세련되고 그에 상응하게 심오하고 철학적인 추론 속으로 직접적이고 국소적으로 뛰어들지 않고 스스로 물러났다.

마르쿠제는 후기 자본주의에 대한 급진적인 비판 속에 자주 출몰했던 고립감과 고독을 적절하게 표현해냈다.

> 해방이 근본적으로 다른 의식(진정한 반대-의식)의 개발로 소비사회의 물신숭배를 깨뜨릴 수 있다고 가정하는 정도만큼, 그것은 또한 교육의 계급 체계를 통해 질서를 확립한 지식과 감수성이 국민의 다수를 가로막는다고 전제한다. 신좌파의 고립에는 따라서 근거가 충분하다. …… 대중으로부터 실제로 고립되는 것에 대한 알레르기 반응을 보이는…… 운동은 열등감, 콤플렉스, 패배주의, 그리고 무관심을 나타낸다.[20]

한편으로, 단지 보통 사람들의 경험과 크게 관련이 없고 거리의 평범한 사람들과는 의사소통조차 불가능하다는 이유만으로

공해로부터 안전하게 보호될 과장된 궤변으로 빠지기에는 이것은 너무나 쉬운 이야기이다. 또 다른 한편으로, 이론적으로 불완전하게 제시되었는데도 성급하고 충동적으로 행동하는 것은 개인적 반항으로부터 그 보편적이고 문화 창조적인 잠재력을 박탈할 것이다. "프티부르주아적 항문성애, '돼지 같은 언어'의 표준화된 사용, 쓰레기를 절망적인 개인들을 상대하는 무기로 사용하는 것, 이런 것들이 바로 방향을 잘못 잡은 사춘기적인 반항의 결과이다."[21] 그러므로 사회주의 유토피아는 언제나 그래왔듯이 오늘날에도, 길들여진 '진보주의'라는 스킬라와 제어하기 어렵고 때이른 분노의 표출, 오래가지 못하는 연극조의 개인적인 침잠이나 정치적인 것으로 위장된 범죄로 귀결되는 카리브디스(스킬라와 함께 그리스 로마신화에 등장하는 괴물. 시실리 섬 앞 바다 스킬라 바위 맞은편의 거대한 소용돌이를 지칭하기도 한다—옮긴이) 사이로 이끈다.

3. 전통적인 사회주의의 여러 버전들이 '행복의 사회화'를 인간성과 주체성의 손상보다 강조하는 경향이 있다면, 오늘날의 사회주의 유토피아의 급진적인 확장판들은 인간의 의식과 주체성을 그들의 혁명적 프로젝트에서 가장 중심에 둔다. 이것은 앞에서 고려했던 사항들에 비추어 누구나 예측할 수 있는 사실이다. 만일 해방이 이성의 부흥과 '과잉 지배'의 제거라는 용어들로 정의된다면, 해방의 과정에서 주체성이 핵심적인 역할을 수행한다는 것은 사실상 논리적인 귀결이다. 칼 클레어(미국의 법학

자)가 그 논리적 연쇄를 잘 설명해준다.

> 신좌파는 혁명적인 사회 변혁의 지점이 정치와 경제의 주
> 요한 제도들에 한정되지 않고, 개인의 일상생활의 의식으
> 로 확대된다고 강조한다. 의식은 삶의 예전 방식과 옛 제
> 도들의 도덕적 근거를 형성하는 사회적, 경제적, 성적, 문
> 화적, 이데올로기적, 그리고 상식적 기반의 전달자로 여
> 겨진다. 그에 따라, 새로운 삶의 방식의 규범적이고 상호
> 주관적인 기초를 창조하기 위해서는 의식이 사회구조와
> 함께 근본적이고 전체적으로 달라져야 한다. …… 그러므
> 로 문화혁명과 일상생활의 행위 비판은 처음부터 혁명의
> 과정의 핵심에 있다.[22]

변화된 의식은 사회주의로 향하는 통로의 본질이자 필수조건
이다. 지배구조가 보통 사람들의 머리로는 이해도 되지 않는 사
회적 차원과 일상 업무에서 변하는 것으로는 부족하다. 그들 자
신의 세계 인식이, 그 깊이와 감수성이, 즉각적이고 간접적인 환
경과 상호 작용하는 방식이, 우리가 들어온 대로 사회주의를 실
현시키기 위해 반드시 변해야 할 전체적인 삶을 변형시키고 통
제하는 방식이 바뀌어야 한다.

강조점이 이렇게 옮겨간 이유는 다시 여러 곳에서 찾을 수 있
다. 그중 하나는 현대의 철학적 인류학 전체에, 따라서 자연스럽

게 사회주의 유토피아에도 예외 없이 각인을 남긴 현상학과 실존주의의 지적인 영향력이다. 오늘날 삶의 세계의 원리와 의미의 의도적인 장을 자세히 설명하지 않고 인간의 해방 또는 인간이 일반적으로 처한 곤경에 대해서 논하기란 불가능하다. 인간이 처한 상황에 대한 우리의 견해로는 해방은 자기실현의 자유라는 개념과 세상의 '자연스러운 사고방식'이 부여한 사슬에 묶여 있으나 이제 독립적인 삶과 바깥세상의 누구에게도 굽히지 않는 현실이라는 심상을 얻은 노예들의 자유와 거의 접해 있다. 따라서 해방의 과정은 그러한 '자연스러운 사고방식' 또는 상식, 또는 순진한 세계관, 또는 남들이 만들어낸 일상적인 생각과 의미를 고분고분하게 받아들이는 것이 틀렸음을 밝히는 방식으로 나타나는 경향이 있다. 이런 점에서 오늘날의 수많은 사회주의 명제들은 현대의 다른 인기 있는 철학적 인류학 학파들과 같은 언어와 관심을 공유한다.

　　그러나 강조점이 옮겨간 또 다른 이유에도 특별히 주의를 기울일 필요가 있다. 앞에서 이미 현대 사회주의 유토피아의 더욱 급진적인 분파들에서 지식인 엘리트의 지위가 점점 커지고 있음을 논한 바 있다. 이것은 이중의 의미에서 엘리트주의이다. 첫째, 이것은 현대세계에서도 극도로 발달된 주변부에 사실상 한정된다. 그리고 이 지구의 부유한 교외에서도 여전히 교육받은 중산층의 얇은 지층에 의해 계속해서 착취당한다. 현대사회에 (역시 이중의 의미로) 그 책임이 있는 어떤 불공정과 착취에 실제로 피해를 당한 사람들과 교육받은 중산층의 얇은 지층을 연결하는 고리는 조금도 과장하지 않고 말해서 극도로 허약하다. 사실상 그런 연결고리가 존재하지도 않는다는 사실은 유토피아를 생산하는 사람들로 하여금 날개를 펴고 전에는 가보지 못했던 곳까지 높이 날아오르도록 허락해준다. 그러나 '전체적인 급진주의'의 고도에서는 보통 사람들의 일상적인 문제와 관심은 거의 알아볼 수도 없게 되며, 천상의 영역으로 비판적인 영혼을 데려간 그 갈망이 보편적인 인간의 보편적인 비통함으로 여겨지기 쉽다.

시대의 철학적 자기 인식이 (사회주의 유토피아의 선례를 따라) '강強'에서 '유柔'한 요인으로, '저 너머'의 거친 현실이라는 이미지에서 주관적인 의식으로, 객관적인 제한에서 언어의 왜곡으로, 사회를 개혁하는 것에서 각 개인이 사회에 의해 구조화되기를 거부하는 것으로 전향한 것은 어떤 의미에서 하나의 전체로서 지식인 엘리트들이 일상생활의 혼란에서 계속해서 해방되어가고, 생존의 차원에서 볼 수 있는 사소하고 단조로운 집착에서 점점 더 분리되고 있음을 반영한다. 그런 상황에서는 그 집단의 특권적 위치를 미래 세상의 인류를 대표하여 유지되는 발판으로 여기기 쉽다. 쉽게 믿지 않는 일반인들을 일깨우고자, 개인적으로 경험한 정신적인 고뇌를 "De Te Fabula Narratur(자네를 두고 하는 이야기일세)"라고 거만하게 고백하면서.

이렇게 풍요로운 사회가 부여하는 특권은 부르주아 도덕률의 노예 신분에서 자유로워지는 것으로 잘못 해석된다. 만일 마르크스가 근면함을 열렬히 주창하는 사람이었다면, 그것은 그가 자본주의의 문화적-심리적 통제를 피하는 데 실패했기 때문이다. 그러나 말하자면 우리는 '탈-축적의 시대'(클레어)에 도달했고, 그래서 근면이라는 것이 별로 중요하지 않게 되었다. 그것보다 "수많은 사람이 끊임없이 생존을 위한 투쟁에 매달려야 하고, 인간의 상호 작용과, 문화와, 성생활의 질을 더 이상 필요가 결정하지 않는 사회 특유의 정제되고 소외된 사회적 관계"[23]가 더 중요하다. 혹자는 그들의 정신적 선봉들이 탈-축적의 시대에 느끼는 따분함에 아랑곳하지 않고 여전히 생존을 위한 투쟁을 완강하게 고집하는 이 수많은 사람들의 문화와 성생활을 무엇이 결정하는지 궁금하게 여기며, 이 회의적인 대중이 성적인 규제를 완화함으로써 그들의 투쟁이 얼마나 더 쉬워질지 알아차릴 수 있는지 질문을 던진다. 그들도 사회주의 사회로 불릴 만한 자격이 있는 사회는 마땅히 '가볍고, 귀엽고, 장난스러운' 것이어야 한다는 점에서는 마르쿠제에게 동의하겠지만, 과연 그들이 지식인 엘리트의 불가사의한 영혼을 그들 자신의 사회주의의 미래에서 첫눈에 들어오는 것으로 받아들일까? 그들이 과연 자기 교수들에게 병을 힘껏 집어던짐으로써 오이디푸스 콤플렉스를 표출하는 학생들 틈에서 진짜 명분을 위해 싸우는 투사들을 가려낼 수 있을까? 그들이 '부자'의 사회주의를 알아볼 수 있을까?

그러나 만일 '주체성 지향적' 급진주의가 그 '사회의' 가난하고 불리한 입장에 선 사람들이 겪는 고초를 철저히 방치하지는 않는다 하더라도 상당히 경시하는 경향이 있다면, 그들이 전 세계의 가난한 사람들에 대해서 생각하는 한 그런 방치는 죄의식도 더 적게 느끼는 훨씬 더 경악스러운 것이 된다. 도이처가 1967년에 기록했듯이, "사회주의의 주된 대표자라는 엘리트 개념이 사람들에게 설득력을 가지는 이유는 그것을 받아들이면 자기가 직접 사회의 경제적 계급적 구조를 분석할 필요가 없어지기 때문이다. 이것은 거대한 산 전체를 안개로 감싸버리고, 오직 정상—엘리트—만 사람들에게 분명히 보이도록 한다."[24] 그러나 그것은 이중의 안개이다. '탈-축적'의 시대라는 논제는 아사 직전의 지구를 배경으로 할 때 터무니없이 졸렬한 이야기가 된다. 그 동기가 무엇이건 간에, 신 급진주의자들의 '탈-축적'에 대한 집착은 어떤 풍요로운 사회의 문화적 표현양식의 지엽적인 자기민족중심주의와 조화를 이룬다. 이 점은 다니엘 벨이《탈-산업사회의 도래》라는 가식적인 제목으로 그의 '사회적 예측의 탐험'을 저술하면서, 친절한 '솔로몬의 집(베이컨의 유토피아 소설《뉴아틀란티스》에 등장하는 실험 연구기관으로서 자연과학과 인간의 가능성을 탐구한다—옮긴이)'으로 뛰어든, 소위 말하는 제3세계를 오직 "국제적인 맥락"에서만 바라보게 하고, 우리 역사의 "궤적 바깥쪽(!) 한계선"으로 인식하게 한 그 경이로운 재주넘기가 이루어지는 동안 세계는 여전히 굶주림에 시달리고 있었다는 사실을 483쪽에 이르도록 언급조차 하지 않는 그 표현양식 속에서 나타난다. 다시 삐딱한 방식이기는 하지만, 소수의 탈-축적과 다수의 전-축적 사이의 고통스러운 격차를 의식하지 못하는 신 급진주의의 표현양식 속에서도 나타난다. 그러한 사치스러운 버전의 사회주의 유토피아를 추구하는 이 급진주의자들의 위험성은, 이들이 도이처가 정의 자체가 반사회주의적일 수밖에 없는 세력이라고 경고했던 예의 그 지엽적인 자기민족중심주의를 강화한다는 데 있다.

지엽적인 자기민족중심주의는 사회주의 유토피아의 계승자들이 우리의 역사적 국면에서 마주치는 도전의 형태로 뿌리를 내려 그 위험을 더욱더 심각하게 만든다. 사회주의 프로젝트의 지위는 그것이 태어난 이후로 계속해서 운명적인 변화를 겪어왔다. 이것은 더 이상 완전무결한 유토피아로서의 지위를 요구할 수 없게 되었다. 과학의 시대에 그들이 받았던 멸시에도 불구하고, 유토피아라고 불리기에 적법한 프로젝트들은 부러움의 대상이 될 만한 혜택들을 누린다. 그들은 미래에 자기가 있을 곳을 요구하면서, 결정적이지 않은 과거의 흔적을 확실하게 무시해버릴 수 있다. 자신들 스스로가 먼저 과학적 경멸의 대상이었던 그들에게는 과학적인 반대의 '느려터진 사실주의'를 불신하고 비웃을 정당한 권리가 있다. 과학과 유토피아는, 말하자면 이 세계의 서로 분리된 영역에서 작동한다. 따라서 그들의 주장에는 서로 구분되는(심지어 자율적이기도 한) 인식론의 규칙들이 적용되며, 이데올로기를 제외한 어떠한 권위로도 서로 인정하거나 결속할 수 없다. 이런 이유로 유토피아는 풍부한 상상력으로 자유와, 사회적 행동의 대안적인 중심축을 제공하는 힘을 누린다. 20세기 후반의 사회주의 프로젝트는 그런 자유와 힘을 주장하지 못했다. 그런 의미에서 유토피아의 지위를 상당히 잃어버린 셈이다. 실제 사회의 꽤 많은 영역이 그 이름 아래에서 형성되었고, 심지어 그 이름을 도용해오기도 했다. 사회주의가 경계의 한쪽에 분명하게 내려앉은 이상 유토피아와 현실은 이제 더 이상 독립된 땅이 아니다. 여전히 손상되지 않은 형태의 유토피아를 요구하면서, 사회주의는 이제 경험적인 정밀 검토와 논쟁의 대상이 되는 사실들을 다소 거칠게 일깨웠다. 이런 상황 속에서 사회주의 프로젝트의 유토피아적 기능을 다시 획득하기 위해서는 그 비판적 칼날로 '모든' 현실을 겨냥하는 수밖에 없다. 이 현실은 사회주의적으로 디자인된 구역까지 포괄하기 때문에, 사회주의 '유토피아'는 자본주의적 현실뿐만 아니라 사회주의적 '현실'을 향해서도 똑같이 비판적인 자세를 취해야만 한다.

사회주의 프로젝트의 사회적 상황에서 가장 중요한 변화는 그것이 자본주의의 유일한 반문화로 남아 있으면서도 더 이상 역사의 '살아 숨 쉬는 원인spiritus movens'이라는 성격을 보존할 수 없게 되었다는 점인 것으로 보인다. 이런 이유로, 현대의 사회주의 사상에 두드러진 그러한 변화들은 이미 확립된 현대사회의 주요한 '양쪽 모두의' 체계들을 비판함으로써 힘과 영감을 얻는다. 사회주의 유토피아는 여기서 다시 한 번 제자리로 돌아온다. 이것은 불합리와 탐욕에 기초한 질서를 이성과 정의로 평등하게 만들려는 대담한 도전으로 시작되었다. 정치적 실천에 뿌리를 내린 사회주의 사상을 통해, 이성은 서서히 '역사의 법칙' 또는 역사적 필연성'으로 대상화되고, 비합리성은 부자들에 의한 무계획적이고 경쟁적인 경영으로 구체화되었다. 그리고 정의는 부의 재분배로, 탐욕은 경제적 착취로 정의되었다. 사회주의의 상승은 이미 깨뜨릴 수 없는 잠재력으로 드러난 미래의 단계들을 밝혀 보여주는 자연의 장엄한 작용으로 나타났다. 이것이 점진적이고 자가 추진적인 과정으로 나타날 것인지, 또는 과거의 화산암 아래로부터 미래의 원석을 극적으로 발굴하는 형태로 나타날 것인지의 논쟁이 얼마나 격렬하게 일어나건 간에 그것은 상대적으로 덜 중요한 문제이다. 두 가지 관점을 지지하는 사람들 모두 다 그 역사의 드라마를, 역사가 되돌릴 수 없는 것으로 정해놓은 시나리오에 따라 초-인간적인 사회 현실 속 '저 너머'에서 무대에 오른 연극으로 바라보았다. 드라마의 내용은 아이와 어른의 씨름이다. 처음에는 아이가 더 약하다는 것을 모두가 알고 있지만, 아이가 자라서 힘을 얻는 동안 어른은 그러지 못할 것이라는 사실, 그래서 아이가 자신의 승리를 위해 아무것도 하지 않더라도 결국에는 자연이 아이를 왕좌에 앉히리라는 사실 또한 모두가 알고 있다. 사회주의는 아이와 같은 사회 체제였고, 자본주의는 어른 체제였다. 둘 사이에서 벌어질 '전투'의

성과는 전적으로 인간의 헌신과 수완에 달려 있을 것이다. 그러나 '전쟁'의 결과는 역사의 법칙에 의해 미리 정해져 있었다.

사회주의의 역사적 드라마를 초인간적 사령관이 군사 작전을 지휘하는, 이미 결과를 아는 두 사회 '체제' 사이의 전쟁으로 바라보는 것은 결코 과거의 문제가 아니다. 이것은 사회주의가 정치 상황 속으로 격렬하게 쇄도해 들어간 흔적들이 제도화된 모습 속에 여전히 단단하게 자리 잡고 있다. 그러나 새로운 경향이 점점 더 강해지고 있으며, 이것이 초기의 마르크스와 헤겔의 유산으로 향하는 영감을 찾는 것은 결코 우연이 아니다. 이러한 진전을 통해 사회주의 유토피아는 출발점으로, 즉 모든 역경에 굴하지 않고 오직 인간의 용기와 상상력이라는 내적 자원에만 의지하는 대담하고 영웅적인 역작이라는 생각으로 되돌아간다. 콜라코브스키는 최근 다음과 같이 말했다. "우리는 모든 세부 사항들이 세계의 점진적인 성장 속에서 하나하나가 이루어지고 결정된 세계, 그 특성들을 기록하더라도 개입은 최소화되고, 이용하더라도 전체가 점진적으로 변화하는 과정에 영향을 끼치지는 못하는 어떤 주어진 세계로부터, 그 시작부터 그리고 각 단계마다 우리 자신의 부산물이라고 인정할 수밖에 없는 세계로 나아갔다."[25] 그래서 최소한 부분적으로는 이제 개인에게 새롭게 초점을 맞추는 것이 결정적이고 주된 전장으로 보인다. 그 드라마는 이제 점점 더 사회주의와 자본주의(두 개의 연속된 사회 조직 체제) 사이의 투쟁이 아니라, 사회주의와 상식(인간의 조건과 씨름을 벌이는 두 가지 대안적인 방식) 사이의 투쟁으로 보이기 시작한다. 여기에서 전투의 운명, 그리고 그에 대한 책임이 모든 개인 각자의 어깨 위에 놓인다는 결론이 거의 직접적으로 따라 나온다. 합리적으로 조직된 (부르주아 문화와 거기에 전통적으로 대항하는 사회주의 반문화가 함께 조화를 이루는) 공동체의 꿈이 과연 인간이 스스로 부여한 책임과 자기 통제로부터 사람들을 놓아주는 도구인지 의심이 생기기 시작했다. 그리고 그 꿈이 과연 개인성을 고립으로, 개인적 책임을 포기로, 자기 통제를 일련의 피할 수 없는 좌절감의 형태로 제공하는 현대 문명을 경험함으로써만 매력을 얻을 수 있는 계획인지에 대해서도 의혹의 눈초리로 바라보게 되었다.

이런 방식으로 개인성을 빼앗긴 사람들은 합리적으로 프로그램된, 조금 더 자세히 조사해보면 전체주의로 향하도록 정해져 있을 뿐인 사회의 단조로운 예측 가능성이 해주는 약속들에 간절히 귀를 기울인다. 상식은 자유로부터 사실상 벗어났다. 이런 종류의 후퇴를 추구하면서, 인간은 처음으로 자유가 오직 공포 또는 무력함과 결합되어야만 가능한 상황 속으로 강제로 던져졌다. 이제 우리는 '자본주의적 조건들이 그런 상황을 만들어내는 힘이, 전통적인 사회주의적 조치들의 해악이 그렇게 하는 힘보다 더 강하지는 않다'는 주장을 의심할 만한 충분한 역사적 증거들을 가지고 있다.

9장 — '저 너머',
|
또 한 번의 — 대담한
|
탐험

상식은 사회주의가 '피할 수 없는' 또는 사실상 실현 가능한 것이라는 증명을 거의 포함하고 있지 않다. 에른스트 블로흐가 지적했듯이, 상식은 사람들이 경험하는 삶의 형태가 무기한 지속되리라는 가정, "인간이 언제나 인간이리라는" 가정에 기초한다. 이제 사회주의 프로젝트의 실현 가능성은 전적으로 인간이 올바른 상황 속에서, 우리가 그들을 아는 대로, 안다고 여겨져온 그대로 죽는다는 희망에 달려 있다. 그러나 끝없이 복제되는 개인적이고 집단적인 '실용적 가르침'의 대중적인 냉철한 지혜는 이 희망에 반대한다.

구조적-기능주의적 사회 이론은 사회 체제가 '정신적'으로든 문화적으로든 통합된다면 그것이 반드시 '합의'에, 즉 인구의 대부분이 주어진 사회의 전체 구조가 의존하는 기본적인 가치들에 호의적인 태도를 보이는 것에 근거해야 한다고 가정한다. 기능주의를 비판하는 사람들에게서 주목할 점은 그들이 이 중요한 가정에는 암묵적으로라도 동의하는 경향이 있다는 점이다. 이것은 종종 그들로 하여금 기존 사회에 대하여 똑같이 편협하고 독단적이긴 하지만 내용은 반대인 생각을 설명하도록 이끈다. 그들이 사회 구성원의 절대 대수가 기존 체제를 '사랑'하거나 '좋아'하거나, 또는 그것에 '열정적으로 굴복'한다는 생각에 (어떤 이유로든) 반대하는 한, 그들은 오직 비문화적 '통합' 방식과 주로 경제적이고 정치적인 강요를 언급함으로써만 그 체제의 가시적인 힘과 불사신 같은 면을 설명할 수 있다. 따라서 적대하는 양쪽 모두가 문화를 가치 및 평가와 동일시하며, 서로 대안적이지만 똑같이 체제의 연속성에 대한 불만족스럽고 부분적인 설명인 '합의' 대 '강압'의 딜레마로 자신들을 던져 넣는다. 사실 체제의 강력한 모델은 분석적으로 거짓 연속체인 양극단 어디에도, 그리고 그 중간쯤 어딘가에도 세울 수 없다. 프랭크 파킨 (1931~2011, 영국의 사회학자)의 뛰어난 연구[1]가 공헌한 가장 중요한 부분은, 체제의 문화적 통합 문제를 그것과는 전혀 다른 문제인 전체 체계의 구조적인 원리를 수용하거나 호의적으로 받아들이는 문제와 '실질적으로de facto' 분리해냈다는 점이다. 파킨에 따르면, 제도적인 주류 질서(언제나 특정한 계급이 지배하는 질서의 형태)가 옹호하고 널리 퍼트린 '지배적인' 가치 체계는 그것이 문화를 통합하는 활동을 할 때는 물론, 그 체제의 방어에 헌신하는 것과는 거리가 멀고 그것을 고취하거나 그것으로부터 고취되는 것과는 더욱 거리가 멀 때조차 그 체제에 호의적이며, "불평등과 낮은 지위라는 사실들에 순응하는 반응"을 촉진함으로써 그 체제를 옹호하는 '종속적인 가치 체계'의 도움을 받는다. 이것은 정확히 그람시가 (길게 이야기하지는 않았지만) 시민사회의 '수직적' 구조라고 묘사했던 바로 그것이다. 그 구조 속에서는 통치 철학이 사회적으로 생산된 곤경에 개인을 적응시키는 규칙들이 제공되는 상식의 수준에 직접 연결된다.

종속적인 가치 체계란, 몇 가지 의미에서 지배적인 사상 체계의 왜곡된 반영이라고 말할 수 있다. 지배적인 표현양식이 대안적인 현실들의 실현 가능성을 경시하는 데 성공을 거두게 하고, 그것이 '역사'로 이해해야 할 것을 '자연'으로 대체하는 데 성공한다는 점에서만이 아니라, 지배적인 표현양식이 고통의 '개별화'를 촉진하고 그럼으로써 분노가 일반화되지 않도록 배제하거나 또는 비참함이 저항으로 바뀌는 현상을 피하게 한다는 사실에서 그렇다. 파킨은 노동자계급의 공동체들이 처해 있는 상황이 "제한된 사회적 지식과 서로 얼굴을 대면하는 관계에 바탕을 둔 삶의 형태를 표현하는 순수하게 편협한 의미의 의미 체계를 만들어낸다"는 사실에 주목한다. "사회적 불평등에 대한 정반대의 해석"을 독려하는 "급진적인 가치 체계"는 '스스로' 성장하는 상식에 뿌리를 두지 않는다. (여기서 파킨은 전통적인 마르크스주의의 견해를 반복한다.) 급진적인 가치 체계의 기반을 제공하는 것은 정치적으로 제도화된 태도, 바로 정당이다. 파킨의 견해에서 볼 때, 재산을 빼앗긴 사람들의 계급의식은 어쩔 수 없이, 그 정의상, 정치적으로 제도화된 의식이라고 말할 수 있다. 그런 차원의 제도화 없이는 박탈당한 사람들이 종속적인 의미 체계의 지배에서 벗어날 수 없다. "노동조합주의와 도구적 집산주의는 불평등에 순응하는 반응이라고 보는 것이 합리적이다."[2]

그러나 또 다른 두 개의 논평도 적법해 보인다. 첫째, (최저생활 수준에 다가가거나 그보다 아래로 추락하는 비참한 상태와는 구별되는) 불평등이 행동의 동기가 되기 위해서는 평등에 대한 순응적이거나 저항적인 공준이 반드시 대중의 마음속에 하나의 문화적 규범으로서 먼저 뿌리를 내려야 한다는 것이다. 각자의 위치에 알맞은 삶의 유형이 그 시대의 질서였던 중세의 공동 사회에는 그런 규범이 없었다. 평등의 공준은 부르주아계급에 의한 문화에서 처음으로 확립되었다. 불평등과 그것의 극복이라는 말로 표현되는 급진적인 의미 체계는 부르주아 문화로부터 자라남으로써 부모 문화의 흔적을 유지한다. 그 조상이 아무리 비판적이라고 하더라도, 근본적으로 똑같은 언어로 표현되는 이 후손은 조상과 쉽게 소통할 수 있다. 따라서 부모 문화는 이것을 어떤 방식으로든 완전히 이해할 수 있으며, 그럼으로써 '급진적'인 범주에서 '종속적'인 범주로 넘어가버린다. 어빙 하우의 말을 빌려서 이야기해보면, "복지국가가 성장하는 동안 나타난 특별한 모습이라면, 예전에 무시되었거나 새롭게 응집된 사회적 집단들이 사회의 산물을 더 공평하게 분배해달라고 요구하고 복지주의의 공통적인 이데올로기에 호소하여 자신들의 요구를 합리화하는 일련의 '침범들'을 들 수 있다".[3] 따라서 급진과 종속을 나누는 선은 전혀 엄격하지 않고 영원히 드리워지지도 않는다. 종속적인 의미 체계의 존재는 지배적인 체계가 평등의 이름으로 요구를 충족시켜주겠다던 약속을 지키지 못했을 때 급진적인 의미 체계가 등장할 수 있는 가능성을 유지해주며, 또 그 역도 성립한다. 파킨이 묘사한 급진적 의미 체계가 반드시 외부를 지향하는 힘으로 작용할 필요는 없다. 이것은 여전히 체제가 붕괴하지 않도록 지지하고 구조하는 역할을 맡을 수 있으며, 어떤 간접적인 방법으로 전체의 통합에 공헌할 수도 있다.

둘째, 문화 속에 확고하게 자리 잡은 평등의 공준이 있어도, 불평등의 현현으로 인식되고 기록되는 것은 다양한 모습일 수 있다는 사실이다. 인간은 여러 가지 다양한 측면에서 서로 다른 존재이다. 불평등이라는 측면에서 평가될 수 있고 또 그렇게 되어야 하며, 그럼으로써 평등주의의 추진력을 발산시킬 수 있는 특징들의 집합에 속하는 것이라고 문화적으로 분류되는 것들은 오직 상대적으로 적은 차이점들뿐이다. 평등의 공준은 소유의 분배와 재분배라는 단 하나의 영역에만 적용되는 것이 가장 흔한 경우이다. 그러므로 그러한 재분배의 평등은 사유재산 제도의 상황 속에서만 인간의 행동을 촉발하고 이끌 수 있을 뿐이다. 이것은 부르주아 문화가 정의하는 소유 제도와 긴밀한 관계에 있다. 필연적으로 과거를 지향하고 이미 확립된 구조를 바로잡는 것을 목표로 삼는다. 공준은 그 너머에 도달할 수도 없고, 인간의 행동을 이끌 수도 없다. 그 힘과 약점에 공통적으로 반영되는 것은, 다른 사람들은 그들의 삶에서 더 많은 걸 얻는다는 의식은 전체적으로 불편한 반면 자기보다 형편이 나은 사람도 없다는 생각에서 얻을 수 있는 기쁨은 아주 적다는 사실이다. 분배의 평등이라는 공준에 근거한 이성적인 행동은 불평등의 맥락에서 어떤 집단의 위치를 향상시키는 데 쓸 수 있는 힘을 모으는 것으로 이루어질 것이다. 그리하여 분배의 평등이라는 규범의 중재로 얻은 상대적 박탈이라는 경험은 그러한 불평등에 반대하는 직접적이고 논리적인 방법을 제시하지 못한다. 인간은 자신의 '해방'을 위해 타인의 박탈이 필요한 모양이다.

위에서 고려한 사항들로 비추어볼 때, 자신들에게 남겨진 '자연적인 상태'에서 상대적으로 박탈당한 사람들이 필연적으로 그러한 계급사회에 저항하는 투사로 변신하리라고 기대하는 사회주의의 옹호자들은 선결문제 요구의 오류petitio principii를 범하고 있는 것으로 보인다. 흔히들 노동자들이 국부를 극도로 불공평하게 분배받는다는 사실(존 베스테르고르[1931~2003, 미국의 증권 분석가]의 추정에 따르면 영국 인구의 1퍼센트가 전체 재산의 41퍼센트를 소유하고 있다)[4]이 노동자계급의 급진주의가 필수적임을, 또는 거의 필수적임을 함축한다고 전제한다. 만일 그 예측이 실현되지 않는다면 이것은 설명이 필요한 수수께끼 같은 일로 인식된다. 몇 가지 강력한 반대 요인이 노동자들이 급진적인 태도를 취하지 못하도록 '방해'하는 작용을 했어야 한다는 것이다. 그 반대 요인들은 흔히 두 가지 범주 중 하나, 또는 둘 모두의 형태로 귀결된다. 게으른 사회주의자 지식인들과 "이미 확립된 권력과 소유구조를 직접 공격하는 정책을 제시"하는 데 실패한 정치인들, 그리고 기존의 구조가 노동자들에게 이로웠거나 그렇게 되리라고 믿도록 호도하는 지배계급의 "이데올로기적 거짓말"이 그것이다. 어떤 설명이 주어지건 간에, 공통적인 전제는 급진적인 반대가 존재하지 않고 '결핍'되었다는 것이며, 바로 그 점이 설명이 요구되는 지점이다.

이미 풍부하고 계속 늘어나는 증거 때문에 이론의 수정이 긴급하고 피할 수 없는 일이 되었다고 생각하는 사람들도 있다. 그래서 그들은 박탈당한 사람들, 특히 노동자계급에 급진적인 사상이 주입되는 것을, 필연적이지 않고 어쩌면 우연적인 사건들의 흔치않은 연쇄가 일어나야 하고(알튀세르가 말하는 '중첩결정'이 여기에 속한다) 또 설명되어야 하는 특출한 현상으로 바라보는 새로운 이론을 구축하려고 시도한다. 바람직한 이론은 첫째로 예전에는 재앙 또는 '반역'으로 여겨지던 발전, 공모와 태만의 결과로 나타나는 발전들이 사실상 산업 발전 후기의 현 단계에 기대되는 일들임을 보여주는 이론이다. 그래서 미국에서 열린 '사회주의 학자 회의'는 "노동자계급의 혁명이 일어날 확률은 착취 정도에 반비례한다. 착취 정도가 클수록 자본가계급이 차지하는 흑자 폭이 커진다. 흑자 폭이 커질수록 노동력의 요구를 쉽게 충족시켜줄 수 있다"[5]는 마틴 니콜라우스의 견해를 검토하고 승인했다. 2년 전에는 페리 앤더슨이 "순수하게 노동자계급으로 이루어진 당은 그 자신의 본성에 의하여 협동조합주의 또는 전면적인 복종 둘 중 하나로 기우는 경향이 있다"[6]고 지적했다. 그리고 앙드레 고르는 이 복종의 사회적인 실제 메커니즘을 설명하려고 시도했다.

> 노동자들은 정해진 시간에 출퇴근 도장을 찍고, 그것을
> 조직하는 데 자신은 전혀 관여하지 않은 일에 따르고, 월
> 급봉투를 집으로 가져감으로써 매일매일 고용주의 권력
> 을 옹호한다. …… 노동자들을 최대한으로 착취하는 것은
> 이제 더 이상 현대 산업의 지배적인 경향이 아니다. ……
> 지배적인 경향은 노동자를 시스템 속으로 '통합'하는 것
> 이다. …… 규칙적인 패턴이 그 무엇보다도 중요하다.[7]

전체적으로 보아서, 제안되는 이론들은 착취의 존재를 부정하지는 않으나, 착취와 사회주의로 기우는 경향 사이의 인과관계에 대해서는 의문을 제기하거나 그냥 부정해버린다.

그 문제는 새로운 것이 아니다. 《자본론》을 주의 깊게 읽어본 독자라면 누구나 잉여가치의 도용을 사회주의 혁명으로 연결짓는 '필연적인' 연쇄를 마르크스가 실제로 어떻게 바라보았을지 한번쯤은 자문해보았을 것이다. 다양한 대답이 가능하지만, 어떤 것도 세밀한 검증을 통과할 수는 없다. 생산력과 생산관계 사이에 존재하는 그 악명 높은 모순이었을까? 만일 그렇다면 누가 변화를 일으키는가? 경영자인가, 입법자인가? 노예사회에서 일어났던 것과 비슷한 체제의 총체적인 붕괴가 일어날 것인가?

아니면 극심한 빈곤과 절망에서 비롯되어 착취 체제를 무너뜨리는 반란이 일어날 것인가? 그 경우, 빈곤의 완화가 사회주의적 전망을 무효화하지는 않는가? 사실 앞에서 암시했듯이,《자본론》은 주제에 그냥 덧붙인 내용임이 명백한 몇몇 문단들을 제외하면 착취가 스스로 영속되는 상황을 설득력 있게 표현하고 있다. 하나의 응집력 있고 체계적인 이론으로서,《자본론》은 노동자들이 자신을 지배하는 자들 및 그 체제에 지속적으로 복종하는 것과, 노동자들을 위한 방어 조직의 등장이 시장 관계와 사유재산의 척도로, 즉 재분배를 목표로 추구하는 기관들로 변하는 것을 (저자의 몇몇 거침없는 선언들 및 거의 모든 제도화된 논평들과 정반대로) '피할 수 없는' 발전으로 바라본다. 그 본성이 전혀 분명하지 않은 한 가지 "필연성"은 노동자들이 그들의 불만을 사회주의적으로 표출하게 되어 있다는 것이다.

사실 그런 필연성을 암시한다는 것은 마르크스주의 '실천철학'과는 분명하게 다른 근본적으로 결정론적인 인간의 이미지를 마르크스의 것으로 간주한다는 것을 의미한다. 이것은 마르크스가 인간이 처한 물질적인 상황에서 정신적인 내용을 이끌어낼 수 있다고 보았으며, 더 나아가 그런 물질적인 조건들이 오직 한 가지 방식으로만 기술 가능하고 '인식 가능'한 것으로 보았다고 암시한다. 그러나 두 가지 가정 모두 마르크스주의 사회 이론의 기본적인 교의들과는 정반대되는 (비록 그 이론의 제도화된 해석들과는 반대되지 않지만) 지점에 놓여 있다. 물질적인 조건들이 무언가를 결정하는 역할은 기껏해야 그 조건들을 설명하는 데 타당하게 이용될 수 있을 아이디어들에 한계를 짓는다는 정도이다. 그람시가 여러 번 반복해서 강조했듯이, 어떤 아이디어가 다른 것들보다 더 대중적으로 적용되도록 결정하는 것은 타당성의 정도이다. 그러나 축적된 경험들을 '이해하고', 경험된 것을 이해 가능한 형태로 변형시키고, 합리적인 적응행동 수칙들을 적절하게 만들어내는 만족스러운 생각들의 집합은 하나 이상 존재하게 마련이다. 그 생각들 사이의 경쟁 속에서, 사회주의적인 생각의 집합은 그 경쟁자들보다 사람들의 상상력을 사로잡을 가능성이 더 적다. 그것의 '증명'은 미래에 존재하며, 그 그럴듯한 가능성을 분명하게 보여주는 증거로 제시되어야 할 과거의 경험은 그리 많지 않기 때문이다. 최소한 부분적인 성공과 완화라도 가져온 적이 있었던 일련의 널리 알려진 행동들의 지원을 자랑할 수 있는 다른 '보편적' 이론들과 달리, 사회주의 이론은 경험 속에 포함되어 있지 않다. 필연성을 찾아내려는 시도를 포기하지 않은 몇몇 사회주의 사상가들은, 자연스럽게 사회주의 유토피아를 받아들이도록 '강요받는' 박탈당한 사람들이라는 관념에 희망을 건다. 빠르건 늦건 간에, 자본주의가 더 이상 자신의 약속을 지키지 못하게 될 날이 찾아오고야 말 것이다. 그것은 자본주의적 상식의 논리가 이끄는 노동자들의 투쟁이 자본주의의 지배와 여전히 잘 맞아떨어질 수 있는 형식들을 어떻게든 필연적으로 초월하리라는 희망이다. 그런 견해를 지지하는 사람들은 그 '너머'의 '피할 수 없는' 사회주의적 본질이 평가되는 방식을 제시하지 않으며, 그런 것을 제시할 수 있을 가능성도 대단히 낮다. 설사 그 '필연적인 초월'의 희망이 실현된다고 하더라도, 역사적 증거를 바탕으로 볼 때 그것이 자본주의로부터 이루어지는 데는 여러 가지 방식이 있다.

호르크하이머와 아도르노라면 그런 필연성에 대한 갈증 그 자체를 소외된 사회의 자기 인식인 실증주의가 인간의 상상력을 자기 지배하에 두는 힘을 뚜렷하게 보여주는 신호라고 말할 것이다. 현실의 전능한 힘에 눌린 상식은 오직 그것보다 더 강력하고 '현실적인' 현실에만 고개를 숙이리라는 사실을 통해서만 '잃어버린 고리'를 찾아 헤매는 열정이 설명될 수 있다. 그리고 그런 방식으로 맞섰을 때만 인간이 인습에 얽매이지 않고 자유롭게 행동할 수 있을 만큼 제약을 느슨하게 할 수 있을 것이다. 이런 이유로 놀랄 만큼 많은 사회주의 사상가들이 사회주의적 가치들의 실행이 단지 바람직할 뿐만 아니라 피할 수 없는 일임을 (대부분 서로) 확인시켜주려고 안간힘을 쓰는 것이다. 우리 시대의 이성은 그것이 비판적이건 순응적이건, 불확정적인 상황과 무시무시한 공허를 피해 필연적이고 관습적인 안락한 피신처로 숨으려는 경향이 있는 것으로 보인다. 이 '필연성을 향한 갈망'은 소외가 가장 깊이 찍어 지워지지 않는 낙인이다. 따라서 사회주의 유토피아가 '반드시' 현실로 나타나리라는 믿음은 먼저 자기 자신을 실현하기 위해 꼭 필요한 힘과 투지를 고취시켜야 한다. 사회주의의 필연성을 이론적으로 '증명'하는 것은, 물론 현실의 구조에 어떠한 변화도 가져오지 못할 것이다. 그 결과는 심리적인 면에 국한된다. 그것으로 여전히 소외되어 있는 사람들로 하여금 해방의 대담한 모험으로 뛰어들도록 독려할 수 있을 것이다.

그러나 정말로 그런가? 현대 사회주의 사상가들이 꿈꾸는 종류의 해방과 자유를 소외의 대장간에서 주조된 무기로 무장하여 얻을 수 있을 것 같지는 않다. 오히려 그런 무기들을 손에 넣으려는 강력하게 내면화된 충동을 포기하는 것이 해방의 첫걸음이자 가장 중요한 조건이다. 만일 사회주의의 도래가 새로운 문화의 창조를 포함하는 사건이라면, 그 아래에서 체제의 이행이 이루어질 문화적 이미지는 그것과 상관없는 문제가 될 수 없다. 사실상 그것이 그 뒤에 이어질 체제의 성격을 좌우하는 가장 결정적인 요인이 될 것이다. '필연적인' 사회주의의 지지자들도 '국가 권력을 강화하는 것이 그것의 종말을 앞당길 것'이라는 희망, 또는 세상에 만연한 공포가 인간의 자유를 향상시킬 것이라는 희망의 기억에 조소를 보낼 것이다. 그러나 그들은 그런 희망들과 자신들이 지닌 희망의 그 불길한 논리적 유사성을 인식하지 못하고 있다. 인간이 필연성을 확신하는 존재로서 행동하기만 하면 스스로 자유로워지리라는 생각은 부자유의 정신적 통제를 더 강화하고 깊어지게 만들 뿐이다. 그런 생각으로는 이 사상가들이 사회주의의 중심이라고 여기는 새로운 해방된 문화에 절대로 가까이 다가갈 수 없다. 흔히 이야기되는 대로 사회주의를 아직 탐사되지 않은 인간 자유의 영역을 탐구하는 일로 바라본다면, 이것은 오직 역사적 과정의 모든 행위자들 사이의 자유롭고 제약 없는 대화를 통해서만 이루어질 수 있다. 우리는 인간이 자유를 강요당하는 사례를 알지 못한다. 사람들을 자유로 이끄는 중이라고 말하면서 노예 상태로 빠뜨린 사례만을 너무나 많이 알고 있다.

오직 그러한 길을 통해서만 사회주의가 그 자신의 사회주의적 유토피아와 아주 비슷한 것으로 나아가게 될 것이다. 이런 규칙이 사회주의자들의 원조 아래 걷게 될 그 길이 왜곡될 가능성을 줄여줄 것을 희망한다. 소비에트의 전체주의, 장검을 든 이국적인 사회주의, 도를 넘어서는 공격적인 편협함을 자랑하는 미숙한 급진주의를 목격한 세대는 그런 희망을 결코 가볍게 치부할 수 없다.

중요한 점이 한 가지 더 있다. 하나의 현실에서 수많은 유토피아들이 태어나고, 그것들은 서로 다른 모습일 수 있다는 사실이다. 대담성, 그들이 드리우는 지평의 거리, 새로운 지평을 그리기 위해 타원 컴퍼스의 다리를 놓을 현실 세계의 중심 위치 등이 모두 다 다를 수 있다. 새로운 유토피아가 그들의 전임자들이 창조적 힘을 모두 소진할 때까지 기다려주는 일은 드물다. 그들이 유토피아의 세계를 구체화하고 영원히 떠나버릴 때까지 기다리는 일은 더더욱 없다. 하나의 유토피아는 또 다른 유토피아의 뒤꿈치를 밟고 올라섬으로써 보유한 무기를 효과적으로 사용하게 하고 두 번째 전선을 전개한다. 유토피아가 아무런 도전도 받지 않는 지위의 호사를 누리며 모든 총구를 단 하나의 적, 트로츠키의 표현을 빌리면 "지금 현재의" 혐오스러운 현실로만 돌릴 수 있는 시간은 아주 짧다. 새롭고 더 먼 지평을 그리는 것은 이미 익숙한 현실의 예상치 못했던 측면들을 드러낼 뿐만 아니라, 이제는 이미 '확립된' 비전의 영역 속으로 포함된 예전 지평의 매혹적인 신비를 즉시 이어받은 새로운 '저 너머'를 창조한다. 이 새로운 '저 너머'는 전보다 훨씬 먼 새로운 지평을 그림으로써 상상력의 모험과 또 한 번의 지적인 탐험을 위한 바탕을 준비하는 대담한 탐험가들을 일찌감치 매혹할 것이다.

공평하게도 공격은 오래된, 이제는 가짜 정통성이라는 부러울 것 하나 없는 역할을 맡게 된 유토피아의 의표를 찌르지 않는다. 이것은 아주 일찍부터 자신이 처음 취했던 것보다 훨씬 더 유토피아적이고 급진적인 입장에서 제기될 수 있는 모든 비판에 대항하기 위해 자신을 강화할 것이다. 군림하는 문화에 의해 병적이고 초라한 환상으로 치부당했던 이들이 이번에는 그 자신의 국경을 즉시 '참된' 현실과 '진짜' 정신병 및 무책임의 영역으로 나눈다. 그들은 자신들이 도전했던 그 지배 문화가 사용했던 것과 똑같은 무기를 들고 싸워 이 새로운 국경에서 야만인 집단을 쓸어버린다. 이들은 그 야만인 집단에 모험주의, 무지, 이성이 결여된 유토피아주의, 의지주의를 비롯하여 과학과 법과 질서와 다수의 의지 그리고 꺾을 수 없는 역사의 흐름에 저촉되는 모든 종류의 죄목을 씌울 것이다. 이것은 물론 극도로 급진적인 비판에 신뢰성을 부여하고, 다음 차례로 이제는 덜 급진적인 유토피아의 '현실적인' 열정을 '처음부터 다시da capo' 약화시킨다.

현대의 사회주의 유토피아는 자기 역사에서 상대적으로 초기 단계에 있는 '저 너머'의 더 먼 지평에 대항하여 자신을 강화한다. 이것은 더 급진적인 유형의 반문화와의 관계를 서둘러 끊으려 한다. 이것은 같은 반-자본주의 진영 중에서도 주관성-예찬적이고 반-제도적인 흐름에 대항하여 격렬한 해방 전쟁을 치르며 그 위태로운 정체성을 물려받았다. 이 점은 마르크스로 하여금 《독일 관념론》의 5분의 4를 막스 슈티르너(1806~1856, 독일의 철학자)의 망령을 쫓는 데 할애하게 만들었다. 마르크스는 공동의 적인 정통파가 아니라 그와 같은 이단자들을 향해 가장 강력한 독화살을 겨누었으며, 제1인터내셔널의 짧지만 폭풍 같았던 역사도 자본주의적 현실에 대항하는 힘을 키우기보다 유토피아 프로젝트의 허용 가능한 한계를 설정하는 데 더 크게 공헌했다. 그때의 사회주의 유토피아는 자본주의 문화를 대체할 의도를 지닌 산업사회의 유망한 문화라는 역할을 스스로 굳건히 지켰다. 그들 차례에 그 프로젝트가 과학과 산업과 합리적 조직과 기술의 장엄한 광경을 넘어서는 유토피아적이고 비현실적인 것이 되기를 거부했다. 그러나 그 전투와 짧았던 결과가 최종적으로 증명해주는 것은 아무것도 없다. 기존 사회가 보편적인 특징들을 더 많이 드러냈을 때 마침내 그 사회의 반문화로서의 지위를 주장하고자 자신의 때를 기다리며 궁극적인 유토피아를 잠시 한쪽으로 치워두었을 뿐이다. 유토피아적 비판의 몸체는 예전과 마찬가지로 본질적으로 분열된 채로 남아야 한다. 말하자면, 인간은 언덕의 정상에 서서 한 번도 만족된 적이 없는 그들의 초월적 정신이 탐험하라고 명령하는 미지의 땅을 찾기 위해서만 계속해서 이어져 있는 언덕을 오르는 존재이다. 언덕 하나를 넘을 때마다 그들은 영원한 안식의 땅을 찾기를 희망한다. 그들이 구하는 것은 그 출발의 흥분이다. 2000년 전과 마찬가지로 오늘날에도 "보이는 희망은 희망이 아니다. 눈에 보이는 것을 누가 희망하겠는가?"(신약성서 로마서 8장 24절)

옮긴이의 말

　인문학계의 조류나 분위기와는 별도로, 독자들 사이에는 어떤 분명한 유행의 흐름이 있다. 프랑스 철학이 캠퍼스와 서점가를 덮쳐왔던 1990년대에는 좋아하는 철학자가 누구냐는 질문이 마치 좋아하는 작가나 연예인을 묻는 것처럼 자연스러웠다. 그때 당시 왕성하게 활동하고 있진 않았더라도, 여러 다양한 담론의 장에서 새롭게 생명을 얻어 활발한 토론을 벌이던 수많은 철학자들의 이름이 대답으로 돌아오곤 했다.

　이제 대형 서점 인문학 서가에서 현재 학계에서 주목받고 있거나 대중을 대상으로 왕성하게 저술 활동을 하고 있는 학자의 이름을 듣고 싶다면 좋아하는 철학자가 누구냐고 물어서는 안 된다. 더 이상 새로운 이름은커녕 옛 이름조차 듣기 어려울 것이다. 개탄할 일은 아니다. 동서고금 어디를 보아도 철학이 대중의 관심사였던 적은 거의 없었다. 오히려 특정한 형태로 한정된 철학이나마 크게 유행했던 1990년대가 특이한, 어쩌면 상당히 왜곡된 시기였다고 말해야 할지도 모른다.

　지난 10여 년간의 인문학 베스트셀러 목록을 들여다보면 이제는 좋아하는 철학자 대신 좋아하는 사회학자가 누구인지 물어야 할지도 모르겠다는 생각이 든다. 언뜻 생각하면 좋아하는 철학자를 묻는 질문보다 훨씬 더 황당하게 여겨질 수도 있겠지만, 아마도 상당히 잦은 빈도로 지그문트 바우만이라는 이름을 대답으로 듣게 되리라는 점에서 타당한 질문이라고도 볼 수 있다.

2000년대 이후 국내에 번역되어 소개된 지그문트 바우만의 저서는 20권이 넘는다. 이것은 단순히 바우만이 대중의 입맛을 환상적으로 사로잡은 결과가 아니다. 실체 없이 이미지만 떠도는 소비사회의 진정한 모습을 설명, 아니 폭로하는 그의 저서들은 대중에게 어떤 지적 허영을 만족시켜주는 기호품으로 다가가지 않는다. 끝없이 게걸스레 소비해도 그것이 허상에 지나지 않으므로 영원히 갈증을 해소할 길이 없는 탄탈로스와도 같은 현대인들에게 필요한 것은, 그들이 표류하는 이 시뮬라시옹의 세계 너머의 더욱더 추상적인 개념들이 아니라 그 기저에서 이 세계를 피워내는 구체적인 원리, 굳건하게 발을 디딜 공간이었다. 바우만은 현대성이라는 개념을 집요하게, 그리고 지속적으로 분석함으로써 현대인들에게 그들이 지금 이 이미지의 바다 어디쯤에서, 어느 곳으로, 얼마나 빨리, 도대체 '왜' 흘러가고 있으며, 저 수평선 너머에는 무엇이 기다리고 있을지 이야기해주는 지도이자 나침반이 되어주었다.

1976년에 초판이 발행된 이 책 《사회주의, 생동하는 유토피아》는 그의 현대성 분석이 어디에 뿌리를 두고 있는지, 그 진정한 의미가 무엇인지 이해할 수 있는 아주 중요한 단서이다. 그러나 바우만의 다른 저서들이 늘 그래왔듯이 이 책 또한 결코 쉽게 읽히는 책은 아니다. 심오한 내용도 내용이지만, 그 가장 큰 이유는 그의 책을 옮기는 이들에게는 악몽과도 같은 복잡한 문장 구조, 수많은 추상적인 은유와 미사여구로 가득한 특유의 만연체에 있다고 할 수 있을 것이다. 1925년 폴란드에서 태어나 나치 점령기에 소비에트로 탈출했다가 제2차 세계대전 이후 고국에서 사회학자로 활동하고, 다시 폴란드의 반유대주의 축출운동에 의해 1971년 영국으로 망명한 파란만장한 인생이 그의 난해한 영어 문장을 어느 정도 설명해줄 수 있지 않을까?

하지만 '사회주의'를 절대 악으로 묘사해도 부족할 1976년에, 그것을 뜬구름 잡는 유토피아 사상도 아니고 '생동하는active 유토피아'로 표현하는 이 대담한 책을 옮기면서, 바우만의 트레이드마크와도 같은 이 난해한 문장에는 어떤 뚜렷한 목적이 있는 것이 아닐까 하는 생각마저 들었다. 바우만에게 사회주의를 추구한다는 것은 어떤 구체적인 목표지점을 설정하고 그곳에 도달하기 위해 달려가는 것이 아니라, 인간을 모든 고통으로부터 '어제보다 더 많이' 해방시키고자 영원히 노력한다는 것을 의미한다. 그러기 위해서 가장 강조되는 것이 지식인 엘리트 계층의 역할이다. 역사가 필연적으로 우리 앞에 낙원을 가져다주리라는 낙천주의는 순진하기 이를 데 없는 생각이었음이 이미 밝혀졌다. 마르크스주의자들은 마르크스의 의도와 달리 자본주의가 스스로 영속하는 힘을 너무나도 과소평가했다. 그 힘은 안토니오 그람시가 말하는 시민사회의 헤게모니 문화이다. 헤게모니 문화는 스스로 자신의 문화를 창조하는 일부 지식인 계층을 제외한 사회 구성원 대다수의 '상식'으로 작용한다. 모든 중요한 가치로부터 소외된 민중을 억압하는 것은 소수의 권력자가 아니라 지배계급의 헤게모니를 내면화한 민중 자신이다. 자신의 사고 체계와 그것을 구성하는 모든 상식을 보류하고 더 나은 세상을 위한 새로운 지평을 탐구한다는 것은 대다수 민중에게 기대할 수 있는 일이 아니다. 대중은 어디에 있는지도 모르는, 그것이 존재한다는 사실조차 확신할 수 없는 낙원을 찾아 떠나는 불확실한 모험보다, 지금 현재 발을 디디고 있는 이 지옥을 조금 더 견딜 만한 곳으로 만드는, 혹은 그것이 너무 나빠지지는 않게 하는 확실한 길을 훨씬 더 선호한다. 그렇기 때문에 어떤 변화를 일으킬 수 있는 것은 오직 지식인뿐이라는 것이다.

번역에 사용된 판본은 2010년 개정판이지만 곳곳에서 드러나는 서술 시점은 명백히 1970년대이다. 그럼에도 이 책을 읽다보면 계속해서 연대기적인 착시현상을 경험하게 된다. 바우만이 다른 책들에서 집요하게 분석해왔던 현대사회의 소비문화가 지금처럼 스스로를 영속하는 어마어마한 힘으로써 작용하기 전에 쓰인 이야기라는 사실을 자꾸 잊게 되는 것이다. 1970년대에나 그로부터 30여 년이 지난 지금이나, 자본주의 사회의 생산력과 과학기술이 얼마나 비약적으로 발전했건 간에, 억압받는 민중이 그들의 상식에 입각하여 소수의 뻔뻔한 착취자들과 그 세계의 원리를 열렬히 지지한다는 근본적인 사실은 조금도 변하지 않았다. 이것은 급진적인 수단으로 권력을 손에 넣는 것으로는 해결할 수 없는 문제이다. 혁명의 지점은 구체적인 권력과 그 수단이 아니라 그 시대를 지배하는 헤게모니 문화에, 다시 말해서 사람들의 상식 속에 있다.

바우만의 현대성 분석과 소비사회 비판은 그러한 맥락에서 바라보아야 한다. 바꾸어 말하면 현대인 대부분이 지니고 있는 상식과 이 소비주의 문화는 현대인들로 하여금 스스로를 억압하게 만드는 왜곡된 헤게모니라는 의미이기도 하다. 바우만은 그 자신이 말하는 극소수 지식인 엘리트 계층의 한 사람으로서, 현대인들의 상식을 두고 헤게모니 문화와 일대 전투를 벌이고 있다.

이 책은 그런 점에서 다른 저서들과는 약간의 거리가 있다. 현대성과 소비문화를 분석하고 비판한 저서들이 직접 대중의 상식을 겨냥하고 있다면, 그러니까 그 난해한 문장에도 불구하고 그가 상정하는 독자층이 평범한 대중, 혹은 적어도 지적인 대중이었다고 한다면, 이 책이 겨냥하는 독자층은 바우만 자신과 같은 역할을 해야 할 사회주의적 성향의 지식인 엘리트들이다. 이 책은 정보를 제공하거나 새로운 사고, 또는 삶의 방식을 제안하는 것이 아니라 운동의 방향성을 제시하고 있다고 할 수 있다.

바우만은 본문 곳곳에서 순진하거나 미숙한 사회주의자들의 오해가 가져올 수 있는 위험성에 대하여 은연중에, 때로는 노골적으로 경계심을 드러낸다. 개인적으로 이 책 이전에 바우만의 저서를 한 권밖에 옮겨보지 못했지만, 그리고 그때도 그다지 만족스러운 결과를 낳지는 못했지만, 이 책을 옮기면서 느낀 문장과 구성의 난해함은 예전과 의미가 조금 달랐다. 가능한 오해를 몰이해로써 방지하겠다는 의도적인 난해함이라고까지 말할 수야 없겠지만, 적어도 친절한 설명의 의도는 거의 느낄 수가 없었다.

보수언론이 전파까지 손에 넣어 1970년대 바우만의 책에서 현대를 느끼듯 21세기 방송 채널에서 1970년대 레드콤플렉스를 느끼는 착시 현상으로 가득한 현실. 극단적인 신자유주의 여당과 다소 복지 지향적인 정책을 추진한다는 이유로 북한 체제와의 유사성을 의심받는 신자유주의 야당의 나라. 헤게모니 문화는 물론이고 반문화를 자처하는 대안마저도 모두 자본주의적이고 소비주의적인 나라에서 노골적으로 사회주의를 표방하는 책에 손을 뻗을 독자라면 적어도 이 시대의 지배적인 헤게모니를 상식으로 지닌 대중은 아니리라고 생각된다. 비록 역자가 부족한 역량으로 저자의 난해한 원문을 송구스럽게도 더욱 난잡하게 흩뜨려놓기는 했지만, 이 지저분한 미로를 뚫고 바우만의 손가락 끝이 가리키는 곳이 보이는 지점까지 도달해볼 가치는 충분하리라고 단언한다.

윤태준

미주

1장

1   C. Wriight Mills, *The Sociological Imagination* (New York, Oxford University Press, 1959), p. 190. 한국어판《사회학적 상상력》, 강희경·이해찬 옮김, 돌베개, 2004.

2   *Revue de métaphysique et de morale*, part XX, p. 119. Quoted by W. H. G. Armytage, *Yesterday's Tomorrows, A Historical Survey Of Future Societies* (London, Routledge & Kegan Paul, 1968), p. 36.

3   Teilhard de Chardin, *The Future of Man* (London, Collins, 1964), p. 72.

4   Raymond Ruyer, *L'Utopie et les utopies* (Paris, Presse Universitaire de France, 1950), p. 17.

5   John Passmore, *The Perfectibility of Man* (London, Duckworth, 1972) , p. 280.

6   Ruyer, op. cit., p. 13.

7   Virgilio Melchiore, 'La conscienza utopica', in *L'utopia nel mondo moderno* (Florence, Vallentri Editore, 1969), p. 88.

8   Joseph Gusfield, 'Economic Development as a Modern Utopia', in *Aware of Utopia*, ed. David W. Plath (Urbana, University of Illinois Press, 1971), p. 76.

9   Lewis Murnford, 'Utopia, The City and the Machine', *Daedalus*, vol. 94 (1965), p. 275. 뤼에가 묘사한 유토피아의 역할과 놀랄 만큼 유사하다: 'Les utopias sont comrne des enveloppes de brume sous lesquelles s'avancent des idées neuves et réalisables' (op. cit., p. 115).

10   Frank E. Manuel, 'Toward a Psychological History of Utopias', *Daedalus*, vol. 94 (1965), p. 306.

11   Fred Charles Iklé, 'Can social predictions be evaluated?', *Daedalus*, vol.96 (1967), p. 755.

12 Daniel Bell, 'The Year 2000-The Trajectory of an Idea', *Daedalus*, vol. 96 (1967), p. 643.

13 François Bloch-Lainé, 'The Utility of Utopias for Reformers', *Daedalus*, vol. 94 (1965), p. 420.

2장

1 Cf. Chad Walsh, *From Utopia to Nightmare* (New York, Harper and Row, 1962), p. 40.

2 Francis Bacon, *Novum Organum*, I, 85, 92.

3 Marie Jean Nicholas Condorcet, *Esquisse d'un tableau historique desprogrès de l'esprit humain* (1795). The English translation in *The Idea of Progress*, ed. George H. Hildebrandt (University of Caliürnia Prass, 1949), p. 337.

4 Chad Walsh, op. cit., p. 174.

5 Auguste Comte, *The Positive Philosophy*, trans. Harriet Martineau (London, Bell, 1896).

6 Richard Gerber, *Utopian Fantasy* (London, Routledge & Kegan Paul, 1955), p. 45.

7 William Barrett, *Irrational Man* (London, Heinemann, 1972), p. 204.

8 Alexis de Tocqueville, *The Old Regime and the French Revolution*, trans. Stuart Gilbert (New York, 1955), p. 140. 한국어판《앙시앵 레짐과 프랑스혁명》, 이용재 옮김, 지만지, 2013.

9 Cf. John Passmore, *The Perfectibility Of Man* (London, Duckworths, 1972), p. 173.

10 Crane Brinton, 'Utopia and Democracy', *Daedalus*, vol. 94 (1965), p. 356.

11 H. Stuart Hughes, 'Mass Culture and Social Criticism', *Daedalus*, vol. 89 (1960), p. 388.

12 Raymond Ruyer, *L' Utopie et les utopies* (paris, Presse Universitaire de France, 1950), p. 59.

13 Cf. *Lenin and Leninism*, ed. Benard W. Eisenstadt (Lexington, Lexington Books, 1971).

14 Barrington Moore Jr, *Social Origins Of Dictatorship and Democracy* (Harmondsworth, Penguin Books, 1966), p. 486.

15 Cf. Lewis Mumford, *The Story Of Utopias* (New York, boni & Liveright, 1922). 한국어판《유토피아 이야기》, 박홍규 옮김, 텍스트, 2010.

16 Chad Walsh, op. cit., pp. 63, 89.

17 이 점은 최근 다음 글에서 설득력 있게 논의되었다. Adam Ulam, 'Socialism and Utopia', *Daedalus*, vol. 94 (1965), pp. 391ff.

18 Ivan Illich, 'Maintaining a Wattage Threshold', *New York Times*, 17 September 1973.

19 Cf. Lewis Mumford, *The Story of Utopias*, pp. 202ff.

20 Bertrand de Jouvenel, *L'art de la conjecture* (Monaco, Editions du Rocher, 1964), p. 13.

21 William Barrett, op. cit., p. 142에서 인용.

22 Martin G. Plattel, *Utopian and Critical Thinking* (Pittsburgh, Duquesne University Press, 1972), p. 83.

23 Cf. Theodore Adorno, 'Zur Logik der Sozialwissenschaften', *Kölner Zeitschrilt für Soziologie*, vol. 14 (1962), p. 262.

24 Ulam, op. cit., p. 399.

25 Gerber, op. cit., p. 76.

26 Robert Nisbet, *Community and Power* (New York, Oxford University Press, 1962), p. xvii.

3장

1 Cf. Reinhard Bendix, *Nationbuilding and Citizenship* (Chichester, John Wiley & Sons, 1964).

2 Alexis de Tocqueville, *The Old Regime and the French Revolution* (New York, Doubleday, 1955), p. 176.

3 Marie Jean Nicholas Condorcet, *Esquisse d'un tableau historique des progrès de 1'esprit humain* (1795). The English translation in *The Idea of Progress*, ed. George H. Hildebrandt (University of Caliüornia Prass, 1949), p. 337.

4장

1 Emile Durkheim, *Socialism and Saint Simon, trans*. Charlotte Sattler (London,

Routledge & Kegan Paul, 1959), pp. 19-20.

2   Ludwig von Mises, *Die Gemeinwirtschalt*, 1922; English edition: *Socialism, an Economic and Sociological Analysis*, trans. J. Kahane (London, Jonathan Cape, 1936), p. 20. 한국어판 《사회주의 1, 2》, 박종운 옮김, 지만지, 2015.

3   Joseph A. Schumpeter, *Capitalism, Socialism, and Democracy* (London George Allen & Unwin, 1943), p. 167. 한국어판 《자본주의 · 사회주의 · 민주주의》, 변상진 옮김, 한길사, 2011.

4   Ibid., p. 143.

5   Henry Smith, *The Economics of Socialism Reconsidered* (London, Oxford University Press, 1962), p. 113.

6   Karl Korsch, *Marxism and Philosophy*, trans. Fred Halliday (London, New Left Books, 1970), p. 126.

7   Gustave Le Bon, *The Psychology of Socialism* (London, T. Fisher Unwin, 1899), p. 5. 한국어판 《사회주의 심리학》, 정명진 옮김, 부글북스, 2014.

5장

1   Gustave Le Bon, *The Psychology of Socialism* (London, T. Fisher Unwin, 1899), p. 84.

2   Wemer Sombart, *Socialism and the Social Movement* (1896), trans. M. Epstein (London, Dent, 1909), p. 14.

3   Gunther Roth, *The Social Democrats in Imperial Germany* (Totowa, Bedminster Press, 1963), p. 124.

6장

1   Alex Inkeles, 'Models and Issues in the Analysis of Soviet Society', *Survey* N.60 (July 1966), pp. 3-14.

2   A. G. Meyer, 'Authority in Communist Political Systems', in Lewis J. Ediger (ed.), *Political Leadership in Industrialized Societies* (New York, John Wiley & Sons, 1967), p. 67.

3   William H. Friedland and Carl G. Rosberg Jr (eds), *African Socialism* (Stanford University Press, 1964), pp. 8-9.

4 Isaac Deutscher, *Marxism in Our Time*, ed. Tamara Deutscher (Berkeley, The Rampart Press, 1971), p. 201.

5 Z. Bauman, 'Officialdom and Class', *The Social Analysis of Class Structure*, ed. Frank Parkin (London, Tavistock, 1975).

6 Deutscher, op. cit., p. 23.

7 Maximilen Rubel, Karl Marx, *Essai de biographie intellectuelle* (Paris, Editions Marcel Rivière et Cie, 1971), p. xxi.

7장

1 Erich Fromm, *The Dogma of Christ and other Essays* (New York, Anchor Books, 1963), p. 20.

2 Antonio Gramsci, *The Modern Prince and other writings*, trans. L. Marks (London, Laurence & Wishort, 1957), p. 117.

3 Perry Anderson, 'Problems of Socialist Strategy', in *Towards Socialism*, ed. Perry Anderson and Robin Blackburn (Ithaka, Cornell University Press, 1966), p. 222.

4 George Lichtheim, 'The Future of Socialism', in *The Radical Papers*, ed. Irving Howe (New York, Anchor Books, 1966), pp. 65, 70.

5 Lewis Coser and Irving Howe, 'Images of Socialism', in ibid., p. 24.

6 Norman Birnbaum, 'Late Capitalism in the United States', in *The Revival of American Socialism, Selected Papers of the Socialist Scholars Conference*, ed. George Fischer (New York, Oxford University Press, 1971), p. 152.

7 Martin Nicolaus, 'The Crisis of Late Capitalism', in ibid., p.

8 C. Wright Mills, *The Sociological Imagination* (New York, Oxford University Press, 1959), pp. 3, 11.

9 James O'Connor, 'Merging Thought with Feeling', in Fischer (ed.), *The Revival of American Socialism*, pp. 22ff.

10 Ibid., p. 14.

11 Harry S. Kariel, 'Expanding the Political Present', in *Seeing Beyond-Personal, Social, and Political Alternatives*, ed. Dennis Pirages (Reading, Addison-Wesley, 1971), pp. 283ff.

12   Herbert Marcuse, *Counter Revolution and Revolt* (Boston, Beacon Press, 1972), pp. 16-17. 한국어판《반혁명과 반역》, 박종렬 옮김, 풀빛, 1984.

13   Judith N. Sklar, *After Utopia, The Decline of Political Faith* (Princeton University Press, 1969), p. 267.

8장

1   Perry Anderson, 'Problems of Socialist Strategy', in *Towards Socialism*, ed. Perry Anderson and Robin Blackburn (Ithaca, Cornell University Press, 1966), pp. 231, 234.

2   C. B. Macpherson, 'Revolution and Ideology in the Late Twentieth Century', in *Nomos V111* (New York, Atherton Press, 1967), p. 141.

3   Alexis de Tocqueville, *De la démocratie en Amérique* (Paris, 1854), vol. 11, p. 151. 한국어판《미국의 민주주의》, 임효선·박지동 옮김, 한길사, 2002.

4   Max Horkheimer and Theodor W. Adorno, *Dialectic of Enlightenment*, trans. John Cumming (New York, Herder and Herder, 1972), p. 169. (London, Allen Lane, 1973.) 한국어판《계몽의 변증법》, 김유동 옮김, 문학과지성사, 2001.

5   Max Horkheimer, *The Eclipse of Reason* (New York, 1947), p. 135.

6   Cf. Lelio Basso, 'What Kind of Individuality?', in *Essays on Socialist Humanism*, ed. Ken Coates (Nottingham, Spokesman Books, 1972), p. 57.

7   Stuart Hall, 'The Supply of Demand', in *Out of Apathy*, ed. E. P. Thompson (London, Steven & Sons, 1960), p. 73.

8   Paul A. Baran, *The Longer View*, ed. John O'Neill (New York, Monthly Review Press, 1969), pp. 25, 72.

9   T. B. Bottomore, 'The Class Structure in Western Europe', in *Contemporary Europe: Class, Status, and Power*, ed. Margaret Scotford Archer and Salvador Giner (London, Weidenfeld and Nicolson, 1971), p. 406.

10   André Gorz, 'Work and Consumption', in *Towards Socialism*, ed. Perry Anderson and Robin Blackburn (Ithaca, Cornell University Press, 1966), pp. 316, 319, 335.

11   James 0'Connor, 'Merging Thought with Feeling', in Fischer (ed.), *The*

Revival of American Socialism (New York, Oxford University Press, 1971), pp. 29–30.

12   T. B. Bottomore, 'Industry, Work, and Socialism', in *Socialist Humanism*, ed. Erich Fromm (New York, Doubleday, 1966), pp. 401–2.

13   Svetozar Stojanovic, *Between Ideals and Reality*, trans. Gerson S. Sher (New York, Oxford University Press, 1973), p. 121.

14   Roger Garaudy, *The Crisis in Communism, the turning point of socialism*, trans. Peter and Betty Ross (New York, Grove Press, 1970), pp. 144–5.

15   Svetozar Stojanovic, op. cit., pp. 119, 130.

16   Ibid., p. 166.

17   Henri Lefebvre, *Everyday Life in the Modern World* (London, Allen Lane, 1971), p. 146. 한국어판《현대세계의 일상성》, 박정자 옮김, 기파랑, 2005.

18   Horkheimer and Adorno, op. cit., p. 16.

19   'Elements of Antisemitism: The Limits of Enlightenment', in ibid., pp. 170, 197.

20   Herbert Marcuse, *Counter Revolution and Revolt* (Boston, Beacon Press, 1972), p. 132.

21   Ibid., pp. 50, 51.

22   Karl E. Klare, 'The Critique of Everyday Life', in *The Unknown Dimension*, ed. Dick Howard and Karl E. Klare (New York, Basic Books, 1972), pp. 15–16.

23   Ibid., p. 24.

24   Isaac Deutscher, *Marxism in Our Time*, ed. Tamara Deutscher (Berkeley, The Rampart Press, 1971), p. 74.

25   Leszek Kolakowski, *Obecnosé Mitu* (Paris, Instytut Literacki, 1972), p. 85.

9장

1   Frank Parkin, *Class Inequality and Political Order* (St. Albans, Paladin, 1972), pp. 81ff. 한국어판《계급 불평등과 정치 질서》, 길태근·김원동 옮김, 나남, 1987.

2   Ibid., pp. 90–1.

3   Irving Howe, 'The Welfare State', in *The Revival of American Socialism, Selected*

Papers of the Socialist Scholars Conference, ed. George Fischer (New York, Oxford University Press, 1971), p. 65.

4   J. H. Westergaard, 'The Withering Away of Class : A Contemporary Myth', in *Towards Socialism*, ed. Perry Anderson and Robin Blackburn (Ithaca, Cornell University Press, 1966), pp. 105 ff.

5   *The Revival of American Socialism*, p. 8.

6   Perry Anderson, 'Problems of Socialist Strategy', in *Towards Socialism*, ed. Perry Anderson and Robin Blackburn (Ithaca, Cornell University Press, 1966), p. 241.

7   André Gorz, 'Work and Consumption', in *Towards Socialism*, op. cit., pp. 328, 329.

찾아보기

사회주의,
생동하는
유토피아

초판 1쇄 펴낸날 2016년 2월 25일

지은이   지그문트 바우만
옮긴이   윤태준
교정교열   이한수
펴낸이   박재영
디자인   간소

펴낸곳   도서출판 오월의봄
주소   413-841 경기도 파주시 탄현면 참매미길 194-9
등록   제406-2010-000111호
전화   070-7704-2131
팩스   0505-300-0518

이메일   maybook05@naver.com
트위터   @oohbom
블로그   blog.naver.com/maybook05
페이스북   facebook.com/maybook05

ISBN   978-89-97889-92-1 03300

이 도서의 국립중앙도서관 출판시도서목록(CIP)은 e-CIP홈페이지(http://nl.go.kr/ecip)와
국가자료공동목록시스템(http://www.nl.go.kr/kolisnet)에서 이용하실 수 있습니다.
(CIP 제어번호 : CIP2016004227)

• 책값은 뒤표지에 있습니다. 잘못된 책은 바꾸어 드립니다.